职业院校汽车专业创新立体化教材

汽车机械基础

主　编　张维军　张雯娣
副主编　白彩盛　马晓婧
参　编　颉方正　杨璧源
主　审　潘宗友

机械工业出版社

本书系统介绍了汽车工程材料及制造工艺、汽车运动机构的受力分析、汽车中常用的传动机构、汽车中常用的机械传动装置、汽车中常用的机械零部件、汽车上的液压传动六个方面的知识和技能。本书在具体项目内容的设计和选择中，根据职业教育特点，按技能型、应用型人才培养模式进行设计构思，优先选用汽车相关案例，遵循基础理论知识简明实用、重点突出，强化实践应用、培养技能为主的原则，内容图文并茂、形象生动。

本书主要面向高职高专汽车类各专业的学生，故涉及的内容较多，不同专业在使用时可根据自身的特点和需要加以取舍。本书可作为高等职业院校、高等专科院校、成人高校、民办高校和二级职业技术学院汽车运用与维修及相关专业的教学用书，也可作为相关领域专业技术人员的参考用书及培训用书。

图书在版编目（CIP）数据

汽车机械基础/张维军，张雯娣主编 . —北京：机械工业出版社，2018.6
(2025.1 重印)
职业院校汽车专业创新立体化教材
ISBN 978-7-111-60043-5

Ⅰ.①汽… Ⅱ.①张…②张… Ⅲ.①汽车-机械学-高等职业教育-教材
Ⅳ.①U463

中国版本图书馆 CIP 数据核字（2018）第 106767 号

机械工业出版社（北京市百万庄大街 22 号　邮政编码 100037）
策划编辑：母云红　责任编辑：母云红　程足芬
责任校对：佟瑞鑫　封面设计：张　静
责任印制：邓　博
北京盛通数码印刷有限公司印刷
2025 年 1 月第 1 版第 8 次印刷
184mm×260mm · 15 印张 · 365 千字
标准书号：ISBN 978-7-111-60043-5
定价：45.00 元

电话服务　　　　　　　　网络服务
客服电话：010-88361066　　机　工　官　网：www.cmpbook.com
　　　　　010-88379833　　机　工　官　博：weibo.com/cmp1952
　　　　　010-68326294　　金　书　网：www.golden-book.com
封底无防伪标均为盗版　　　机工教育服务网：www.cmpedu.com

前言
PREFACE

随着我国经济水平的提高，汽车保有量增加迅猛，汽车售后服务市场也蓬勃发展，汽车维修与汽车运用技术人员成为目前紧缺的技能型人才。因此对汽车职业技术教育提出了更高的要求，以职业能力培养为主线、以岗位的工作任务为引领、以工作项目为导向的教学模式成为培养适应汽车行业需要的高质量技能型人才的重要途径。

本书总结了多年来高职高专汽车专业教学经验，并注意吸收发达国家先进的教学理念和方法，以"教材内容与产业需求对接""教材内容与职业标准对接""教材内容与生产过程对接""教材内容与职业资格证书对接"等为设计核心，以促进教材更好地服务于院校教学和学生学习的需求为目的，从汽车机械基础课程群的特点及未来从事的岗位需求出发来设置内容，以职业能力培养为主线，以项目引领、任务驱动教学思想来组织编写。

本书内容由汽车工程材料及制造工艺、汽车运动机构的受力分析、汽车中常用的传动机构、汽车中常用的机械传动装置、汽车中常用的机械零部件、汽车上的液压传动六章组成，各章相对独立又相互融合，便于组织教学。

本书在具体项目内容的设计和选择中，根据职业教育特点，按技能型、应用型人才培养模式进行设计构思，优先选用汽车相关案例，遵循基础理论知识简明实用、重点突出，强化实践应用、培养技能为主的原则，内容图文并茂、形象生动。

本书主要面向高职高专汽车类各专业的学生，故涉及的内容较多，不同专业在使用时可根据自身的特点和需要加以取舍。

本书由张维军、张雯娣任主编，白彩盛、马晓婧任副主编，由潘宗友主审。参加编写工作的还有颉方正、杨璧源。

本书在编写过程中得到有关单位及参编院校的大力支持和帮助，在此表示衷心的感谢。本书在编写过程中还参阅了许多国内外公开出版的教材和发表的文献，在此表示诚挚的谢意！

由于编者水平所限，难免有疏漏和错误之处，恳请读者给予批评指正。

编 者

目录 CONTENTS

前言
第1章 汽车工程材料及制造工艺 / 1
　1.1 金属材料的主要性能 / 1
　　1.1.1 金属材料的力学性能 / 2
　　1.1.2 金属材料的物理性能 / 8
　　1.1.3 金属材料的化学性能 / 8
　　1.1.4 金属材料的工艺性能 / 8
　1.2 汽车常用金属材料 / 9
　　1.2.1 钢的热处理 / 10
　　1.2.2 汽车常用碳钢 / 14
　　1.2.3 汽车常用合金钢 / 16
　　1.2.4 汽车常用铸铁和铸钢 / 19
　　1.2.5 汽车常用有色金属 / 21
　1.3 汽车金属材料的制造工艺 / 25
　　1.3.1 铸造工艺 / 25
　　1.3.2 锻压工艺 / 26
　　1.3.3 焊接工艺 / 27
　　1.3.4 切削加工工艺 / 28
　1.4 汽车常用非金属材料及其成型工艺 / 29
　　1.4.1 汽车用高分子材料及其成型工艺 / 29
　　1.4.2 汽车用陶瓷、玻璃材料及其成型工艺 / 31
　　1.4.3 汽车用复合材料及其成型工艺 / 34
　1.5 汽车零件的选材 / 35
　　1.5.1 零件的失效分析 / 35
　　1.5.2 零件的选材原则 / 37
　　1.5.3 典型汽车零件的选材 / 38
　本章小结 / 40
　课后练习题 / 40

第2章 汽车运动机构的受力分析 / 43
　2.1 汽车运动构件的受力分析 / 43
　　2.1.1 静力分析的基本概念 / 43

2.1.2　静力学公理 / 44
　　　2.1.3　约束及其类型 / 47
　　　2.1.4　物体的受力分析与受力图 / 51
　2.2　汽车运动机构的力学分析 / 52
　　　2.2.1　力矩和力偶 / 52
　　　2.2.2　平面力系及平衡 / 56
　　　2.2.3　平面任意力系的简化 / 60
　　　2.2.4　曲柄连杆机构的力学分析 / 64
　2.3　汽车上构件的承载能力分析 / 64
　　　2.3.1　拉压构件的承载能力分析（连杆、推杆）/ 64
　　　2.3.2　剪切与挤压构件的承载能力分析（键）/ 65
　　　2.3.3　扭转构件的承载能力分析（传动轴）/ 66
　　　2.3.4　弯曲构件的承载能力分析（车桥、大梁）/ 69
　本章小结 / 73
　课后练习题 / 74

第3章　汽车中常用的传动机构 / 77

　3.1　汽车构件和机构的认识 / 77
　　　3.1.1　汽车中常见的零件和构件 / 77
　　　3.1.2　汽车中常见的机构 / 78
　　　3.1.3　汽车机构运动简图的绘制 / 79
　3.2　汽车上的平面连杆机构 / 84
　　　3.2.1　四杆机构的分析（刮水器、转向机构）/ 84
　　　3.2.2　四杆机构的演化（曲柄连杆机构等）/ 87
　3.3　汽车上的凸轮机构 / 89
　　　3.3.1　汽车上凸轮机构的应用 / 89
　　　3.3.2　凸轮机构的类型、材料及特点 / 90
　3.4　转向器中的螺旋机构 / 93
　　　3.4.1　螺旋机构的应用和特点 / 93
　　　3.4.2　螺旋机构的形式 / 95
　　　3.4.3　滚珠螺旋机构 / 96
　本章小结 / 98
　课后练习题 / 98

第4章　汽车中常用的机械传动装置 / 100

　4.1　汽车上的带传动 / 100
　　　4.1.1　带传动的工作原理和传动比 / 100
　　　4.1.2　汽车上带传动的类型、特点及应用 / 102
　　　4.1.3　汽车上的普通V带和正时带 / 102

4.1.4 正时带与V带的使用与维护 / 104
 4.2 汽车上的链传动 / 106
  4.2.1 链传动的工作原理及传动比 / 106
  4.2.2 汽车链传动的组成、类型特点及应用 / 107
  4.2.3 正时链传动的主要失效形式 / 109
  4.2.4 汽车中传动链的使用与维护 / 109
 4.3 汽车上的齿轮传动 / 109
  4.3.1 齿轮传动的工作原理和传动比 / 109
  4.3.2 汽车齿轮传动的应用及特点 / 110
  4.3.3 汽车直齿圆柱齿轮传动 / 111
  4.3.4 汽车斜齿圆柱齿轮传动 / 113
  4.3.5 汽车锥齿轮传动 / 114
  4.3.6 汽车齿轮的失效及其材料的选择 / 114
 4.4 汽车上的蜗杆传动 / 116
  4.4.1 蜗杆传动原理及传动比 / 116
  4.4.2 汽车上的蜗杆传动 / 117
  4.4.3 蜗杆传动的失效形式及材料的选择 / 118
 4.5 变速器中的轮系 / 119
  4.5.1 轮系在变速器中的应用 / 119
  4.5.2 手动变速器中的定轴轮系 / 120
  4.5.3 自动变速器中的周转轮系 / 121
 本章小结 / 122
 课后练习题 / 124

第5章 汽车中常用的机械零部件 / 128
 5.1 汽车上的轴 / 128
  5.1.1 轴的功用、结构、分类及材料 / 128
  5.1.2 变速器中轴的结构 / 131
  5.1.3 汽车典型轴零件(半轴、传动轴及活塞销) / 134
 5.2 汽车上的轴承 / 137
  5.2.1 汽车用滑动轴承 / 137
  5.2.2 汽车用滚动轴承 / 143
  5.2.3 汽车用轴承的润滑与密封 / 148
 5.3 汽车联轴器、离合器和制动器 / 150
  5.3.1 汽车联轴器 / 150
  5.3.2 汽车离合器 / 154
  5.3.3 汽车制动器 / 158
 5.4 汽车用弹簧 / 161
  5.4.1 弹簧的作用和种类 / 161

5.4.2 汽车用弹簧的类型、特点及应用 / 162
5.5 汽车零件的检验与分类 / 165
　　5.5.1 概述 / 165
　　5.5.2 汽车零件常用的检验方法 / 169
　　5.5.3 零件的修复方法 / 171
　　5.5.4 典型汽车零件的检验及修复 / 171
本章小结 / 175
课后练习题 / 176

第6章 汽车上的液压传动 / 179

6.1 液压传动概述 / 179
　　6.1.1 液力变矩器 / 179
　　6.1.2 液压传动原理及参数 / 181
　　6.1.3 液压传动系统的组成及图形符号 / 183
　　6.1.4 液压传动的特点及应用 / 190
6.2 汽车用液压泵、液压马达和液压缸 / 191
　　6.2.1 汽车用液压泵 / 191
　　6.2.2 汽车用液压马达和液压缸 / 195
6.3 汽车上的液压控制阀 / 199
　　6.3.1 方向控制阀 / 199
　　6.3.2 压力控制阀 / 201
　　6.3.3 流量控制阀 / 203
　　6.3.4 其他控制阀 / 204
6.4 汽车用液压辅件 / 206
　　6.4.1 蓄能器 / 206
　　6.4.2 过滤器 / 207
　　6.4.3 压力计和压力计开关 / 208
　　6.4.4 阀类连接板 / 209
　　6.4.5 油箱 / 210
　　6.4.6 油管和管接头 / 210
6.5 液压基本回路 / 211
　　6.5.1 方向控制回路 / 212
　　6.5.2 压力控制回路 / 213
　　6.5.3 调速回路 / 216
　　6.5.4 多缸动作回路 / 218
6.6 汽车中典型的液压传动系统 / 221
　　6.6.1 液压制动系统 / 221
　　6.6.2 液压转向助力系统 / 223
　　6.6.3 防抱死制动系统（ABS）/ 225

6.6.4 汽车液压系统的维护和常见故障 / 228
本章小结 / 230
课后练习题 / 230

参考文献 / 232

第1章 汽车工程材料及制造工艺

CHAPTER 1

【知识目标】

1. 掌握金属材料的主要性能及其指标。
2. 熟悉汽车常用金属材料的牌号、类型、性能及其在汽车上的应用。
3. 掌握钢的热处理类型、方法及其目的。
4. 了解汽车常用金属材料的制造工艺,熟悉典型汽车零件的加工工艺。
5. 了解汽车常用非金属材料的分类、牌号、类型、性能及其在汽车上的应用。

【能力目标】

1. 能够分析常见汽车零件材料的性能及钢的热处理方法。
2. 对常见汽车零件能根据其使用条件和要求,合理地选择材料、热处理方法及热处理工序等。
3. 能够识别汽车上常用的金属材料和非金属材料。

对于汽车工业来说,材料是基础。汽车工业作为现代工业社会的一个重要标志,带动和促进了石油、化工、机械、材料等工业,以及交通运输业、旅游业等30余个其他行业的发展,在国民经济中占有重要的地位。据统计,世界上每年钢材总产量的1/4、橡胶产量的1/2、石油产品的1/2均用于汽车工业及其相关工业。

汽车工程材料是指用于制造汽车零部件的材料。在实际生产中,用于制造汽车零件和工具的工程材料分为金属材料、非金属材料和复合材料三大类。金属材料主要有黑色金属和有色金属。黑色金属是指钢铁材料;有色金属是指除钢铁材料以外的其他金属材料,如铝、铜、镁、钛等及其合金。非金属材料通常是指除金属材料以外的其他工程材料,主要是指高分子材料、陶瓷材料和复合材料等。

1.1 金属材料的主要性能

金属材料具有许多优良的性能,它是用于制造汽车、各种机床、矿山机械、农业机械和运输机械等的主要材料。在现代汽车工业中金属材料应用广泛,约占整个汽车所用材料的 80%。

金属材料的性能一般分为使用性能和工艺性能两类。使用性能是指金属材料在使用过程中所表现出来的性能，主要包括力学性能、物理性能（如熔点、导热性等）和化学性能（如耐蚀性、抗氧化性等）；工艺性能是指金属材料在加工过程中所表现出来的性能，包括铸造性、可锻性、焊接性、可加工性和热处理性能等。在所有性能中，力学性能是基础。

1.1.1 金属材料的力学性能

金属材料在外加载荷的作用下所表现出来的性能称为力学性能，主要包括强度、塑性、硬度、韧性和疲劳强度等。用来表征材料力学性能的各种临界值或规定值称为力学性能指标。金属材料力学性能的优劣就是用力学性能指标来衡量的。

载荷根据其性质可分为静载荷、冲击载荷和交变载荷；载荷根据其形式可分为拉伸载荷、压缩载荷、弯曲载荷、剪切载荷和扭转载荷等。载荷作用产生的变形包括弹性变形和塑性变形（永久变形）。

1. 强度和塑性

强度和塑性是金属材料最重要的力学性能指标。

强度是指材料抵抗塑性变形或断裂的能力。根据所加载荷形式不同，强度可分为抗拉强度、抗压强度、抗剪强度、抗弯强度和抗扭强度等。塑性是指材料在断裂前产生永久性变形而不被破坏的能力，通常用断后伸长率 δ 和断面收缩率 ψ 两个指标来表征。

通常，采用拉伸试验来测定材料的强度和塑性的各种力学性能指标。

（1）拉伸试验 金属材料室温拉伸试验方法采用 GB/T 228.1—2010 进行，由于目前原有的金属材料力学性能数据是采用旧标准进行测定和标注的，所以原有旧标准 GB/T 228—1987 仍然沿用，本书为叙述方便依然采用旧标准。

根据国家标准《金属拉伸试验方法》（GB/T 228—1987）规定，将材料制成标准拉伸试样，装在拉伸试验机上，缓慢地加载进行拉伸，试样逐渐伸长，直至断裂。在拉伸试验过程中，自动记录装置可给出反映静拉伸载荷 F 与试样轴向伸长量 Δl 关系的拉伸曲线，即 $F-\Delta l$ 曲线。低碳钢的 $F-\Delta l$ 曲线，如图 1-1a 所示。

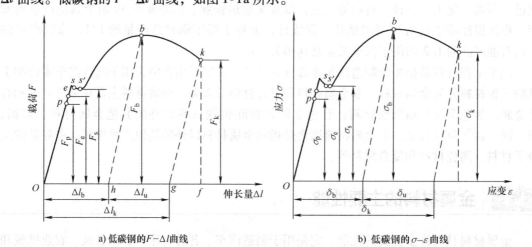

a) 低碳钢的 $F-\Delta l$ 曲线　　　　b) 低碳钢的 $\sigma-\varepsilon$ 曲线

图 1-1　低碳钢拉伸试验图

将载荷 F 除以试样的原始横截面积 A_0 称为应力，记为 $\sigma = F/A_0$，为纵坐标；将伸长量 ΔL 除以试样原始标距 L_0 称为应变，记为 $\varepsilon = (L_1 - L_0)/L_0$ 为横坐标，可绘出应力–应变曲线，即 σ–ε 曲线图。低碳钢的 σ–ε 曲线，如图 1-1b 所示。

比较图 1-1a 和 b 可发现，曲线的形状差别不大。由于 σ–ε 曲线已消除了试样尺寸的影响，从而能直接反映出材料的性能，也便于材料之间力学性能指标的比较。

由图 1-1 所示的曲线可以看出，拉伸过程中有以下几个变形阶段：

1）弹性变形阶段（Op 段和 pe 段）。在 Op 段，试样的变形量与外加载荷成正比。如卸除载荷，试样立即恢复原状。在 pe 段，试样仍处于弹性变形阶段，但载荷与变形量不再成正比。

2）屈服阶段（es 段和 ss' 段）。在屈服阶段不仅有弹性变形，试样还会发生塑性变形。载荷卸掉以后，一部分变形可以恢复，还有一部分变形不能恢复。在 ss' 段，出现平台或锯齿线，这种在载荷不增加或略有减小的情况下，试样还继续伸长的现象称为屈服，s 点称为屈服点。

3）强化阶段（$s'b$ 段）。要使试样继续发生变形，必须不断增加载荷，随着试样塑性变形的增大，材料的变形抗力也逐渐增加，b 点即为试样抵抗外加载荷的最大能力。

4）缩颈阶段（bk 段）。当载荷增加到最大值后，试样发生局部收缩，称为"缩颈"，此时变形所需载荷也逐渐降低，至 k 点，试样断裂。

不同类型的材料，其 σ–ε 曲线有很大差异，如图 1-2 所示，反映了各材料所具有的抗拉性能特点。

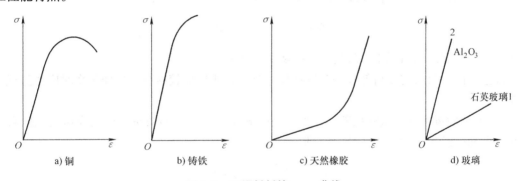

图 1-2　不同材料的 σ–ε 曲线

通过上述材料的拉伸试验可以看出，低碳钢等材料在断裂前有明显的塑性变形，这种断裂称为塑性断裂，其断口呈"杯锥"状，这种材料称为塑性材料。铸铁、玻璃等材料在断裂前未发生明显的塑性变形，称为脆性断裂，其断口是平整的，这种材料则称为脆性材料。

（2）材料的强度指标　表征材料强度的指标主要有弹性极限 σ_e、弹性模量 E、屈服强度 σ_s 和抗拉强度 σ_b。

1）弹性极限 σ_e 和弹性模量 E。材料在弹性变形阶段，e 点对应的弹性变形阶段的极限值称为弹性极限，用 σ_e 表示，$\sigma_e = F_e/A_0$，它是弹性零件设计与选材的重要依据。如设计汽车用弹簧时应根据弹性极限来选材，以保证工作应力不能超过材料的弹性极限。

材料在弹性变形阶段，应力与应变的比值表征了材料抵抗弹性变形的能力，其比值 $E = \sigma/\varepsilon = \tan\alpha$ 称为弹性模量（也称为刚度），单位为 MPa。弹性模量 E 的大小反映了材料弹性变形的难易程度。E 值的大小主要取决于各种材料的本性，一些处理方法（如热处理、冷热加工、合金化等）对它的影响很小。零件提高刚度的方法是增加横截面积或改变截面形状。金属材料的弹性模量要比高分子材料的弹性模量高许多。

2) 屈服强度 σ_s。当曲线达到 s 点时，曲线出现应变增加而应力不变甚至减小（平台或锯齿线）的现象称为屈服。屈服时的应力称为屈服强度，记为 σ_s，$\sigma_s = F_s/A_0$，单位为 MPa。对没有明显屈服现象的材料，国家标准规定用残余伸长率为 0.2% 时的应力值作为该材料的屈服强度，以 $\sigma_{0.2}$ 表示。机械零件经常因过量的塑性变形而失效，故工程中常根据 σ_s 确定材料的许应用力。

3) 抗拉强度 σ_b。材料在断裂前所承受的最大应力值称为抗拉强度或强度极限，用 σ_b 表示，$\sigma_b = F_b/A_0$，单位为 MPa，即在图 1-1 中的 b 点所对应的应力值为 σ_b。抗拉强度 σ_b 是设计选材的主要依据之一，是工程技术上的主要强度指标。一般在静载荷作用下，工作应力不超过抗拉强度零件就不会断裂。

屈服强度与抗拉强度的比值 σ_s/σ_b 称为屈强比。屈强比小，工程构件的可靠性高，说明即使外载荷或某些意外因素使金属变形，也不至于立即断裂。但屈强比过小，则表明材料强度的有效利用率太低。抗拉强度与密度的比值 σ_b/ρ 称为比强度，表征强度与密度之间的关系。在汽车轻量化中，常用到比强度，如一些塑料的比强度比钢铁还高，便于轻量化。

(3) 材料的塑性 在外力作用下，材料产生永久残余变形而不断裂的能力，称为塑性。工程上常用断后伸长率 δ 和断面收缩率 ψ 作为材料的塑性指标，来表征材料塑性的好坏。

1) 断后伸长率 δ。试样在拉断后的相对伸长量称为断后伸长率，用符号 δ 表示，即

$$\delta = \frac{L_1 - L_0}{L_0} \times 100\%$$

式中，L_0 是试样的原始标距；L_1 是试样拉断后的标距。

注意：同一材料的断后伸长率与试样尺寸有关，所以比较材料断后伸长率时应注意规格要统一。

2) 断面收缩率 ψ。试样拉断后，缩颈处横截面积的最大缩减量与原始横截面积的百分比称为断面收缩率，用符号 ψ 表示，即

$$\psi = \frac{A_0 - A_1}{A_0} \times 100\%$$

式中，A_0 是试样原始的横截面积；A_1 是试样拉断后缩颈处的横截面积。

材料的 δ 和 ψ 值越大，塑性越好；材料具有一定的塑性，可以提高零件的可靠性，防止突然断裂。对金属材料而言，具有一定的塑性才能进行各种变形加工，如汽车车身外用钢板就是冷轧钢板。

2. 硬度

材料表面抵抗局部塑形变形、压痕或划痕的能力称为硬度。硬度是衡量材料软硬程度的力学性能指标。通常材料的强度越高，硬度也越高。工程上常用的硬度指标有布氏硬度、洛氏硬度和维氏硬度等。

(1) 布氏硬度（HBW） 布氏硬度的测量方法如图 1-3 所示。对直径为 D 的硬质合金球施加试验力 F，压入试样的表面，保持一定时间后卸去试验力，测量压痕的平均直径 d。布氏硬度与试验力 F 除以压痕的表面积的商成正比。布氏硬度的符号为 HBW，采用硬质合

金压头可测硬度≤650HBW 的材料。工程实际中，布氏试验不需计算，只需测出压痕平均直径 d，查表即可得硬度值。

布氏硬度压痕面积大，测量准确，不宜测试薄件或成品件，主要测试铸铁、碳钢及退火、正火和调质处理的钢材的硬度。

（2）洛氏硬度（HR）　洛氏硬度的测量方法如图 1-4 所示。将顶角为 120°的金刚石圆锥体或直径为 1.588mm 的淬火钢球的标准压头用规定压力（先用初试验力，再用主试验力）压入被测材料的表面，根据压痕深度来确定硬度值。根据压头的材料及所加的试验力不同又可分为 HRA、HRB、HRC 三种。

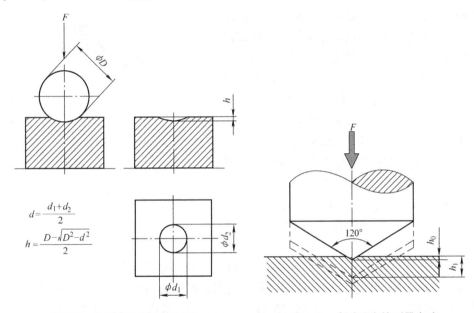

图 1-3　布氏硬度的测量方法　　　　图 1-4　洛氏硬度的测量方法

洛氏硬度测量方法操作简便、迅速，应用范围广，压痕小，硬度值可以直接从表盘上读出，所以得到了更为广泛的应用。其缺点是：由于压痕小，测量误差稍大，因此常在工件不同部位测量数次取平均值。

（3）维氏硬度（HV）　维氏硬度的测量原理与布氏硬度相同，不同的是压头为一顶角为 136°的正四棱锥体金刚石压头。它所测量的硬度值比布氏、洛氏硬度精确，并且测量范围广，压入深度浅，故应用广泛，特别适用于工件的硬化层及薄片、小件成品，但由于操作复杂，不宜用于大批量检测。维氏硬度测量压痕很小，致使所测硬度重复性差，分散度大。

3. 韧性

材料抵抗冲击载荷的能力称为韧性，实际上是指材料在受到冲击载荷而断裂之前吸收能量并进行塑性变形的能力。如发动机在起动、加速、换档、制动时，变速器中的传动齿轮会受到冲击载荷的作用，发动机活塞、连杆、曲轴等在工作时也受到冲击载荷的作用。对于这些在动载荷条件下工作的零件，在设计和制造工作中需考虑材料在冲击载荷下的力学性能。

扫一扫

硬度试验

实际生产中，有些零件在承受了一次或数次大能量冲击后便断裂了，但更多的情况下，零件是在小能量载荷的多次（$>10^3$）冲击后才发生断裂。对于两种不同的冲击载荷，分别采用了冲击韧度和多次抗力两个指标来衡量材料的抗冲击能力。

(1) 冲击韧度　冲击韧度常采用一次摆锤冲击试验来测定，冲击韧度用 a_K 表示。由于在冲击载荷作用下材料的塑性变形得不到充分发展，为了能灵敏地反映出材料的冲击韧性，通常采用带缺口的试样进行试验。标准冲击试样有两种，一种是 U 形缺口试样，另一种是 V 形缺口试样。同一条件下，同一种材料制作的两种试样，其 U 形试样的 a_K 值明显大于 V 形试样的 a_K 值。

试验时，将试样放在试验机两支座上，如图 1-5 所示。将重力为 G 的摆锤从高度 H 处释放落下，试样被冲断，摆锤则继续上摆到高度 h。在忽略机械摩擦和空气阻力等条件下，摆锤冲断试样所消耗的功，或试样变形和断裂所吸收的能量，称为冲击吸收能量，用 KU 或 KV 表示即 KU 或 $KV = G(H-h)$，单位为 J。试验时，冲击功的数值可从冲击试验机的刻度标盘上直接读出，冲击吸收能量除以试样缺口底部处横截面积 F 即得冲击韧度值 a_K，即 $a_K = KU/F$，单位为 J/cm^2。有些国家直接用冲击吸收能量作为冲击韧度指标。

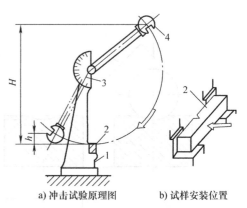

图 1-5　试验原理图
1—机架　2—试样　3—表盘　4—摆锤

材料的冲击韧度值越大，韧性就越好；材料的冲击韧度值越小，材料的脆性越大。通常把冲击韧度值较小的材料称为脆性材料，其断裂前无明显的塑性变形，断口较平整，呈晶状或瓷状，有金属光色。通常把冲击韧度值较大的材料称为韧性材料，其断裂前有明显的塑性变形，断口呈纤维状，无金属光泽。

冲击韧度可反映材料的内在质量问题，对材料的品质、宏观缺陷及纤维组织等十分敏感。生产中常用冲击韧度试验来检验冶炼、热处理及各种热加工工艺和产品的质量。

(2) 多次抗力　工程上，机械零件很少是受一次冲击就被破坏的，大多数情况下是承受小能量、多次重复的冲击载荷。在这种情况下，以冲击韧度作为性能指标来选择材料就不合适了。因而，对于上述情况，一般采用多次抗力来表征其韧性。

多次抗力一般采用小能量多冲试验进行测定。落锤式多次冲击弯曲试验如图 1-6 所示，将材料制成标准试样放在试验机上，使之受到锤头的小能量（<1500J）多次冲击。测定在一定冲击能量下试样断裂前的冲击次数，并以此作为多次抗力的指标。

应当说明的是，抵抗大能量一次冲击的能力主要取决于材料的塑性，而抵抗小能量多次冲击的能力主要取决于材料的强度。

(3) 材料的低温冲击性能　研究表明，材料的冲击韧度值随试验温度的降低而降低。当温度降至某一数值或范围时，冲击韧度值会急剧下降，材料则由韧性状态转变为脆性状态，这种转变称为冷脆转变，相应的温度称为冷脆转变温度，图 1-7 所示为冲击韧度与温度的关系。材料的冷脆转变温度越低，其低温冲击性能越好，允许使用的温度范围越大。因此对于寒冷地区的桥梁、车辆等机件用材料，必须做低温（一般为 -40℃）冲击弯曲试验，以防止低温脆性断裂。

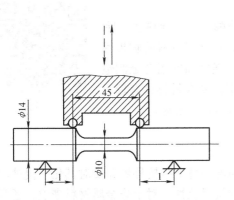

图1-6 落锤式多次冲击弯曲试验

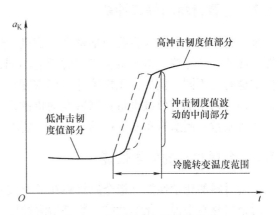

图1-7 冲击韧度与温度的关系

4. 疲劳强度

工程上一些机件（如发动机曲轴、齿轮等）工作时受交变应力或循环应力的作用，即使工作应力低于材料的屈服强度，但经过一定循环周次后仍会发生断裂，这样的断裂现象称为疲劳失效或疲劳破坏。疲劳失效前不会出现明显的塑性变形，不易察觉，故其危害极大，如汽车半轴、发动机曲轴等，往往造成灾难性事故。据统计，机械零件失效中有80%以上属于疲劳破坏，这也是汽车零件中最常见的一种失效形式，因此，对材料的疲劳失效的预防是十分必要的。

产生疲劳失效的原因是：材料表面或内部存在划痕、尖角、夹杂等缺陷，这些缺陷部位的局部应力大于屈服极限，产生局部变形引起微裂纹，成为疲劳源，逐渐扩展直至疲劳断裂。

当零件所受的循环应力低于某一值时，即使循环周次无穷多也不会发生断裂，这种使试样不发生疲劳断裂的最大循环应力称为疲劳强度或疲劳极限。材料的疲劳强度可通过试验得到。

利用试验得到的交变应力σ和断裂循环周次N之间的关系，绘制出图1-8所示的$\sigma-N$曲线，即疲劳曲线。

疲劳曲线表明，随着应力σ的减小，循环次数N不断增加，当应力σ降到一定值后，$\sigma-N$曲线趋于水平，这就意味着材料在此应力作用下无限次循环也不会产生断裂，此应力称为材料的弯曲疲劳极限，用σ_{-1}表示，单位为MPa。

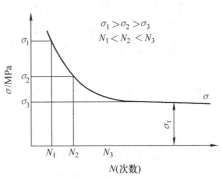

图1-8 疲劳曲线示意图

在疲劳强度试验中，不可能把循环次数做到无穷大，而是以一定的循环次数作为基数，超过这个基数就认为不再发生疲劳破坏。常用钢材的循环基数为10^7，有色金属和某些超高强度钢的循环基数为10^8。影响疲劳强度的因素很多，其中主要有循环应力特性、温度、材料的成分和组织、表面状态、残余应力等。提高零件的疲劳强度方法主要是避免应力集中、提高零件表面的加工质量，同时采取表面强化处理（化学热处理、喷丸、滚压等）以形成表面残余应力，提高疲劳强度。

1.1.2 金属材料的物理性能

金属材料的物理性能主要包括密度、熔点、热膨胀性、导热性、导电性、磁性和色泽等。由于机械零件的用途不同,对金属材料的物理性能要求也有所不同。例如:飞机零件是用密度小、强度高的铝合金制造的,这样可以增加有效载重量;制造发动机的活塞,要求材料具有较小的热膨胀系数;制造汽车发电机的硅钢片,要求具有良好的磁性。

扫一扫

疲劳试验

1.1.3 金属材料的化学性能

金属材料的化学性能是指金属材料在常温或高温条件下抵抗外界介质对其化学侵蚀的能力。对金属材料来说,化学性能一般是指耐蚀性和抗氧化性;对于非金属材料来说,还存在着化学稳定性、抗老化能力和耐热性等。

材料在常温下抵抗周围介质(如大气、燃气、水、酸、碱和盐等)腐蚀的能力称为耐蚀性,金属材料在腐蚀性介质中主要发生化学腐蚀或电化学腐蚀。因此,对于汽车上易腐蚀零部件,一方面可以采用耐蚀性好的不锈钢、铝合金等材料制造,另一方面可采用适当的涂料进行涂覆,起到防腐蚀、填平锈斑的作用。

材料在高温下抵抗氧化的能力称为抗氧化性,又称为热稳定性。在钢中加入 Cr、Si 等元素,可以大大提高钢的抗氧化性,如在高温下工作的发动机排气门等零部件,就是采用抗氧化性好的 42Cr9Si2 等材料制造的。

1.1.4 金属材料的工艺性能

金属材料的工艺性能是指金属材料加工成形的难易程度。某些材料仅从零件的使用要求来考虑是合适的,但无法加工制造,或加工困难,这些材料的工艺性能不好。金属材料的工艺性能主要包括铸造性、可锻性、焊接性、切削加工性和热处理性能等。

1. 铸造性

将熔化的金属浇注到铸型的型腔中,待其冷却后得到毛坯或直接得到零件的加工方法称为铸造。轿车上的活塞、曲轴、凸轮轴、转向器壳体、缸套等,均是铸造而成的。铸造的应用十分广泛,据统计在机械设备中,铸件重量占整体重量的 50% ~80%。

铸造性是指金属在铸造成形过程中所表现出来的能力,其取决于金属的流动性、凝固过程的收缩率、吸气性和成分偏析倾向等,这些性能的好坏直接影响铸件成品率、铸件质量和铸造工艺的好坏。

2. 可锻性

锻压是指锻造和板料冲压。锻造是指金属加热后,利用静压力或冲击压力使其产生塑性变形,从而获得具有一定形状的毛坯或零件的加工方法。锻造广泛用于汽车、拖拉机、机床、化工机械中,如齿轮、连杆、曲轴、刀具、模具等都采用锻造加工。

金属的可锻性是指金属材料锻压成形的难易程度,是衡量金属材料通过塑性加工获得优质零件难易程度的工艺性能。塑性越大,变形抗力越小,其可锻性越好。铜合金和铝合金在室温状态下就有良好的锻压性能;碳钢在加热状态下锻压性能较好,其中低碳钢最好,中碳钢次之,高碳钢较差;低合金钢的锻压造性能接近于中碳钢,高合金钢的较差;铸铁的锻压性能较差，不能锻压。

3. 焊接性

焊接是使用（或不使用）填充材料通过局部加热或同时加压加热的方式，使分离金属借助原子间结合与扩散作用而连接起来的工艺方法，其应用广泛，如焊接车身、车架等。金属材料对焊接加工的适应性称为焊接性。

焊接性包括工艺焊接性和使用焊接性两个方面。前者主要是指焊接接头产生工艺缺陷的倾向，尤其是出现各种裂纹的可能性；后者主要是指焊接接头在使用中的可靠性，包括焊接接头的力学性能及其他特殊性能（如耐热性、耐蚀性等）。金属材料这两个方面的焊接性可通过估算和试验方法来确定。

在汽车工业中，焊接的主要对象是钢材。影响钢材焊接性的主要因素是化学成分。将不同化学元素加入钢中后，对焊缝组织性能、夹杂物的分布以及对焊接热影响区的淬硬程度等的影响也不同，产生裂纹的倾向也不同。在各种元素中，碳的影响最明显。其他元素的影响可折合成碳当量，用碳当量方法可估算被焊钢材的焊接性。低碳钢和碳当量低于0.4%的合金钢有较好的焊接性，碳当量大于0.4%的合金钢焊接性较差。

此外，硫、磷对钢材焊接性影响也很大，在各种合格钢材中，硫、磷都受到严格限制。碳质量分数是焊接性好坏的主要因素。

4. 切削加工性

金属切削加工是利用金属切割工具，从金属坯件上切去多余的金属，从而获得成品或半成品金属零件的加工方法。常用的机械切削加工有车削、钻削、镗削、刨削、铣削及磨削加工等。

切削加工性是指金属材料进行切削加工的难易程度和切削加工后的表面质量。切削加工性通常从四个方面来衡量：切削时消耗的动力、刀具的磨损、表面粗糙度、切屑的形态。切削加工时阻力小、功耗小，刀具不易磨损，工件表面质量好，切屑形态良好的材料切削性能好，反之，材料的切削性能不好。

5. 热处理性能

热处理是将金属材料加热到固态下的不同温度保温一段时间，以不同的速度冷却获得所需晶体结构及相应性能的一种工艺方法。

热处理的方法有普通热处理（淬火、回火、退火、正火）、表面热处理（只改变金属表层的性能）和表面化学热处理（既改变表层化学成分，又改变表层性能）。

金属材料适应各种热处理工艺的性能称为热处理性能。衡量金属材料热处理工艺性能的指标包括热导率、淬硬性、淬透性、淬火变形、开裂趋势、表面氧化脱碳趋势、过热及过烧的敏感趋势、晶粒长大趋势、回火脆性等。

钢的热处理工艺性能主要考虑其淬透性，即钢接受淬火的能力。含Mn、Cr、Ni等合金元素的合金钢淬透性比碳钢好。

扫一扫

热处理

1.2 汽车常用金属材料

工业上常用的金属材料分为黑色金属和有色金属两大类。黑色金属是指钢铁材料。钢铁材料在我国汽车工业中仍占主流地位。在中型载货汽车中，钢铁材料约占汽车总质量的3/4，在轿车中约占2/3。钢铁材料最大的特点是价格低廉、比强度（强度/密度）高、便于加工，因而得到了广泛的应用。有色金属材料则指除钢铁以外的其他金属及其合金。

1.2.1 钢的热处理

钢的热处理是指将钢在固态下通过加热、保温和不同的冷却方式，改变钢的内部组织结构，从而获得所需性能的工艺方法。碳钢或合金钢通过适当的热处理，不仅可以充分发挥材料的潜力、改善零件的使用性能、提高产品质量、延长使用寿命，还能改善材料的加工工艺性能，消除由加工所引起的内应力和各种缺陷。汽车工业中有70%～80%的零件要进行热处理。

热处理的种类很多，但都要经过加热、保温和冷却三个阶段。图1-9所示为热处理工艺过程示意图。

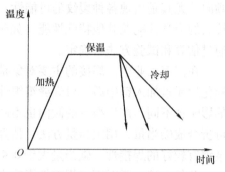

图1-9 热处理工艺过程示意图

1. 普通热处理

（1）退火 退火是将钢加热到一定温度，保温一段时间后，缓慢冷却（如随炉或埋入导热性能较差的介质中），从而获得接近于平衡组织的一种热处理工艺。其主要目的是：降低硬度以利于切削加工，提高塑性以利于塑性加工变形，细化晶粒以提高力学性能，消除应力以防止工件变形或开裂。退火一般作为改善工艺性能的预备热处理。

根据钢的成分和退火目的的不同，常用的退火工艺如图1-10所示。

1）完全退火。完全退火是将钢加热到Ac_3以上30～50℃，保温一定时间，随炉冷却到600℃以下，出炉后空冷。完全退火可获得接近平衡状态的组织。其目的是消除工件的内应力、降低硬度、提高韧度、均匀组织，为后续加工和塑性变形做准备。

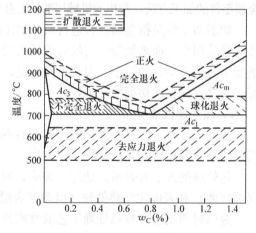

图1-10 退火和正火工艺加热温度示意图

完全退火主要适用于亚共析钢的铸件、锻件、焊接件的毛坯或半成品零件的预备热处理。

2）等温退火。等温退火的加热温度与完全退火相同，只是冷却方式上有所区别。等温退火是以较快的速度将退火加热的钢冷却到Ac_1以下某一规定温度，保温一定时间，获得珠光体组织，然后出炉空冷的退火工艺。等温退火的目的主要是缩短转变时间，提高生产率。同时，在整个转变过程中温度均匀，可获得均匀的组织和性能。等温退火主要用于奥氏体稳定的合金钢工件。

3）球化退火。球化退火是将钢加热到Ac_1以上30～50℃，经充分保温后缓冷到600℃出炉空冷。其目的是将片状珠光体、网状二次渗碳体进行球化，以降低硬度，提高韧性，改善切削加工性，为后续热处理做组织准备。若钢中的网状二次渗碳体严重，应先正火，后球化退火，以保证球化退火效果。球化退火主要用于过共析钢。

4）均匀化退火。均匀化退火是将钢加热到 Ac_3 以上 150～300℃，经长时间保温后随炉冷却的工艺。均匀化退火的目的是消除铸件中的偏析，使钢的化学成分和组织均匀化。该工艺多用于合金钢，合金元素含量越多，加热温度也越高，保温时间依据工件大小和壁厚而定。

5）去应力退火。去应力退火是将钢加热到低于 Ac_1 以下某一温度（一般为600℃），保温后随炉冷却的一种热处理工艺。去应力退火又称低温退火或人工时效，其特点是加热保温时不发生组织转变，只有残余应力通过保温和缓冷过程而消除。去应力退火的目的是消除铸、锻、焊、冷成形件以及切削加工件中的残余应力。

（2）正火　正火是将钢加热到 Ac_3 或 Ac_m 以上 30～50℃ 的温度，保温后从炉中取出在空气中冷却的一种热处理工艺。正火由于冷却速度比退火快，所以得到的组织是非平衡组织。对不同成分的钢，正火后其性能有很大区别。正火主要有以下几方面的应用：

1）对于普通结构钢中的低碳钢、低碳合金钢工件，正火的目的是消除铸造、锻造和焊接过程中引起的过热缺陷，细化晶粒，提高硬度，改善切削加工性能。

2）对力学性能要求不高或尺寸较大的结构件，常用正火作为最终热处理，以提高其强度、硬度。

3）对中碳结构钢工件，正火可消除成形工艺过程中产生的缺陷，保证合适的切削加工硬度，为后续热处理做好组织准备。

4）对过共析钢工件，正火可消除网状二次渗碳体，为球化退火做组织准备。

正火

与退火相比，正火冷却速度快，其组织较细，硬度、强度与同成分的退火材料相比要高一些，而且正火生产周期短，节约能源，操作简单，所以生产中常优先采用正火。

（3）淬火　淬火是将钢加热到 Ac_3 或 Ac_1 以上 30～50℃，保温一段时间后快速冷却的一种热处理工艺。淬火可以显著提高力学性能，如刃具和量具要求有高的硬度和耐磨性，各种轴和齿轮等要求有较好的强度和韧性等，都是通过淬火和回火来达到的，淬火、回火通常作为最终热处理。所以，淬火是强化钢材的重要方法。

冷却是淬火工艺的关键工序，它关系到淬火质量的好坏。实际生产中，可以通过调整冷却介质、淬火方法来控制淬火工件的冷却速度，保证淬火质量。常用的冷却介质有水、盐水、碱水和矿物油等，碳钢淬火时一般用水，合金钢淬火时一般用油。常用的淬火方法有单介质淬火、双介质淬火、马氏体分级淬火和贝氏体等温淬火等。

淬火过程是一个典型的非平衡冷却过程，其工件内外温差较大，必将产生热应力，同时，淬火组织转变前后的晶体结构不同，还会产生组织应力。这两种内应力将会引起工件的变形，甚至开裂报废，所以，淬火时操作工艺必须合理且淬火后工件不可直接使用，必须辅以回火工艺改善性能。

淬火

钢在淬火时，奥氏体转变为马氏体的难易程度称为淬透性。淬透性好的钢比淬透性差的钢易于整体淬硬。钢的淬透性与钢的化学成分有关，除钴外，所有合金元素都会提高钢的淬透性。淬透性好的钢，经淬火、回火后，截面上组织均匀一致，综合力学性能好，而且淬火冷却时可采用比较缓和的淬火介质，减少工件的变形及开裂倾向。

感应加热

钢的淬硬性指钢在理想条件下进行淬火硬化所能达到的最高硬度的能力。钢的淬硬性主要取决于钢的含碳量，低碳钢淬硬性差，高碳钢淬硬性好。

(4) 回火　回火就是将淬火钢重新加热到 Ac_1 以下的某一温度，保温一段时间，出炉冷却到室温的一种热处理工艺。回火的目的是：降低淬火钢的脆性和内应力，防止变形或开裂；调整和稳定淬火钢的结晶组织以保证工件不再发生形状和尺寸的改变；通过适当的回火来获得所要求的强度、硬度和韧性，以满足各种工件的不同使用要求。回火一般也是热处理的最后一道工序。

根据工件的不同性能要求，按其回火温度的范围，可将回火大致分为以下三种：

1) 低温回火（150~250℃）。低温回火的组织为回火马氏体。这种回火主要是为了降低淬火钢的应力和脆性，提高韧性，同时保持材料原有的高硬度和耐磨性。低温回火主要用于各类高碳工具钢的刀具、冷作模具、量具、滚动轴承、渗碳或表面淬火件等。

2) 中温回火（350~500℃）。中温回火的组织为回火托氏体。这种回火可显著减少工件的淬火应力，具有较高的弹性极限和屈服极限，并有一定的韧性。中温回火主要应用于各种弹簧、弹性夹头及锻模的处理。

3) 高温回火（500~650℃）。高温回火的组织为回火索氏体。这种回火可使工件获得强度、硬度、塑性和韧性都较好的综合力学性能。淬火后高温回火的热处理称为调质处理，简称调质，常用于受力情况复杂的重要零件，如汽车中的各种轴类、齿轮、连杆等。

中温回火和高温回火

2. 表面热处理

普通热处理方法往往不能同时提高钢的硬度与韧性。但是有些零件既要求具有耐磨的高硬度，同时又要求具有抗冲击的高韧性，在扭转和弯曲等交变负荷、冲击负荷作用下工作的机械零件，它的表层承受着比心部高的应力；在有摩擦的工作条件下，表面层还不断被磨损。因此对零件的表面层提出了强化的要求，使它的表面具有高的强度、硬度、耐磨性和疲劳极限，而心部仍保持足够的塑性和韧性，即"表硬而内韧"的性能。要达到"表硬而内韧"的性能要求，仅通过选材是很难解决的，往往需要通过表面热处理进行强化，如各种齿轮、凸轮、顶杆、套筒及轧辊等。表面热处理包括表面淬火和化学热处理。

(1) 表面淬火　表面淬火是仅对工件表层进行淬火的工艺，主要适用于中碳钢或中碳合金钢。表面淬火的工艺特点是快速加热，使工件表面迅速升温至淬火温度，而工件心部温度仍处于 A_1 以下，这时立即喷水冷却，使工件表面层被淬硬成马氏体，心部仍是原来的组织，保持良好的韧性。

根据加热方法不同，表面淬火法主要有感应淬火、火焰淬火、接触电阻加热淬火以及电解液加热淬火等几种。工业中应用最多的是感应淬火和火焰淬火。

1) 感应淬火。感应淬火是采用一定的方法使工件表面产生一定频率的感应电流，将零件表面迅速加热，然后迅速淬火冷却的一种热处理工艺。

将工件放入感应线圈（由空心铜管绕成）内，感应线圈中通入一定频率的电流（有高频、中频、工频三种），以产生交变磁场，于是在工件中就感应产生同频率的感应电流即涡流。涡流在工件截面上的分布是不均匀的，心部电流密度几乎等于零，而表面电流密度极大，称为"趋肤效应"，频率越高，电流密度大的表面层越薄。依靠这种电流和工件本身的电阻，使工件在几秒内迅速加热到淬火温度，而心部温度仍接近室温，然后立即喷水冷却，使工件表面淬硬。

感应电流透入工件表层的深度主要取决于电流频率，频率越高，电流透入深度越浅，即淬硬层越薄。因此可采用不同的频率来达到不同要求的淬透深度。根据所用电流的频率不同，感应加热可分为以下三类：

① 高频加热。常用频率为 200~300kHz，淬硬层深度为 0.5~2.5mm，适用于中、小型零件，如小模数齿轮、轴类等。

② 中频加热。常用频率为 2500~8000Hz，淬硬层深度为 2~10mm，适用于直径较大的轴类和大、中模数齿轮以及钢轨、机床导轨等。

③ 工频加热。电流频率为 50Hz，不需要变频设备，城市用交流电即可，适用于淬硬层深度为 10~20mm 及以上的大型工件或用于穿透加热，如火车车轮等的表面淬火。

感应淬火法的优点是加热速度快，生产率高，加热温度和淬硬层深度容易控制，工件表面氧化和脱碳少，工件变形也小，可以使全部淬火过程实现机械化、自动化；其缺点是设备较昂贵，形状复杂的零件感应线圈不易制造，且仅适用于大批量生产。

为了保证钢件中心部分具有良好的综合力学性能，表面淬火前应先进行调质处理。为了减少淬火内应力和降低脆性，表面应保持较高的硬度和耐磨性，表面淬火后，一般应低温回火。

2) 火焰淬火。火焰淬火是利用乙炔与氧或煤气与氧的混合气体燃烧的高温火焰，喷射在零件表面上，使它快速加热达到淬火温度，而心部仍保持低温，随即喷水冷却，从而获得高硬度马氏体组织和淬硬层的一种表面淬火方法。

火焰淬火的淬硬层深度一般为 2~6mm，若要获得更深的淬硬层，往往会引起零件表面严重的过热，且易产生淬火裂纹。由于火焰淬火质量不够稳定，生产率低，因此限制了它的广泛应用。但它具有操作简便灵活、无须特殊设备、成本低等优点，适用于单件或小批量生产的大型或需要局部淬火的零件，如大型轴、大齿轮、轧辊、齿条、钢轨等。

（2）化学热处理 化学热处理是将工件置于特定的介质中加热和保温，使一种或几种元素渗入工件表面，以改变表层化学成分和性能，并能用低廉的碳钢或合金钢来代替某些较昂贵的高合金钢。因此，近年来化学热处理发展迅速。

常见的化学热处理有渗碳、渗氮和碳氮共渗等。通过化学热处理能有效地提高钢件表层的耐磨性、耐蚀性和疲劳强度等。

1) 渗碳。渗碳是向低碳（质量分数为 0.1%~0.25%）的碳钢或合金钢的表层渗入碳原子的过程。按渗碳剂的不同，可分为气体渗碳、固体渗碳和液体渗碳三种，前两种应用较广泛。

低碳钢零件渗碳后，表面层碳质量分数应在 0.85%~1.05%，碳质量分数过低，二次渗碳体较少，硬度较低；碳质量分数过高，则出现大量块状或网状渗碳体，表面层脆性较大。

渗碳后的钢件常采用淬火加低温回火热处理，其目的是使表层具有高的硬度和耐磨性，而心部仍保持一定的强度和较高的韧性。

一些承受冲击的耐磨零件，如轴、齿轮、凸轮、活塞销等大都进行渗碳处理，但在高温下工作的耐磨件不宜用渗碳处理。

2）渗氮。渗氮是向钢的表面渗入氮原子的过程，目的是提高工件表面的硬度、耐磨性、耐蚀性及疲劳强度。

渗氮在较低的温度下完成，没有相变，渗氮后不需要淬火，因此变形很小。但是渗氮生产周期长、工艺复杂，而且要用合金钢，使钢种受限制，因此渗氮零件的成本较高。渗氮多用于要求耐磨、耐疲劳、耐蚀的工件上，如高速发动机的曲轴、气缸套，精密机床的主轴、丝杠，高速精密齿轮，汽轮机的阀门、阀杆及量具等。

3）碳氮共渗。在零件表面同时渗碳和渗氮的过程称为碳氮共渗。由于它兼有渗碳和渗氮两者的特点，并能缩短周期，因此在生产中常用来提高零件表面的耐磨性和耐蚀性。

此外，钢的化学热处理已经从单元素渗发展到多元素复合渗，使之具有良好的综合性能，如铬、铝、硅共渗等。

1.2.2 汽车常用碳钢

GB/T 13304.1—2008《钢分类第1部分：按化学成分分类》中钢的定义是：以铁为主要元素、碳质量分数一般在2%以下，并含有其他元素的材料。其中的"一般"是指除铬钢外的其他钢种，部分铬钢的碳质量分数允许大于2%。碳质量分数大于2%的铁合金是铸铁。

严格地说，钢是碳质量分数在0.0218%～2.11%之间的铁碳合金。通常将其与铁合称为钢铁，为了保证其韧性和塑性，碳质量分数一般不超过1.7%。

GB/T 13304.1—2008中根据化学成分，可分为非合金钢、低合金钢和合金钢，但由于许多技术标准是在此标准实施之前制定的，所以为便于衔接和过渡，本书仍沿用碳素钢和合金钢的分类方法。其中碳素钢按其碳含量可分为低碳钢、中碳钢和高碳钢；合金钢按合金元素含量的高低分为低合金钢、中合金钢和高合金钢。

按用途和使用性能，钢又分为结构钢、工具钢和特殊用途钢。其中结构钢主要用于制造工程结构、桥梁、建筑结构和机器零件等，一般为低碳钢、中碳钢；而工具钢主要用于制造各种刃具、模具和量具，一般为高碳钢。

碳素钢又称碳钢，是碳质量分数低于2.11%的铁碳合金，实际使用的碳质量分数低于1.4%，其中还含有少量Si、Mn、P、S等杂质。碳钢不仅具有较好的力学性能，良好的工艺性能，而且价格低廉、品种多样，能够满足各种场合的使用要求，约占钢总产量的90%。

1. 碳素钢的分类

（1）按钢的含碳量分类

1）低碳钢：$w_C \leq 0.25\%$。

2）中碳钢：$0.25\% < w_C \leq 0.6\%$。

3）高碳钢：$w_C > 0.6\%$。

铁碳合金概论

(2) 按钢的质量分类

1) 普通钢：$w_S \leq 0.055\%$，$w_P \leq 0.045\%$。

2) 优质钢：$w_S \leq 0.040\%$，$w_P \leq 0.040\%$。

3) 高级优质钢：$w_S \leq 0.030\%$，$w_P \leq 0.035\%$。

4) 特级优质钢：$w_S \leq 0.025\%$，$w_P \leq 0.030\%$。

(3) 按用途分类

1) 碳素结构钢：用于制造工程结构件（如汽车车架和车身、机架、桥梁、船舶等）和机械零件（如齿轮、轴、螺钉、螺母、连杆等），这类钢一般为低碳钢和中碳钢。

2) 碳素工具钢：用于制造各种工具（如刃具、模具和量具等），这类钢一般为高碳钢。

另外，工业用钢按冶炼方法的不同，可分为平炉钢、转炉钢和电炉钢等；按炼钢的脱氧程度又可分为沸腾钢（脱氧不完全）、镇静钢（脱氧较完全）和半镇静钢。

2. 碳素钢的牌号、性能和用途

(1) 碳素结构钢　碳素结构钢是工程中应用最多的钢种，其产量占钢总产量的70%~80%。碳素结构钢牌号由以下四部分组成：①字母Q，钢材屈服强度"屈"字汉语拼音首位字母；②屈服强度值，单位为MPa；③质量等级符号，A、B、C、D，从A到D质量依次提高；④脱氧方法符号，F为沸腾钢，b为半镇静钢，Z为镇静钢，TZ为特殊镇静钢，在牌号中若为Z则予以省略。例如，Q235AF表示屈服强度为235MPa的A级沸腾钢。

碳素结构钢的规定牌号有Q195、Q215、Q235和Q275四种。这类钢的含碳量低，含硫、磷等有害物质和其他杂质较多，故强度不够高，但塑性、韧性好，焊接性能优良，冶炼简便，价格便宜，使用时一般不需要热处理，广泛地应用于汽车、机车、船舶、工程建筑以及一般的桥梁、容器等金属结构，也可用于制造要求不高的机器零件，如螺钉、棘爪等。

碳素结构钢在汽车上常用于制造传动轴间的支架，发动机前、后支架，后视镜支架，三四五档同步器锥盘，差速器螺栓锁片，车轮轮辐，驻车制动操纵棘爪和齿板等零件。

(2) 优质碳素结构钢　这类钢中的有害杂质及非金属夹杂物含量较少，化学成分控制得也较严格，塑性、韧性较好，一般还通过热处理来进一步调整和改善其性能，因此常用于制造较重要的机械零件。

优质碳素结构钢的牌号用两位数字表示平均碳质量分数的万分数，如钢号45，即表示碳质量分数为0.45%的优质碳素结构钢。对于锰质量分数较高（0.70%~1.20%）的优质碳素结构钢，则在对应牌号后加"Mn"表示，如45Mn、65Mn等，其性能较相应牌号的普通锰含量钢的要好。

08钢是冷变形钢，可制造冲压零件，如汽车驾驶室、油箱等；15、20钢一般是表面渗碳钢，用于制造离合器分离杠杆、风扇叶片、驻车制动杆等；40、45、50钢属于调质钢，主要用于制造齿轮、丝杠、转向节主销、各种轴类等重要零件；60Mn、65Mn则是碳素弹簧钢，用于制造气门摇臂复位弹簧、活塞油环簧片、离合器压板弹簧等。

(3) 碳素工具钢　碳素工具钢主要用于制造刀具、量具和模具，具有较高的硬度和耐磨性，在高温时仍能保持高硬度的性能，即热硬性。碳素工具钢的平均碳质量分数在0.7%~1.3%，属于高碳钢。这类钢的质量较高，要求S、P等杂质的含量特别低，是经过精炼的优质钢。

碳素工具钢的牌号是在"碳"字汉语拼音首位字母"T"的后面附加数字表示，数字表示平均碳质量分数的千分数,如 T12 表示平均碳质量分数为 1.2% 的碳素工具钢。若为高级优质碳素工具钢,则在其牌号后加符号 A,如 T12A。所有碳素工具钢都要经过热处理,但其热处理变形较大,热硬度也不够,故仅适于制造不太精密的模具、木工工具和金属切削用的低速手工用刀具(锉刀、锯刀、手用丝锥)等。

1.2.3 汽车常用合金钢

碳钢的冶炼、加工简单,价格便宜,通过热处理可以得到不同的性能来满足生产上的各种需要。但碳钢缺乏良好的综合力学性能,如汽车上的一些重要零件,碳钢仍达不到某性能要求。此外,碳钢还缺乏耐热性、耐蚀性、高磁性或无磁性、耐磨性等特殊的性能。因而,在现代生产制造中广泛使用合金钢。

合金钢是指在碳钢的基础上加入一些合金元素而得到的钢种,常用的合金元素有 Si、Mn、Cr、Ni 等。合金钢与碳素钢相比,热处理工艺性较好,力学性能指标更高,还能满足某些特殊性能要求。但有些合金钢的冶炼、加工比较困难,价格也较高,经济性差。所以,在使用金属材料时,在满足零件性能要求的前提下应优先使用碳素钢。

1. 合金钢的分类

(1) 按合金元素总质量分数分类 合金钢可分为低合金钢(合金元素质量分数 <5%)、中合金钢(合金元素质量分数 =5%~10%)、高合金钢(合金元素质量分数 >10%)。

(2) 按用途分类 合金钢可分为合金结构钢、合金工具钢和特殊性能钢三类。

(3) 按冶金质量不同分类 合金钢可分为优质钢、高级优质钢(钢号后加"A")和特级优质钢(钢号后加"E")。

2. 合金钢的牌号

合金钢的牌号是用合金元素符号加数字来表示的,简要表示为数字 + 合金元素符号 + 数字。

1) 合金元素符号前的数字表示碳质量分数。

合金结构钢用两位数字表示平均碳质量分数(以万分之几计)。

合金工具钢的平均碳质量分数 $w_C \geq 1.0\%$ 时不标出含碳量数字;若平均碳质量分数 $w_C < 1.0\%$ 时,可用一位数字表示含碳量(以千分之几计),但高速工具钢 $w_C < 1.0\%$ 也不标出。

特殊性能钢一般用一位数字表示平均碳质量分数(以千分之几计);平均碳质量分数 $w_C < 1‰$ 的用"0"表示,$w_C \leq 0.03\%$ 的用"00"表示。

2) 合金元素符号后的数字表示合金元素质量分数。

合金元素平均质量分数 <1.5% 时,牌号中仅标明元素,一般不标明含量。当合金元素平均质量分数 ≥1.5%、2.5%、3.5%…时,则相应地以 2、3、4…表示。如 60Si2Mn 表示碳质量分数为 0.6%,硅质量分数为 1.5%~2.5%(或平均质量分数为 2%),锰质量分数小于 1.5%。

高碳铬轴承钢,其铬质量分数用千分之几计,并在牌号头部加符号"G",如 GCr9 表示平均铬质量分数为 0.9% 的轴承钢。

低铬(平均铬质量分数 <1%)合金工具钢,其铬质量分数也用千分之几计,但在含量数值之前加数字"0"。如 Cr06 表示平均铬质量分数为 0.6% 的合金工具钢。

3）高级优质合金钢（S、P含量较低），在牌号尾部加符号"A"。

4）为了表示钢的专门用途，在牌号头部（或尾部）附以表示相应用途的符号。如滚动轴承钢前加"G"（"滚"字的汉语拼音首字母）GCr15；20MnK，牌号后附以符号K，表示此合金多为矿用。

3. 合金结构钢

合金结构钢是用于制造各种机器零件和各类工程结构的钢。这类钢是在碳素结构钢的基础上加入一些合金元素，使其性能得到提高。合金结构钢通常分为低合金结构钢、合金渗碳钢、合金调质钢、合金弹簧钢及滚动轴承钢等几种。

（1）低合金结构钢　低合金结构钢是在碳素结构钢的基础上加入少量合金元素（合金元素总质量分数<3%）而得到的钢。这类钢比碳素结构钢的强度要高10%~30%，冶炼比较简单，生产成本与碳素结构钢相近。由于合金元素的强化作用，这类钢比相同含碳量的碳素结构钢的强度（特别是屈服强度）要高得多，并且有良好的塑性、韧性、耐蚀性和焊接性。低合金结构钢主要用于汽车、船舶、桥梁、锅炉、高压容器、油管、大型钢结构等。此类钢一般在热轧或正火状态下使用，一般不再进行热处理。

低合金结构钢的牌号表示方法与普通碳素结构钢相同。例如Q345表示屈服强度不低于345MPa的低合金结构钢。Q345是我国产量较大、使用较多的低合金结构钢，它的综合力学性能、焊接性能、加工性能良好，如国产载重汽车的大梁几乎都采用Q345钢制造。

（2）合金渗碳钢　合金渗碳钢主要用于制造受到冲击载荷和强烈的摩擦、在磨损条件下工作的零件，如汽车、拖拉机的变速器齿轮，内燃机上的凸轮轴、活塞销等。

这类钢碳质量分数一般很低，在0.1%~0.25%之间，经渗碳、淬火和低温回火后，表面具有高硬度、高耐磨性，而心部具有足够的塑性和韧性，即"表硬而内韧"，如20Cr、20CrMnTi。

合金渗碳钢在汽车上的应用：15Cr用于活塞销、气门弹簧座、气门挺杆等；20CrMnTi用于各类重要齿轮、万向节和差速器十字轴等；20MnVB用于传动轴十字轴、万向节十字轴、差速器十字轴、后桥减速器齿轮等。

（3）合金调质钢　合金调质钢是在碳素调质钢的基础上加入合金元素，经调质处理后获得具有良好的综合力学性能的钢。合金调质钢的碳质量分数一般在0.25%~0.5%之间，常通过加入合金元素来提高钢的淬透性和保证良好的强度及韧性。合金调质钢广泛用于制造各种负荷较大、受冲击的重要机器零件，如齿轮、轴、连杆、高强度螺栓等。40Cr是一种典型的合金调质钢，其强度比40钢高20%，并有良好的塑性，Cr的存在可使淬透性提高。

合金调质钢在汽车上的应用：40Cr用于减振器支承销、水泵轴、连杆等；40MnB用于半轴、转向节、转向臂、传动轴花键等；45Mn2用于发动机进气门、半轴套、板簧U形螺栓等。

（4）合金弹簧钢　合金弹簧钢主要用于制造各种重要的弹性元件，特别是制造各种机器、仪表中的弹簧。它主要是利用弹性变形来储存能量以缓和振动及冲击。因此，弹簧应具有高的弹性极限、疲劳强度和高的屈强比，足够的塑性、韧性以及良好的表面质量，还要有良好的淬透性及较低的脱碳敏感性。有些弹簧还要求有耐热性和耐蚀性等。

合金弹簧钢碳质量分数一般在0.45%~0.7%之间，常加入合金元素来提高淬透性和耐回火性，同时也提高屈强比。典型的弹簧钢有60Si2Mn、50CrVA等。

合金弹簧钢在汽车上的应用：55Si2Mn、60Si2Mn 常用于制作汽车、坦克、车辆上的板弹簧、螺旋弹簧及牵引钩弹簧等；50CrVA、60Si2CrVA 常用于在高温及高负荷下工作的阀门弹簧、高速柴油机气门弹簧等。

(5) 滚动轴承钢　在柴油机、拖拉机、机床以及其他各种高速运转的机械中广泛地使用着滚动轴承。用于制造滚动轴承的钢称为滚动轴承钢。但滚动轴承钢目前已不限于制作滚动轴承，也可制作量具、模具、刀具等。

滚动轴承在高的交变载荷作用下工作，各部分之间有强烈的摩擦，还受到润滑剂的化学侵蚀。因此，滚动轴承钢必须具有高的硬度和耐磨性、高的弹性极限和接触疲劳强度、足够的韧性和耐蚀性。

滚动轴承钢的碳质量分数为 0.95% ~ 1.10%，高碳是为了保证钢经热处理后具有高硬度和耐磨性。最常用的轴承钢为 GCr15，多用于制造中、小型轴承。对于大型、重负荷轴承，多采用含 Mn、Mo、Si、V 的轴承钢，如 GCr15SiMn 等。为了节约 Cr，我国研制出无铬轴承，如 GSiMnMoV、GSiMnV 等。

4. 合金工具钢

合金工具钢比碳素工具钢具有更高的硬度、耐磨性，特别是具有更好的淬透性、热硬性和耐回火性等。因而可以制造截面大、形状复杂、性能要求高的刃具、模具、量具和其他工具。

合金工具钢按主要用途可分为三种：合金刃具钢、合金模具钢和合金量具钢。各类合金工具钢没有严格的使用界限，可以交叉使用。

(1) 合金刃具钢　合金刃具钢可用于制造各种刀具，主要包括车刀、铣刀、钻头、丝锥、扳手等切削刀具。刀具的工作任务是将钢材或坯料通过切削加工使之成为工件。在切削时，刀具受到工件的压力，刃部与切屑之间产生摩擦热与磨损，切削速度越大，温度越高，有时可达 500~600℃，此外，还承受一定的冲击和振动。因此要求刃具钢具有高硬度、高耐磨性和高的热硬性。此外，刃具钢还要求有一定的强度、韧性和塑性，以免在受到冲击和振动载荷时突然断裂。

1) 低合金工具钢。低合金工具钢是在碳素工具钢的基础上，加入少量的合金元素来提高钢的淬透性、耐回火性及钢的强度、耐磨性和热硬性，如 9SiCr、CrWMn 等。

2) 高速工具钢。高速工具钢是一种高碳合金工具钢，用高速工具钢制造的刀具可以进行高速切削，具有良好的热硬性，当切削温度高达 600℃ 时，硬度仍无明显下降。高速工具钢中含有大量的合金元素，如 W、Mo、Cr、V 等，使钢具有高的硬度和耐磨性、较高的热硬性、足够的强度和韧性等。常用的高速工具钢有 W18Cr4V 和 W6Mo5Cr4V2 等。

3) 硬质合金钢。硬质合金钢是一种用粉末冶金法制得的工具材料，它是将特制的高熔点、高硬度的金属碳化物粉末和黏结剂混合，压制成形，再经烧结而成的一种粉末冶金材料。其性能特点是硬度高、热硬性好、耐磨性优良。因此，硬质合金钢主要用作切削工具、模具和量具。但硬质合金钢由于硬度太高、太脆，不能进行机械加工，常制成一定规格的刀片，镶焊在刀体上使用。

(2) 合金模具钢　用于制作冷、热模具的钢种为模具钢。模具在非常恶劣的条件下工作，不仅承受较大的冲击载荷，而且还反复受到炽热金属的加热和冷却介质冷却的交替作用，常出现崩裂、塌陷、磨损、龟裂等失效现象。因此，模具钢要求有高的强度及足够的耐磨性和韧性、良好的抗热疲劳性，为使整体性能一致，还需有良好的淬透性。小型模具用 CrWMn 来制造，大型模具采用淬透性高、抗磨性高的 Cr12 钢来制造。

（3）合金量具钢　合金量具钢是用来制造各种测量工具的，如卡尺、千分尺、量规、量块等。为保证量具的精度，制造量具的钢应具有良好的尺寸稳定性、较高的硬度及耐磨性。尺寸小、形状简单、精度较低的量具，用高碳钢制造；复杂的精密量具，用低合金刃具钢制造；耐蚀性较高的量具，用不锈钢等制造。

5. 特殊性能钢

特殊性能钢是指易切削钢、不锈钢、耐热钢、耐磨钢等一些具有特殊性能的钢，又称为特殊用途钢，简称特殊钢。

（1）易切削钢　在碳钢的基础上，加入一种或几种合金元素，使其具有易切削性能，以适应切削加工自动化、高速化和精密化的需要。目前，常加入的合金元素有 S、P、Pb、Ca、Se、Te 等。易切削结构钢的牌号是在同类结构钢牌号前冠以"Y"以区别其他结构钢，如 Y20 表示平均 $w_C = 0.20\%$ 的易切削钢。

易切削结构钢主要用于采用高效专用自动机床加工的零件，如汽车中大量使用的螺栓、螺母、小型销轴等标准件，也可用于轻型汽车的轴、齿轮、曲轴等。

（2）不锈钢　在腐蚀介质中具有耐蚀性的钢称为不锈钢。不锈钢的主要合金元素是铬和镍。对不锈钢性能要求中最重要的是耐蚀性，还要有合适的力学性能，良好的冷、热加工和焊接工艺性能。铬是使不锈钢获得耐蚀性的基本合金元素，当 $w_{Cr} \geq 11.7\%$ 时，钢的表面形成致密的 Cr_3O_2 保护膜，避免形成电化学原电池。加入 Cr、Ni 等合金元素，还可提高被保护金属的电极电位，减少原电池极间的电位差，从而减小电流，使腐蚀速度降低；或使钢在室温下获得单相组织（奥氏体、铁素体或马氏体），以免在不同的相之间形成微电池，通过提高对化学腐蚀和电化学腐蚀的抑制能力提高钢的耐蚀性。常用的不锈钢有 12Cr13、20Cr13、30Cr13、10Cr17 和 07Cr19Ni11Ti 等，适用于制造化工设备、医疗和食品器械等。

（3）耐热钢　耐热钢是指在高温下不发生氧化并且有较高强度的钢。为提高耐蚀性和高温强度，常加入较多的 Cr、Si、Al、Ni 等合金元素。耐热钢用于制造在高温条件下工作的零件，如内燃机气阀、汽轮机叶片等，如耐热钢 42Cr9Si2、40Cr10Si2Mo 等，常用于制造发动机排气门等。

（4）耐磨钢　高锰钢是一种常用的耐磨钢，如 ZGMn13，成分特点是高碳、高锰，碳的质量分数为 0.9%～1.3%、锰的质量分数为 12.5%～13.5%，该钢切削加工困难，大多铸造成形。高锰钢适用于制造在强烈冲击下工作的零件，这类零件要求必须具有表面硬度高、耐磨、心部韧性好和强度高的特点，如破碎机齿板、大型球磨机衬板、挖掘机铲齿、坦克和拖拉机履带及铁轨道岔等。高锰钢因受力变形时，能吸收大量能量，不易被击穿，因此可制造防弹装甲车板、保险箱板等。

1.2.4　汽车常用铸铁和铸钢

铸铁是碳质量分数大于 2.11%，并且含有硅、锰、硫、磷等杂质元素的铁碳合金。铸铁所需的生产设备和熔炼工艺简单，价格便宜；同时，铸铁具有良好的铸造性能、切削加工性能及减振性、耐磨性等一系列性能特点，因此在工业上应用非常广泛。

1. 铸铁的分类

在铸铁中，碳可以以渗碳体形式存在，也可以以石墨形式存在。根据碳的存在形式和铸铁中石墨的形态不同，铸铁可以分为下列几种：

铸铁

（1）白口铸铁　碳主要以渗碳体的形式存在，其断口呈银白色，所以称为白口铸铁。这类铸铁的性能既硬又脆，很难进行切削加工，所以很少直接用来制造机械零件，而主要用作炼钢原料。

（2）麻口铸铁　这类铸铁的碳大部分以渗碳体的形式存在，少部分以石墨形式存在，其断口呈灰白色相间，故称麻口铸铁。

（3）灰铸铁　这类铸铁中的碳主要以片状石墨形式存在，其断口呈灰色，故称为灰铸铁。

（4）球墨铸铁　这类铸铁中的碳主要以球状石墨形式存在。

（5）可锻铸铁　这类铸铁中的碳主要以团絮状石墨形式存在。

（6）蠕墨铸铁　这类铸铁的组织与灰铸铁很相似，只是其石墨短而厚，头部较圆，呈蠕虫状。

2. 常用铸铁

（1）灰铸铁　灰铸铁中石墨为片状，在力学性能方面其抗压不抗拉，在加工性方面其铸造和切削加工性能好；另外还具有耐磨、减振性好等优点。此外可通过孕育处理来提高其强度和硬度，孕育后的组织为细珠光体+细石墨片。灰铸铁的牌号表示为HT+数字，其中HT为"灰铁"两字拼音的第一个字母，数字表示最低抗拉强度，如HT250表示最低抗拉强度为250MPa的灰铸铁。利用灰铸铁的减振和抗压性能，常用于制作机床底座、床身、工作台、导轨、箱体等，如HT200适用于承受大载荷的重要零件，如汽车的气缸体、气缸盖、制动盘等；HT300、HT350适用于承受高载荷、要求耐磨和高气密性的重要零件，如大型发动机的气缸体、气缸盖、气缸套、液压缸、泵体、阀体等。

（2）球墨铸铁　球墨铸铁中石墨为球状，采用球化处理制备，即加入Mg、Ca、Re等元素，使石墨成球状。通过加入硅铁、硅钙铁等孕育剂进行孕育处理，可增加石墨球的数量，减少石墨球的尺寸。石墨球对基体的割裂作用比片状石墨小，应力集中小，能充分发挥基体的强度。所以球墨铸铁具有良好的抗拉强度、弯曲疲劳强度、塑性、韧性和优异的铸造性、可切削加工性及低的缺口敏感性；还可通过热处理或合金化来进一步提高其性能。球墨铸铁的牌号表示为QT+数字-数字，其中QT为"球铁"两字拼音的第一个字母，第一个数字表示最低抗拉强度，第二个数字表示断后伸长率，如QT400-15，表示最低抗拉强度为400MPa，断后伸长率为15%的球墨铸铁。

与钢相比，球墨铸铁不论在设备上还是工艺上都比较简单，并且价格低廉，因此，球墨铸铁发展很快，应用很广。球墨铸铁常用于制作汽车和拖拉机底盘零件、阀体、阀盖、机油泵齿轮，此外还可以代替中碳钢制造柴油机、汽油机曲轴、连杆以及车床主轴，热处理后可用来制造汽车和拖拉机的传动齿轮。

（3）可锻铸铁　可锻铸铁的塑性和韧性比灰铸铁高。可锻铸铁是由白口铸铁经石墨化退火得到的一种具有团絮状石墨的铸铁，由金属基体和团絮状石墨组成。由于石墨呈团絮状，减轻了石墨对金属基体的割裂作用和应力集中，因而可锻铸铁比灰铸铁具有较高的强度，并且有一定的塑性和韧性，可以部分代替锻钢。

我国常用的可锻铸铁有黑心可锻铸铁和珠光体可锻铸铁。其牌号由三个字母及两组数字组成。黑心可锻铸铁由"可、铁、黑"三字的汉语拼音首字母"KTH"表示;珠光体可锻铸铁用"可、铁、珠"三字的汉语拼音首字母"KTZ"表示,后面两组数字分别代表最低抗拉强度和断后伸长率的值。例如 KTH300-06 表示最低抗拉强度为 300MPa、断后伸长率为6%的黑心可锻铸铁;KTZ450-06 表示最低抗拉强度为450MPa、断后伸长率为6%的珠光体可锻铸铁。黑心可锻铸铁具有一定的强度及较高的塑性和韧性,可以制造承受冲击和振动的零件,如汽车后桥壳、差速器壳、减速器壳等。珠光体可锻铸铁具有较高的强度和硬度、良好的耐磨性,但塑性、韧性不如前者,一般用来制造承受高载荷、耐磨损和一定冲击的零件,如制造小型曲轴、连杆、轮轴、齿轮、摇臂等。

(4) 蠕墨铸铁 蠕墨铸铁中的石墨呈蠕虫状,向铁液中加入蠕化剂(稀土、Si、Ca等)进行蠕化处理,并经过孕育处理(硅铁、硅钙铁)后形成。由于石墨呈蠕虫状,其对基体割裂作用介于灰铸铁和球墨铸铁之间,所以其性能也介于灰铸铁和球墨铸铁之间,即其抗拉强度、塑性、疲劳强度大于灰铸铁;导热性、铸造性、可加工性大于球墨铸铁。蠕墨铸铁主要用于热循环载荷条件下的钢锭模、玻璃模具,柴油机的气缸、气缸盖、制动件等;用蠕墨铸铁制造的制动鼓的使用寿命比灰铸铁的高3倍多,6100 汽油机排气管、6100 柴油机缸盖等都是由蠕墨铸铁制造的。蠕墨铸铁的牌号表示为 RuT + 数字,其中 RuT 表示"蠕铁",数字表示最低抗拉强度,如 RuT300,表示最低抗拉强度为 300MPa 的蠕墨铸铁。

(5) 合金铸铁 在灰铸铁或球墨铸铁中加入一定量的合金元素,可使铸铁具有某些特殊性能,如耐热、耐腐蚀、耐磨、高强度等,这种铸铁称为合金铸铁。汽车中常用的合金铸铁有耐热铸铁和耐磨铸铁。汽车的发动机排气门座可以采用耐热合金铸铁制作;目前在汽车、拖拉机工业中气缸套筒、排气门座圈、活塞环等零件,常使用耐磨铸铁。

3. 常用铸钢

铸造碳钢(简称为铸钢)主要用于受冲击负荷作用的形状复杂件,如轧钢机机架、重载大型齿轮、飞轮等。对于许多形状复杂件,很难用锻压等方法成形,用铸铁又难以满足性能要求,这时常需选用铸钢。

铸钢的牌号由"ZG",即"铸钢"两字的汉语拼音首字母和两组数字组成,前一组数字表示铸件的屈服强度的最低值,后一组数字表示抗拉强度的最低值,如 ZG200-400 表示 $\sigma_s \geqslant 200$MPa、$\sigma_b \geqslant 400$MPa 的铸钢。

扫一扫

铸铁概论

1.2.5 汽车常用有色金属

有色金属因具有质轻、导电性好等钢铁材料所不及的特性,在现代汽车上的用量呈逐年增加的趋势。如铝合金材料具有密度低、强度高和耐蚀性好的特性,在轿车的轻量化中占举足轻重的地位。采用新型镁合金制造的凸轮轴盖、制动器等零件,可以减轻汽车的总质量和降低噪声。在轿车制造行业,采用铝、镁、钛等轻金属替代钢铁材料减轻自重,是轿车轻量化的一个重要手段。与黑色金属相比,有色金属价格昂贵,产量和使用量都很低。与黑色金属相比,有色金属具有某些独特的性能,因而成为现代工艺技术中不可缺少的重要材料。

1. 铝及铝合金

(1) 纯铝 铝的特点是密度小,约为 2.72g/cm³,仅为钢铁密度的 1/3 左右。铝的导电性、导热性好,仅次于银和铜。铝的化学性质很活泼,在空气中铝表面能与氧结合而形成一层致密的 Al_2O_3 保护膜,阻止铝进一步被氧化。因此,铝在空气和水中有较好的耐蚀性,但铝不能耐酸、碱、盐的腐蚀。

铝具有面心立方晶格,塑性好($\delta = 50\%$,$\psi = 80\%$),能通过冷或热的压力加工制成线、板、带、管等型材,但强度不高,$\sigma_b = 80MPa$,冷加工后,$\sigma_b = 150 \sim 250MPa$。所以纯铝主要用来制作电线、电缆、散热器及要求不锈、耐蚀且强度要求不高的日用品等。

工业纯铝不像化学纯铝那样纯度高,它或多或少存在一些杂质,如 Fe、Si 等。铝中所含杂质数量越多,其导电性、导热性、耐大气腐蚀性以及塑性就越低。

(2) 铝合金 纯铝的强度很低,不宜作为结构材料,为提高其强度,最有效的办法是加入合金元素,如 Si、Cu、Mg、Mn 等,制成铝合金。这些铝合金的强度高、密度小、比强度高,还具有良好的导热性和耐蚀性等。铝合金不仅可以通过冷变形加工硬化的方法来提高其强度,还可以通过热处理(时效硬化)来进一步提高其强度。

根据铝合金的成分及生产工艺特点,可以将铝合金分为变形铝合金和铸造铝合金两大类。

1) 变形铝合金。适于压力加工的铝合金称为变形铝合金。变形铝合金具有较高的强度和良好的塑性,可以通过压力加工制成各种半成品,也可以焊接,主要用于承受中等载荷或高载荷的结构件,在飞机上应用较广。

变形铝合金牌号命名时,四位字符体系牌号的第一、三、四位为阿拉伯数字,第二位为英文大写字母(C、I、L、N、O、P、Q、Z 除外)。牌号的第一位数字表示铝及铝合金的组别,1 为工业纯铝、2 为 Al - Cu 系合金、3 为 Al - Mn 系合金、4 为 Al - Si 系合金、5 为 Al - Mg 系合金、6 为 Al - Mg - Si 系合金、7 为 Al - Zn - Mg 系合金、8 为 Al - 其他元素合金、9 为备用合金组。牌号的第二位字母表示原始纯铝或铝合金的改型情况,最后两位数字用以标识同一组中不同的铝合金或表示铝的纯度。

变形铝合金还可按照其主要性能特点分为防锈铝、硬铝、超硬铝及锻铝等。

① 防锈铝合金。防锈铝合金的主要合金元素是 Mn 和 Mg。这类合金锻造退火后是单相固溶体,故耐蚀性好,塑性和焊接性好。这类合金常用拉延法和焊接法制成载荷不大的耐蚀结构件,如油箱、导管、线材、轻载荷骨架以及各种生活器具等。各种防锈铝合金均属于不能热处理强化的铝合金,若要提高合金强度,可施加冷压力加工,即可产生加工硬化。常用的防锈铝合金有 1A50、3A21 等。

② 硬铝合金。硬铝基本上是 Al - Cu - Mg 合金,还含有少量的 Mn,各种硬铝都可以进行时效强化,但耐蚀性差,特别在海水中尤甚,因此需要防护的硬铝部件其外部都包一层高纯度铝,制成包铝硬铝材。硬铝是比强度高的结构材料,在航空工业及仪器制造中获得了广泛的应用。常用硬铝合金有 2A01、2A12 等。

③ 超硬铝合金。超硬铝合金是 Al - Cu - Mg - Zn 合金,即在硬铝的基础上加 Zn 制成的。这类合金是目前强度最高的铝合金,比强度更高,故称超硬铝;缺点也是耐蚀性很差,可通过提高人工时效温度或包铝措施来提高耐蚀性。超硬铝合金多用于制造受力大的重要构件,如飞机大梁、桁架等,常用的超硬铝合金有 7A04。

④ 锻铝合金。锻铝合金是 Al－Cu－Mg－Si 系合金，合金元素的种类虽多，但每种元素的含量都较少，因而具有良好的热塑性及耐蚀性，强度可与硬铝相媲美，淬火时效后均可提高强度。由于其锻造性能良好，而且比强度高，主要用于飞机或内燃机车上承受重载荷的锻件或模锻件，如发动机风扇叶片、发动机活塞、气缸盖等。常用的锻铝合金有 2A50、2A70 等。

2) 铸造铝合金。铸造铝合金可分为铝硅合金、铝铜合金、铝镁合金及铝锌合金等。铝硅合金使用最广，俗称硅铝明，具有良好的铸造性能，广泛用于制造形状复杂的零件，如发动机活塞、气缸体、水冷的气缸头、气缸套等。

铸造铝合金的牌号由铝及主要合金元素符号组成，主要合金元素符号后跟有表示其名义百分含量的数字（名义百分含量为该元素的平均百分含量的修约化整值），如果合金化学元素的名义百分含量小于 1，一般不标数字，必要时可用一位小数表示，牌号前加 Z 表示铸造铝合金，如 ZAlSi7Mg。铸造铝合金的代号用汉语拼音首字母"ZL"（铸铝）与三个数字组成，ZL 后面第一个数字表示合金类别，1 表示铝硅合金，2、3、4 分别表示铝铜、铝镁、铝锌合金，ZL 后第二、三位数字分别表示顺序号。如代号为 ZL101 的铸造铝合金相应的牌号为 ZAlSi7Mg，代号为 ZL201 的铸造铝合金相应的牌号为 ZAlCu5Mn。

轿车上应用的铝合金以铸铝为主。发动机部分气缸体是大尺寸的铝铸件，采用铝铸件的还有曲轴箱、气缸盖、活塞、滤清器、发动机机架等，尤其是活塞，几乎都用铝合金。我国应用铝硅合金 ZL108、ZL109、ZL111 比较多。另外汽车底盘上也有很多采用铝铸件的零件，如离合器壳、变速器壳等，车轮毂也有用铝合金铸造的。

2. 铜及铜合金

(1) 纯铜　纯铜是玫瑰色的金属，表面形成氧化铜膜后，外观呈紫红色。铜的密度为 $8.9g/cm^3$，熔点为 1083℃，在固态时具有面心立方晶格，无同素异构转变，属于逆磁性材料，具有抗磁性。

纯铜的突出优点是导电性及导热性好，广泛地应用于电气工业方面，如制作电线、电缆、电刷、散热器、冷却器等。纯铜的导电性在各种元素中仅次于银而居第二位，故纯铜的主要用途就是制作电工导体。此外它还具有较高的耐蚀性，可用于制造发动机输油管、缸头垫和火花塞垫等。

在力学和工艺性能方面，纯铜的特点是具有极好的塑性，可以承受各种形式的冷热压力加工，可碾压成极薄的板，拉成极细的铜线，采用压力加工成线材、管材、棒材及板材。铜的抗拉强度较低（σ_b = 200MPa），不宜作为结构材料，铸造性能差，熔化时易吸收一氧化碳和二氧化硫等气体，形成气孔。

工业纯铜按杂质的含量可分为 T1、T2、T3。"T"是铜的汉语拼音首字母，数字为编号，数字越大则纯度越低。

(2) 铜合金　在纯铜中加入合金元素可制成铜合金。按照化学成分的不同，可分为黄铜、青铜和白铜。普通机械制造中，应用较广的是黄铜和青铜。

1) 黄铜。以铜和锌为主组成的合金称为黄铜。黄铜的强度、硬度和塑性随锌的质量分数增加而升高，锌的质量分数为 39% 时，塑性达到最大值。锌的质量分数为 45% 时，强度最高。在黄铜的基础上再加入少量的其他元素制成的铜合金称为特殊黄铜，如锡黄铜、铅黄铜和硅黄铜等。黄铜一般用于制造耐蚀和耐磨零件，如弹簧、闸门和管件等。

黄铜的牌号用"H"（"黄"的汉语拼音首字母）及数字表示，其数字表示铜平均质量分数。例如 H68 表示铜平均质量分数为 68%，其余为锌的黄铜。特殊黄铜的牌号中应标出合金元素符号和质量分数，如 HSn62-1 表示铜平均质量分数为 62%，锡质量分数为 1%，其余为锌的黄铜。

黄铜在轿车上用来制作转向节衬套、钢板弹簧衬套及轴套等耐磨件，也可用来制作散热器、冷凝器及冷却管，还可用来制作装饰件、供水及排水管、油管接头、三通接头、垫片和垫圈等。

2）青铜。除黄铜和白铜（铜-镍合金）以外的铜合金都称为青铜。青铜又分为锡青铜和特殊青铜（无锡青铜）；按照加工方法可分为压力加工青铜和铸造青铜。

① 锡青铜。锡青铜是铜和锡的二元合金。锡青铜有良好的耐磨性，常作为耐磨材料使用，如制作涡轮、轴瓦等；在蒸汽、海水、碱溶液中具有很高的耐蚀性（但耐酸性差），同时锡青铜还具有足够的抗拉强度和一定的塑性，可制造在一般条件下工作的各种耐磨、耐蚀零件。但锡青铜铸件的致密程度较低，若制成容器在高压下容易漏水。

锡青铜的力学性能与含锡量有关。当锡的质量分数小于 8% 时，锡青铜具有良好的塑性和一定的强度，适于压力加工，故称为压力加工锡青铜。当锡的质量分数大于 10% 时，锡青铜由于塑性差，只适于铸造，故称铸造锡青铜，可铸造形状复杂的零件。

压力加工青铜的牌号以"青"字的汉语拼音首字母"Q"加锡元素和数字表示。如 QSn4-3 表示锡质量分数为 4%、锌质量分数为 3%，其余为铜的锡青铜。这种锡青铜强度高，弹性和耐磨性好，多用来制造弹簧及耐磨零件。铸造锡青铜的牌号按铸造有色金属合金牌号来表示，如 ZCuSn10P1 表示铸造锡青铜，锡质量分数为 10%，磷质量分数为 1%，其余为铜。这种锡青铜可以制作重要的轴承、齿轮、轴瓦、轴套等耐磨零件。

② 特殊青铜。锡是价格昂贵而稀缺的金属，为节约用锡，有时用其他元素如铝、铅、锰等代替锡，因此又称无锡青铜。加入的合金元素可以改善合金的力学性能、耐蚀性、耐磨性以及热强度性等。特殊青铜的牌号表示方法与锡青铜类似，如 QAl7 表示铝质量分数为 7%，其余为铜的铝青铜，这种无锡青铜可以制作重要的弹簧。

3）白铜。以镍为主要添加元素的铜基合金称为白铜，主要用在精密机械、医疗器材、电工器材方面。

3. 滑动轴承合金

汽车中装有滑动轴承，如发动机的主轴承、曲柄销轴承、活塞销轴承以及摇臂轴承等。在滑动轴承中，用来制造轴瓦内衬的合金称为轴承合金。滑动轴承起支承作用，而且在运转中轴与轴瓦之间有强烈的摩擦。由于轴是机器的重要零件，且造价高，更换难，在磨损不可避免的情况下，轴承材料应尽量减少磨损和摩擦。因此轴承合金必须满足下列条件：

1）在轴瓦工作温度下具有足够的疲劳强度、抗压强度、硬度及足够的塑性和韧性。
2）具有低的摩擦因数、良好的磨合性、抗咬合性及亲油性。
3）具有良好的导热性、耐蚀性以及较小的膨胀系数。
4）具有良好的工艺性能，即易于铸造和切削加工。
5）价格低廉，易于获得。

为满足上述要求，轴承合金的组织应是在软基体组织上分布着硬质点，或是在硬基体组织上分布着软颗粒。这样在运转一定时间后，轴承的软基体或软颗粒被磨损而凹陷，可以储

第1章 汽车工程材料及制造工艺

存润滑油,以便形成连续油膜;而硬质点或硬基体则凸起,以支承轴所施加的压力,从而保证轴正常工作。

常用的滑动轴承合金主要有锡基轴承合金(如ZSnSb12Pb10Cu4、ZSnSb8Cu4)、铅基轴承合金(如ZPbSb15Sn10、ZPbSb10Sn6)、铜基轴承合金(如ZCuPb30、ZCuSn10Pl)等。锡基和铅基轴承合金又称为巴氏合金,是应用广泛的轴承合金。

4. 其他有色金属及其合金

随着社会及科技的发展,人们对汽车提出了更高的要求,如轻型、节能、美观、安全、环保等,有色金属在汽车上的应用也日益增多,钛、镁等合金的应用也越来越受到重视。

(1) 钛及钛合金 钛及钛合金具有优越的综合性能:比强度高,耐热性好,特别适于在300~600℃工作的航空、航天等要求比强度高的器件;优良的耐蚀性,在硫酸、盐酸、硝酸、氢氧化钠及海水中均有优良的稳定性;良好的低温韧性。钛及钛合金主要用于汽车、飞机、航天、船舶、化工及海水淡化等领域,主要用于制造发动机压气机盘、叶片、螺栓、铆钉、冷轧钢板、带材、热交换器等。此外,钛资源丰富,所以有着广泛的应用前景。

(2) 镁及镁合金 镁的密度很小,耐蚀性很差,强度和塑性均不高,一般不直接用作结构材料。但镁合金的强度可达300~350MPa,能承受较大的冲击载荷和具有更高的疲劳极限;耐蚀性好,有良好的切削加工性能。因此,在汽车、航空、无线电通信、仪表等行业获得了广泛的应用。特别是近年来手机和笔记本电脑的逐渐普及,使镁合金的应用前景更为广阔。同时,镁合金是最有发展前景的汽车轻量化材料之一,用镁合金代替铝合金制造汽车零部件以减轻汽车自重,在当前世界汽车生产中逐步得到应用。

1.3 汽车金属材料的制造工艺

汽车是由零件、部件等组成的,它的制造过程包含了从零件、部件加工到整机装配的全过程。此外还要经过检测、试车、喷漆、包装等一系列辅助过程,最终形成合格完整的一辆汽车。为此,必须对金属的常用成形方法有所了解,通过了解汽车零部件成形的加工方法来提高汽车维护保养和修理的工作质量。

汽车零部件大部分是由金属加工而成的,而金属常用的成形方法有铸造、锻压、焊接和切削加工四大类。汽车典型零件的失效分析是选择材料的基础,选材之后选择合理的加工工艺是保证零件质量的基础,作为工程技术人员应熟悉典型零件的选材和加工工艺。

1.3.1 铸造工艺

铸造是将熔融金属浇注到具有与零件形状相适应的铸型中,冷却凝固后,获得毛坯或零件的方法。一般铸件通常是毛坯,经过切削加工才能成为零件,但对要求不高或用精密铸造方法生产的铸件,也可以不经切削加工而直接使用。

铸造生产在工业生产中得到了广泛的应用。以质量计算,铸件一般占机械质量的45%~90%,占汽车质量的40%~60%,占拖拉机质量的70%~80%,占切削机床质量的80%,重型机械、矿山机械、水力发电设备的铸件质量约占85%以上。

铸造的主要优点是:金属一次成形,工艺灵活性大,各种成分、形状和质量的铸件几乎都能适应,且成本低廉,适于形状复杂,特别是具有复杂内腔零件的毛坯的生产;对于不宜锻压生产和焊接的材料，铸造生产具有特殊的优势；根据铸件的合金类型、大小、批量、质量等要求，可选择不同的工艺方法，大批生产时可实现机械化和自动化。

铸件生产目前还存在着很多问题，如用同种金属材料制成的零件，铸件的力学性能不如锻件高，这主要是铸件内部晶粒粗大造成的；常有缩松、气孔等，铸件质量不够稳定；废品率往往比其他加工方法高。此外，在砂型铸造中，铸件表面质量不高；工人劳动强度大，劳动条件差等。随着现代铸造技术的发展，以上缺点将会逐步克服。

铸造可分为砂型铸造和特种铸造两大类。砂型铸造是最基本的铸造方法，特种铸造主要包括熔模铸造、金属型铸造、压力铸造和离心铸造等。

以汽车发动机气缸体为例，其铸造工艺流程如图1-11所示。

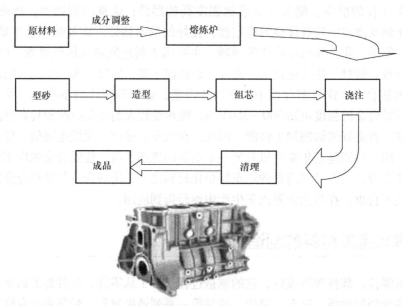

图1-11　汽车发动机气缸体的铸造工艺流程

1.3.2　锻压工艺

锻压是对坯料施加外力，使其产生塑性变形，改变尺寸、形状及改善性能，用以制造机械零件、工件或毛坯的成形加工方法，包括锻造和冲压。

锻造是在锻压设备及工（模）具的作用下，使坯料产生局部或全部的塑性变形，以获得一定几何形状、尺寸和质量的锻件加工方法。根据成形方式不同，锻造又分为自由锻和模锻两类。自由锻按工作时所受作用力的来源不同，又可分为手工自由锻和机器自由锻两种。在现代工业生产中，手工自由锻已逐步被机器自由锻和模锻代替。

冲压是使板料以分离或成形而得到制件的工艺方法。由于冲压是一种高效率的生产方法，所以它在汽车、拖拉机、航空、仪表及国防等工业部门中占有极其重要的地位。

锻压所用的材料应具有良好的塑性，以便在锻压加工时能产生较大的塑性变形而不被破坏。钢和有色金属都具有一定的塑性，都可进行锻压加工；而铸铁的塑性极差，不能锻压。

锻造和冲压的应用非常广泛，是目前机械制造中毛坯生产的主要方法之一。锻压生产与其他加工方法相比，具有以下优点：①改善金属的内部组织、细化晶粒、消除缺陷，提高金属的力学性能；②减少加工损耗，省材省工，生产效率高；③加工零件的体积和质量适应范围大。锻压工艺的不足之处主要是：①不能获得外形和内腔形状复杂的工件；②只能加工塑性材料，如钢和有色金属等，不能加工脆性材料，如铸铁等。

汽车发动机的曲柄连杆机构中的连杆常采用锻压制造。由于连杆的金属体积沿轴线呈大头、杆身、小头分布，因此，一般连杆在锻造成形时要先进行制坯，通常采用拔长、滚挤等工步预分金属。又由于连杆的杆身多采用工字形的截面，为了避免因金属流动不合理出现折叠等锻造缺陷，同时也为了有利于锻件充满及模具寿命的提高等因素，连杆模锻成形时一般采用预锻、终锻两个工步。由于连杆锻件在切边、热处理及清理时易出现翘曲、端面不平等缺陷，为了保证连杆锻件较高的几何公差及重量公差，一般在清理工序后进行冷校正及冷精压等工序。

1.3.3 焊接工艺

焊接是通过局部加热或加压（或二者同时）的方法，借助金属内部原子之间的扩散与结合，将分离的金属连接成为一个不可拆卸的整体、形成永久性接头的加工过程。

汽车车身壳体是由百余种甚至数百种薄板冲压件经焊接、铆接、机械联结及粘接等方法连接而成的一个复杂的结构件，由于车身冲压件的材料大都是具有良好焊接性能的低碳钢，焊接具有节省钢材、操作简单、密封性能好等诸多优势，是现代车身制造中应用最广泛的连接方式。车身焊接主要有点焊、缝焊、凸焊、二氧化碳气体保护焊、激光焊等工艺。

1. 点焊

一辆汽车车身具有四五千个焊点，可以说车身的大多数是由点焊结构件组成的，因此点焊是车身制造中最常见的焊接工艺。其原理是通过在焊件间形成的一个个焊点来连接焊件。在两焊件被压紧于两柱形电极之间通上强大的电流，利用电阻热将工件焊接区加热到形成应有尺寸的熔化核心，然后切断电流，熔核在压力作用下冷却结晶形成焊点。

2. 缝焊

缝焊类似于持续不断的点焊工艺，是由许多彼此互相重叠的焊点组成的。所不同的是点焊使用的是柱状电极，而缝焊用的是滚盘状电极，这种电极可以旋转。由于缝焊所需要的分流电流较大，因此，在焊接时，要加大其电流，具体数值视材料厚度和点距而定，通常比点焊电流大 1/5 ~ 3/5。缝焊焊点间距根据材质而定，如果车身是低碳钢，其间距为（2.8 ~ 3.2）t，如果车身为铝合金材质，其间距为（2.0 ~ 2.4）t，t 为两焊件中较薄焊件的厚度，单位为 mm。

对于非气密性接头，焊点间距可在很宽的范围内变化，甚至可以使各相邻焊点相互分离，称为缝点焊。缝焊工艺参数主要是根据被焊金属的性能、厚度、质量要求和设备条件来选择的。

3. 凸焊

凸焊是点焊的一种变形，用于焊接低碳钢和低合金钢的冲压件。凸焊的种类很多，除板件凸焊外，还有螺母、螺钉类零件的凸焊，线材交叉凸焊，管子凸焊和板材T形凸焊等。板件凸焊最适宜的厚度为 0.5 ~ 4mm。凸焊与点焊的不同之处是在焊件上预先加工出凸点，或者通过焊件上原有的能使电流集中的型面、倒角等作为焊接时的局部接触部位。

因为凸焊是以车身的凸点进行接触焊接,焊接接触面单位面积上的压力以及电流相应得到提升,能够集中热量,使车身外板件表面氧化膜发生破裂,分流电流相对减小,因此,在焊接中能够实现多点凸焊,不但接头变形减轻,而且焊接效率大大提升。凸焊焊接工艺的前提是先冲制出车身的凸起部位,因此,凸焊焊接工艺与其他焊接工艺相比需要有焊前工序准备。

4. 二氧化碳气体保护焊

二氧化碳气体保护焊是以 CO_2 气体作为保护气体,通过焊丝与工件间产生一定的电弧,电弧产生高温后熔化金属部件进行的焊接工艺,在焊接中通常使用光焊丝作为填充金属。

1)与其他类型的车身焊接工艺相比,CO_2 气体保护焊有其自身的优势,主要表现在焊接效率高、成本低、焊接质量能够得到保障。同时 CO_2 气体保护焊对铁锈有很小的敏感性,可以实现焊接过程机械化与自动化。因此,CO_2 气体保护焊应用相对广泛。

2)二氧化碳气体保护焊的焊接参数相对较多,如 CO_2 的流量、所用焊丝型号与尺寸、电弧电压的大小、焊接电流、焊接速度、直流回路电感等。焊接参数的选择要在保障焊接质量的基础上,尽可能地提升焊接效率。

5. 激光焊

激光焊是利用大功率相干单色光子流聚焦而成的激光束为热源进行的焊接,这种焊接工艺通常有连续功率激光焊和脉冲功率激光焊。用激光可以焊接一些要求强度高、变形小,用传统方法无法焊接的特种材料的汽车零部件。激光焊接时不与车身的焊接部位接触,以激光器输出并经光源聚焦的高能量密度的激光作为热源,对车身焊接部位进行熔焊。

激光焊有很多优势,由于不存在连接间隙或者极小,车身被焊接部位在焊接过程中几乎不变形,同时,激光焊接的焊接深度与宽度比相对较高,如焊接的缝宽为 1mm 时,焊接的深度可达 5mm,所以焊接质量很高。

1.3.4 切削加工工艺

切削加工是利用切削刀具从毛坯(铸件、锻件、焊件或型材等)上切除多余的材料,以获得所需的形状、尺寸精度和表面粗糙度的加工方法。

切削加工在工业生产中占有非常重要的地位,除了少数零件可以用铸造和锻压获得外,大部分零件都要经过切削加工。统计表明,金属切削加工的工作量占机器制造总工作量的 40%~60%。金属切削加工与其他加工方法相比有如下优点:

1)切削加工可获得相当高的尺寸精度和很小的表面粗糙度。磨削外圆公差等级最高可高达 IT5~IT7 级,表面粗糙度 $Ra=0.1~0.8\mu m$,镜面磨削的表面粗糙度值 Ra 甚至可达 $0.006\mu m$,而最精密的压力铸造公差等级只能达到 IT9~IT10,$Ra=1.6~3.2\mu m$。

2)切削加工几乎不受零件的材料、尺寸和重量的限制,目前尚未发现不能切削加工的金属材料。实际上,包括橡胶、塑料、木材这些非金属材料在内,也都可以进行切削加工,这是任何其他冷热加工方法都无法做到的。金属切削加工的尺寸可小至不到 0.1mm,大至几十米,切削加工件可重达几百吨。

1.4 汽车常用非金属材料及其成型工艺

非金属材料是指除金属材料以外的其他材料，包括塑料、橡胶、玻璃、陶瓷、合成纤维、胶粘剂、摩擦材料、涂装材料等，它们在汽车上的应用呈逐年增长的趋势。这些非金属材料有许多金属材料不具备的特点，如高分子材料质轻、耐蚀、减振、价廉等，陶瓷硬度高、耐高温、耐腐蚀等。

工程上常用的非金属材料包括高分子材料、陶瓷材料和复合材料。高分子材料（即相对分子质量特别大的有机化合物）包括塑料、橡胶等；陶瓷材料包括陶瓷、玻璃等；复合材料包括金属和金属之间、非金属和金属之间、非金属和非金属之间的复合材料，但工程用复合材料大多以非金属复合材料为主。高分子材料、陶瓷材料和金属材料并称为三大工程材料，复合材料则是一种新兴的、具有广阔发展前景的工程材料。

1.4.1 汽车用高分子材料及其成型工艺

1. 塑料

塑料是以有机合成树脂为主要成分的高分子材料，它通常可在加热、加压条件下塑造或固化成型，得到所需要的固体制品，故称为塑料。塑料在汽车上的应用范围涉及汽车的内饰件、外装件、功能件，如保险杠、散热器格栅、仪表板、燃油箱等。

（1）塑料的组成　塑料的主要成分是合成树脂，此外还包括填料或增强材料、增塑剂、固化剂、润滑剂、稳定剂、着色剂、阻燃剂等。塑料是各种单体通过聚合反应合成的高聚物。树脂在一定的温度、压力下可软化并塑化成形，它决定了塑料的基本属性，并起到黏结剂的作用。

（2）塑料的分类　根据树脂的热性能，塑料可分为热塑性塑料和热固性塑料。

热塑性塑料受热时软化，冷却后变硬，再受热时又软化，具有可塑性和重复性。其树脂结构为线型或支链型。常用的热塑性塑料有聚烯烃、聚氯乙烯、聚苯乙烯、ABS、聚酰胺、聚甲醛、聚碳酸酯、聚四氯乙烯和聚甲基丙烯酸甲酯等。

热固性塑料加热固化后将不再软化，形成不熔物，其结构为网状结构。常用的热固性塑料有酚醛塑料、环氧塑料等。

（3）塑料性能及在汽车上的应用　塑料密度小、耐腐蚀，具有优良的电绝缘性、耐磨性、减摩性和成型性；缺点是塑料强度、硬度较低，耐热性差，易老化，易蠕变等。目前，塑料在轿车上的用量约占全车自重的9%。汽车常用塑料的名称及应用见表1-1。

表1-1　汽车常用塑料的名称及应用

符号	化学名称	应用举例	属性
ABS	丙烯腈（A）-丁二烯（B）-苯乙烯（C）共聚物	车身板、仪表板、护栅、前照灯外罩	热塑性
EP	环氧树脂	玻璃钢车板	热固性
EPDM	乙烯-丙烯二烯共聚物	保险杠冲击条、车身板	热固性
PA	聚酰胺	外部装饰板	热固性

(续)

符号	化学名称	应用举例	属性
PC	聚碳酸酯	护栅、仪表板、灯罩	热塑性
PPO	聚苯醚	镀铬塑料件、护栅、仪表前板、前照灯外罩、装饰件	热固性
PE	聚乙烯	内翼子板、内衬板、扰流板	热塑性
PP	聚丙烯	内饰件、内翼子板、内衬板、散热器挡风帘、仪表板、保险杠、面罩	热塑性

2. 橡胶

橡胶属于黏弹性高分子材料，具有弹性模量低、弹性极限高、耐疲劳、易硫化、黏接等性能。有些橡胶还具有耐油、耐化学介质、气密性好及耐高温等性能。

汽车上橡胶零件约有 300 种，橡胶制品分布于汽车发动机及其附件、传动、转向、悬架、制动、电气仪表及车身等系统内，广泛用于密封、减振、胶管、传动带和轮胎等。

（1）橡胶的组成和分类　橡胶是以生胶为主要原料，加入各种适量的配合剂制成的。根据生胶原材料的来源可分为天然橡胶和合成橡胶；按应用范围又可分为通用橡胶和特种橡胶。

天然橡胶是橡胶树上流出的胶乳，经过加工制成固态生胶。它的成分是异戊二烯高分子化合物。天然橡胶具有很好的弹性，但强度、硬度不高。为了提高其强度并使其硬化，要进行硫化处理。经处理后抗拉强度为 17~29MPa，用炭黑增强后可达 35MPa。天然橡胶是优良的电绝缘体，并有较好的耐碱性，但耐油性、耐溶剂性和耐臭氧、老化性差，不耐高温，使用温度为 -70~110℃，广泛用于制作轮胎、胶带、胶管等。

合成橡胶比天然橡胶质地均匀，耐磨性、耐热性、耐老化性好，但加工成型困难，硫化速度慢。这种橡胶广泛用于制造轮胎、胶布、胶板等。

特种合成橡胶具有良好的耐油性及对有机溶液的耐蚀性，有时也称为耐油橡胶。此外，还有较好的耐热性、耐磨性和耐老化性等，但其耐寒性和电绝缘性较差，加工性能也不好。它主要用于制造耐油制品，如输油管、耐油耐热密封圈、储油箱等。

（2）橡胶的性能及在汽车上的应用　橡胶和其他材料相比，其主要特性有极高的弹性、良好的热可塑性、良好的黏着性和良好的绝缘性。此外，橡胶还具有良好的耐蚀性、密封性和耐寒性等，但是橡胶的导热性差，抗拉强度低，尤其容易老化。橡胶的老化是指随着时间的增加，橡胶出现的变色、发黏、变硬、变脆及龟裂等现象。为防止橡胶老化，延长橡胶制品的寿命，在橡胶制品的使用中应避免与酸、碱、油及有机溶剂接触，尽量减少受热、日晒和雨淋等。

橡胶是在汽车上得到大量应用的一种重要材料，是其他材料无法替代的。现代轿车中橡胶的用量占轿车总质量的 3%~6%，其中用量最大的是轮胎，约占轿车中橡胶件总质量的 70%。橡胶在汽车上除了用于制造轮胎外，还可以制造各种胶管、胶带、减振件和密封件等。常用橡胶的主要特性及其在汽车上的应用见表 1-2。

3. 胶黏剂

在工程中，工程材料的连接方法除焊接、铆接、螺纹联接之外，还有一种连接工艺称为

表 1-2 常用橡胶的主要特性及其在汽车上的应用

种类	代号	主要特性	应用举例
天然橡胶	NR	强度高，耐磨性、抗撕裂性、耐寒性、气密性和加工性良好，但耐高温性、耐油性较差，易老化	轮胎、胶带、胶管和通用橡胶制品等
丁苯橡胶	SBR	耐磨性优良，耐老化性、耐热性优于天然橡胶，力学性能和天然橡胶相近，但加工性和黏着性较天然橡胶差	轮胎、胶带、胶管、摩擦片和通用橡胶制品等
氯丁橡胶	CR	力学性能良好，耐老化性、耐蚀性、耐热性、耐油性较好，但密度大、绝缘性、耐寒性较差，加工时易粘连	广泛用于制造轮胎胎侧、耐热运输带、耐油耐蚀胶管、汽车拖拉机配件、门窗密封条等
丁基橡胶	HR	气密性好，吸振能力强，化学稳定性、耐老化性、耐气候性、耐酸性、耐碱性良好，但耐油性、加工性差	轮胎内胎、胶管、电线护套和减振元件等
丁腈橡胶	HBR	优良的耐油性，耐热性、耐磨性、耐老化性、气密性较好，但加工性差	广泛用于耐油橡胶制品，如油封、轴封、垫圈等，还可以制造耐油胶卷、输送带等

胶黏剂黏接，又称胶接。其特点是接头处应力分布均匀、应力集中小、接头密封性好，而且工艺制作简单、成本低。

有机胶黏剂由酚醛树脂与丁腈混炼胶混合而成的改性胶黏剂称为酚醛-丁腈胶。它的胶接强度高，弹性、韧性好，耐振动、耐冲击，具有较广的使用温度范围，可在-50~180℃之间长期工作。此外，还耐水、耐油、耐化学介质腐蚀。主要应用于金属及大部分非金属材料的结构中，如汽车制动片的粘合，飞机中铝、铜合金的粘合等。

由酚醛树脂与缩醛树脂混合而成的胶黏剂称为酚醛-缩醛胶。它具有较高的胶接强度，特别是冲击韧度和耐疲劳性能好。同时，也具有良好的耐老化性和综合性能。适用于各种金属和非金属材料的胶接，但它们的耐热性能比酚醛-丁腈胶差。

无机胶主要有磷酸型、硼酸型和硅酸型。目前在工程上常用的是磷酸型，其组成为磷酸铝和氧化铜。与有机胶黏剂相比，无机胶有下列特点：①优良的耐热性，长期使用温度为800~1000℃，并具有一定的强度，这是有机胶无法比拟的；②胶接强度高，抗剪强度可达100MPa，抗拉强度也有22MPa；③较好的低温性能，可在-196℃下工作，强度几乎无变化；④耐候性、耐水性和耐油性良好；⑤耐酸、碱性较差。

1.4.2 汽车用陶瓷、玻璃材料及其成型工艺

陶瓷材料具有很高的弹性模量和硬度，比金属高若干倍，比有机高聚物高2~4个数量级。这是由于陶瓷材料具有强大的化学键所致。陶瓷的塑性变形能力很低，在室温下几乎没有塑性，因为陶瓷晶体滑移系很少，共价键有明显的方向性和饱和性，离子键的同号离子接近时斥力很大，当产生滑移时，极易造成键的断裂，再加上有大量气孔存在，所以陶瓷材料呈现出很明显的脆性特征，韧性极低。

陶瓷材料按化学成分可分为氧化物陶瓷、碳化物陶瓷、氮化物陶瓷。按性能和用途可分

为结构陶瓷和功能陶瓷。

1. 陶瓷材料

（1）传统陶瓷（普通陶瓷） 传统陶瓷是以高岭土、长石（钾长石）和钠长石、石英为原料配制成的。这类陶瓷的主晶相为莫来石，占25%～30%，玻璃相占35%～60%，气相占1%～3%。通过改变组成物的配比、熔剂、辅料以及原料的细度和致密度，可以获得具有不同特性的陶瓷。常用作日用陶瓷、建筑陶瓷、电绝缘陶瓷、化工陶瓷和多孔陶瓷等。

（2）特种陶瓷 特种陶瓷是以人工提炼、纯度较高的化合物为原料制成的陶瓷，如氧化物、氮化物、碳化物、碱土金属碳酸盐等的烧结材料。它们具有各种独特的力学、物理和化学性能，可满足工程上的特殊需要。常见的有高温陶瓷、高强度陶瓷、精密陶瓷、磁性陶瓷、压电陶瓷、电容器陶瓷等。金属陶瓷是由金属和陶瓷组成的非均质复合材料，它应属于复合材料，但习惯上被看作陶瓷的一部分。

1）氧化物陶瓷。氧化物陶瓷中的氧化铝陶瓷的熔点在2000℃以上，耐高温，能在1600℃左右长期使用。氧化铝陶瓷具有很高的硬度，仅次于碳化硅、立方氮化硼、金刚石等，并有较高的强度、高温强度和耐磨性。此外，它还具有良好的绝缘性和化学稳定性，能耐各种酸、碱的腐蚀，但氧化铝陶瓷的缺点是热稳定性差。氧化铝陶瓷广泛用于制造高速切削工具、量规、拉丝模、高温炉零件、空压机泵零件、内燃机火花塞等，此外，还可用作真空材料、绝热材料和坩埚材料。

2）氮化物陶瓷。氮化物陶瓷中的氮化硅陶瓷是键能高而稳定的共价键晶体，硬度高而摩擦因数低，有自润滑作用，是优良的耐磨、减摩材料。氮化硅的耐热温度比氧化铝低，而抗氧化温度高于碳化物和硼化物，在1200℃以下具有较高的力学性能和化学稳定性，且热膨胀系数小、抗热冲击，可作优良的高温结构材料，能耐各种无机酸（氢氟酸除外）和碱溶液腐蚀，是优良的耐腐蚀材料。氮化硅陶瓷摩擦因数低，有自润滑性，所以，具有良好的耐磨性，而且化学稳定性高，可耐各种无机酸和碱溶液的腐蚀，并能抵抗熔融铝、铅、镍等非铁金属的侵蚀，还具有优异的绝缘性。氮化硅陶瓷可用来制造各种泵的密封环、热电偶套管、切削刀具、高温轴承等。

3）碳化物陶瓷。碳化物陶瓷有SiC、WC、TiC等，这类材料具有高的硬度、熔点和化学稳定性。碳化物陶瓷具有较高的高温强度，其抗弯强度在1400℃时仍保持在300～600MPa，而其他陶瓷在1200℃时，抗弯强度已显著下降。此外，它还具有很高的热传导能力，较好的热稳定性、耐磨性、耐蚀性和抗蠕变性。碳化硅陶瓷可用来制造工作温度高于1500℃的零件，如火箭喷嘴、热电偶套管、高温电炉零件、各种泵的密封圈等。

4）敏感陶瓷。敏感陶瓷是一种采用粉末冶金方法制成的精细陶瓷，按其功能和敏感效应又可分为半导体材料、介电陶瓷、铁电陶瓷、热敏陶瓷、压敏陶瓷、气敏陶瓷、湿敏陶瓷等。在汽车上广泛应用的氧化锆和氧化钛型氧传感器等就是此类陶瓷。

（3）金属陶瓷 金属陶瓷是把金属的热稳定性和韧性与陶瓷的硬度、耐火度、耐蚀性综合起来而形成的具有高强度、高韧性、高耐蚀和高的高温强度的新型材料。由于粉末冶金的生产工艺与陶瓷类似，因此粉末冶金生产的金属材料也统称为金属陶瓷。采用不同组成的金属和陶瓷，并改变它们的相对数量，可以制成各种结构材料、工具材料、耐热材料和电工材料等。

1）氧化物基金属陶瓷。氧化物基金属陶瓷是目前应用最多的金属陶瓷。在这类金属陶瓷中，通常以铬为黏结剂，其质量分数不超过10%。由于铬能和Al_2O_3形成固溶体，故可将Al_2O_3粉末牢固地黏结起来。此外，铬的高温性能较好，抗氧化性和耐蚀性较高，所以和纯氧化铝陶瓷相比，改善了韧性、热稳定性和抗氧化能力。氧化铝基金属陶瓷的特点是热硬性高（达1200℃）、高温强度高、抗氧化性良好，与被加工金属材料的黏着倾向小，可提高加工精度和降低表面粗糙度，但它们的脆性仍较大，且热稳定性较差。氧化物陶瓷主要用作工具材料，如刃具、模具、喷嘴、密封环等。

2) 碳化物基金属陶瓷。碳化物基金属陶瓷应用较为广泛，常用作工具材料，通常又称为硬质合金。另外也作为耐热材料使用，是一种较好的高温结构材料。

近年来发展起来的钢结硬质合金，其黏结剂为合金钢粉末，且质量分数高达50%~65%。它的热硬性与耐磨性略逊于一般硬质合金，但韧性好，并可进行锻造、热处理和切削加工，可制造各种形状复杂的刃具。

高温结构材料中最常用的是碳化铁基金属陶瓷，其黏结金属主要是Ni、Co，质量分数高达60%，以满足高温构件的韧性和热稳定性需要。其特点是高温性能好，在900℃时，仍可保持较高的抗拉强度。碳化钛基金属陶瓷主要用作涡轮喷气发动机燃料室、叶片、涡轮盘以及航空、航天装置中的某些耐热件。

2. 玻璃

玻璃是一种非晶态固体，它是以石英砂、纯碱、长石、石灰石等为主要原料，并加入某些金属氧化物等辅料，在高温窑中煅烧至熔融后，经成型、冷却所获得的非金属材料。

（1）普通玻璃 这种玻璃是由石英砂、纯碱、长石和石灰石等原料制成的，其最大的缺点是易碎，即强度差，一旦发生交通事故，撞碎的玻璃片往往带尖棱，从而造成人体伤亡。因此，GB 7258—2017《机动车运行安全技术条件》规定：机动车门窗必须使用安全玻璃，使用的安全玻璃应符合GB 9656的要求。汽车的前风窗玻璃应采用夹层玻璃或玻塑复合材料，其他车窗可采用钢化玻璃。总之，不能使用普通平板玻璃和有机玻璃。

（2）钢化玻璃 钢化玻璃仅作汽车后窗玻璃和侧窗玻璃。钢化玻璃是将普通平板玻璃加热到一定温度后急速冷却而产生预应力的高强度玻璃。这就大大提高了玻璃的强度，其落球冲击强度是普通平板玻璃的6~9倍；钢化玻璃坚固结实，即使遭到强烈撞击也安然无恙；钢化玻璃一旦破碎，其碎片的形状呈蜂窝状小块，没有尖锐棱角，也不易伤人；钢化玻璃有较好的耐热、耐寒性能。由于钢化玻璃有许多优点，因此被列入了"安全玻璃的范畴"。采用特殊的热处理方法可以控制玻璃片的大小、形状和分布，一旦损坏，使驾驶人有"二次可视性"。

（3）夹丝玻璃（防碎玻璃） 夹丝玻璃是将普通平板玻璃加热到红热软化状态时，再将预热处理过的钢丝或钢丝网压入玻璃中间而制成。它的特性是防火性优越，可遮挡火焰，高温燃烧时不炸裂，破碎时不会造成碎片伤人，另外还有防盗性能，玻璃割破还有铁丝网阻挡。夹丝玻璃主要用于屋顶天窗、阳台窗等。

（4）夹层玻璃（高抗穿透性夹层玻璃） 夹层玻璃共有三层，两层玻璃夹着厚度为0.76mm的中间层，总厚度为338mm。夹层玻璃中间膜的材料通常采用性能较好的聚乙烯醇缩丁醛（PVB）。夹层玻璃具有很高的强度、韧性，而且抗碰撞能力强、安全性好、透明度高。一旦破碎，内外两层玻璃的碎片仍能黏结在PVB膜片上。膜片具有较大的韧性，在承受撞击时会拱起从而吸收一部分撞击能量，具有一定的缓冲作用，其高速冲击强度要高于钢化玻璃。各国已制定法规，规定轿车的风窗玻璃必须安装夹层玻璃。此外，夹层玻璃还常用于高层建筑门窗和航空用的安全玻璃等。

此外，还有一些具有特殊功能的玻璃，如防弹玻璃、电热玻璃、天线夹层玻璃、遮阳夹层玻璃和隔热夹层玻璃等。

3. 汽车用玻璃

汽车用玻璃的使用量占汽车总重的3%左右（轿车）。玻璃是汽车上具有重要功能的外装饰件。

汽车上的玻璃可以分为风窗玻璃、后窗玻璃、前角玻璃、前门窗玻璃、后门窗玻璃、后角玻璃和后侧窗玻璃等，汽车用玻璃必须是安全性能高的夹层玻璃、局部钢化玻璃或钢化玻璃。

此外，还有一些其他用途玻璃，如天线玻璃、除霜玻璃、反光玻璃和新型电控液晶变色玻璃等。

1.4.3　汽车用复合材料及其成型工艺

由两种或两种以上物理、化学性质不同的物质，经人工合成的材料称为复合材料。它不仅具有各组成材料的优点，而且还获得了单一材料无法具备的优越的综合性能。

常见的人工复合材料很多，如钢筋混凝土就是用钢筋与石子、沙子、水泥等制成的复合材料，轮胎是由人造纤维与橡胶复合而成的材料。

复合材料具有比强度和比模量高、疲劳强度较高、减振性好的特点，除此以外还有较高的耐热性和断裂安全性，良好的自润滑性和耐磨性等；缺点是断裂伸长率较小、抗冲击性较差、横向强度较低、成本较高等。

复合材料依照增强相的性质和形态，可分为纤维增强复合材料、层合复合材料和颗粒复合材料三类。

1. 纤维增强复合材料

玻璃纤维增强复合材料是以玻璃纤维及制品为增强剂，以树脂为黏结剂而制成的，俗称玻璃钢。

以尼龙、聚烯烃类、聚苯乙烯类热塑性树脂为黏结剂制成的热塑性玻璃钢，具有较高的力学、介电、耐热和抗老化性能，工艺性能也好。与基体材料相比，玻璃钢的强度和疲劳性能可提高2~3倍，冲击韧度提高1~4倍，蠕变抗力提高2~5倍，达到或超过了某些金属的强度，可用来制造汽车轴承、齿轮、仪表板、壳体、叶片等零件。

以环氧树脂、酚醛树脂、有机硅树脂、聚酯树脂等热固性树脂为黏结剂制成的热固性玻璃钢，具有密度小、强度高、介电性和耐蚀性及成型工艺性好的优点，可制造车身、船体、直升机旋翼等。

碳纤维增强复合材料是以碳纤维或其织物为增强剂，以树脂、金属、陶瓷等为黏结剂而制成的。目前有碳纤维树脂、碳纤维金属、碳纤维陶瓷复合材料等，其中，以碳纤维树脂复合材料应用最为广泛。

碳纤维树脂复合材料中采用的树脂有聚四氟乙烯树脂等。与玻璃钢相比，其强度和弹性模量高，密度小。因此，它的比强度、比模量在现有复合材料中名列前茅。它还具有较高的冲击韧度和疲劳强度，优良的减摩性、耐磨性、导热性、耐蚀性和耐热性。碳纤维树脂复合材料广泛用于制造要求比强度、比模量高的飞行器结构件，如导弹的鼻锥体、火箭喷嘴、喷气发动机叶片等，还可制造重型机械的轴瓦、齿轮、化工设备耐蚀件等。

2. 层合复合材料

层合复合材料是由两层或两层以上的不同性质的材料结合而成的，以达到增强的目的。

三层复合材料是以钢板为基体，烧结铜为中间层，塑料为表面层制成的；它的物理性能和力学性能主要取决于基体，而摩擦、磨损性能取决于表面塑料层；中间多孔性青铜使三层之间获得可靠的结合力。表面层常为聚四氟乙烯（如SF-1型）和聚甲醛（如SF-2型）。这种复合材料与单一塑料相比，承载能力提高了20倍，热导率提高了50倍，热膨胀系数降低了75%，从而改善了尺寸稳定性。常用作无油润滑轴承，及制作机床导轨、衬套、垫片等。

夹层复合材料是由两层薄而强的面板（也称蒙皮），与中间夹一层轻而柔的材料构成的。面板一般由强度高、弹性模量大的材料制成，如金属板、玻璃等；而中间夹层材料有泡沫塑料和蜂窝格子两大类。夹层复合材料的特点是密度小、刚性和抗压稳定性高、抗弯强度好，常用于航空、船舶、化工等工业，如飞机、船舶的隔板及冷却塔等。

3. 颗粒复合材料

颗粒复合材料是由一种或多种颗粒均匀分布在基体材料内而制成的。颗粒起增强作用，一般粒子直径为0.01~0.1nm。粒子直径偏离这一数值范围，均无法获得最佳增强效果。

常见的颗粒复合材料有两类：一类是颗粒与树脂复合，如塑料中加颗粒状填料，橡胶用炭黑增强等；另一类是陶瓷粒与金属复合，典型的有金属基陶瓷颗粒复合材料等。

1.5 汽车零件的选材

在汽车制造过程中，从设计新产品、改造老产品，到维修、更换零件，都涉及零件的选材、热处理、机加工等问题。这些对提高产品的质量和生产率、降低成本有着重要的意义。

1.5.1 零件的失效分析

1. 失效的概念

零件丧失原设计时所规定的功能称为零件失效。零件未达到预期寿命的失效称为早期失效。

零件失效的判定原则：①零件已被完全破坏，不能继续工作；②零件受到严重损伤，已不能安全工作；③零件虽能安全工作，但不能完成规定的功能。以上三种情况中只要有一种情况发生，零件即失效。

由于零件的材料与零件的失效密切相关，对于一些没有明显预兆的失效，例如疲劳断裂失效，往往会造成严重的事故。因此，在选材之前，了解零件的失效形式和机理，找出零件失效的原因，提出防止或推迟失效的措施，对于零件的合理选材显得尤为重要。这种运用各种分析实验手段，分析零件失效的原因和形式，研究采取补救和预防措施的技术活动和管理活动称为失效分析。失效分析是现代材料工程技术中的一个重要的手段。

2. 常见的失效形式

根据零件损坏的特点、所受载荷类型及外在条件，零件失效的类型可归纳为变形、断裂、表面损伤三种。

(1) 过量变形失效　过量变形失效是指零件在使用过程中，整体或局部因外力而产生超过设计允许变形量的失效形式。它可以是弹性变形失效，也可以是塑性变形失效，另外还有因温度变化引起的蠕变变形失效等。

弹性变形失效多发生于长轴、杆件、薄壁板件上。主要是由于材料的刚性不足，使零件产生过量弹性变形或弹性失稳而使零件失效。弹性变形取决于零件尺寸、材料弹性模量及材料的弹性极限。

塑性变形失效多发生在零件的实际工作应力超过屈服强度时，使零件塑性变形而引起失效。引起塑性变形失效的原因有材质本身缺陷、使用不当、设计失误等，如齿轮传动在严重过载或润滑不足的条件下运行，齿面就可能出现鳞皱、起脊等塑性变形，导致齿轮失效。

蠕变变形失效是指在固定载荷下，随着时间的延长，变形不断增加，最终导致变形过多而引起的失效。蠕变变形与材料的熔点有关，熔点越高，抗蠕变能力越强。通常陶瓷、金属的抗蠕变能力较好，而高分子材料的抗蠕变能力较差，在室温下即可能发生。

(2) 断裂失效　断裂失效是零件最危险的失效形式，尤其是突然断裂，往往带来巨大损失。断裂失效包括韧性断裂失效、低应力脆性断裂失效、疲劳断裂失效、介质加速断裂失效和蠕变断裂失效。

韧性断裂失效是指材料在断裂前发生明显的塑性变形引起的失效，它是金属材料破坏的主要形式之一，多发生于有良好塑性的材料上。韧性断裂是一个缓慢断裂的过程，故比较容易事先察觉。

低应力脆性断裂失效与材料的冲击韧度和断裂韧度有关，这种失效在低温、冲击载荷作用下或在有缺陷的部位以及产生应力集中的零件上尤其容易发生。各种材料中，陶瓷的冲击韧度非常低，高分子材料稍高，金属材料的最高。

疲劳断裂失效常见于承受交变载荷的汽车发动机曲轴、齿轮、弹簧等零件的失效。这种失效事先无征兆，突然发生断裂，易造成灾难性事故。据统计，零件断裂失效中约有80%为疲劳断裂。

介质加速断裂失效是由于零件在腐蚀介质的环境下工作，同时受到应力和介质的腐蚀作用，从而造成断裂失效。例如黄铜零件就易发生此类断裂。

蠕变断裂失效则是蠕变变形失效的进一步发展，多发生在高分子材料上。

(3) 表面损伤失效　表面损伤失效是指零件在工作时由于相对的机械摩擦或受环境介质的腐蚀，或在两者的联合作用下发生的失效，这种失效是在零件的表面产生损伤或尺寸变化。表面损伤失效主要有磨损失效、表面疲劳失效和腐蚀失效等。

磨损失效是指相互接触的、具有相对运动的一对摩擦副零件，在接触表面不断发生损坏或产生塑性变形，使零件表面产生损伤或尺寸减小的失效形式。磨损是零件表面失效的主要原因之一，直接影响了机器的使用寿命。磨损失效的基本类型有磨粒磨损、黏着磨损、冲刷磨损、腐蚀磨损等多种形式，在实际中往往几种磨损共存。为降低磨粒磨损，选材应具有较高的硬度，在组织中含有较多的耐磨相；为减少黏着磨损，应选用不同类型的材料来配对，并使其摩擦因数尽可能小。

表面疲劳失效是指两个接触表面做滚动摩擦时，在交变应力的作用下，材料的表面因疲劳而产生损失，如麻点、剥落等现象。例如汽车中齿轮副、凸轮副、滚动轴承的滚动体与座圈、火车轮毂和钢轨都容易产生表面疲劳失效。要避免表面疲劳失效，就要对表面采取各种强化处理，如表面淬火、化学热处理及其他表面处理技术。

腐蚀失效是材料受环境介质的化学或电化学作用而产生的表面及其附近的损耗。它包括均匀腐蚀、点腐蚀和晶间腐蚀等。均匀腐蚀是指整个表面均匀发生腐蚀，多发生于大气、液体、土壤里。点腐蚀是指集中于局部的腐蚀，呈尖锐小孔，有时可纵深扩成空穴，甚至穿透零件造成孔蚀。点腐蚀主要是由于电化学反应引起的。晶间腐蚀则发生在晶界或其近旁，它会使零件的力学性能显著下降以致酿成突然事故，危害很大，不锈钢、镍合金、铝合金、镁合金及钛合金均可在某种特定环境介质下产生晶间腐蚀。

1.5.2 零件的选材原则

汽车零件材料的选择首先必须遵循一般的工程材料选择原则。工程材料的选择原则是：使用性能原则，即具有良好的工作性能；工艺性能原则，即便于加工；经济性原则，即有较低的总成本。

1. 使用性能原则

零件的使用性能主要指零件在使用状态下应具有的力学性能、物理性能和化学性能。满足使用性能是保证零件完成规定功能的必要条件。在大多数情况下，它是选材首先考虑的问题。在零件的使用性能的要求中，零件的使用状态下的力学性能要求是对零件的最重要的要求，是保证零件经久耐用的决定条件。它一般是在分析零件工作条件和失效形式的基础上提出的。因此，通过对零件的工作条件和失效形式进行全面分析，可确定零件对使用性能的具体要求。

对零件工作条件的分析主要包括分析载荷性质和受力状态、工作温度、环境介质、物理性能等。具体考虑的材料使用性能如下：

1）力学性能：主要是强度和刚度、硬度、韧性等。
2）物理性能：电导性、磁导性、热导性等。
3）化学性能：工作介质对材料的腐蚀作用。

2. 工艺性能原则

材料的工艺性能表示材料加工的难易程度。在选材时，同使用性能相比，材料的工艺性能一般处于次要地位，但在某些特殊情况下，工艺性能也可能成为选材考虑的主要依据。选材时应当尽量使材料所要求的工艺性能与零件的加工工艺路线方法相适应。常见工程材料的加工工艺路线如下：

(1) 金属材料的加工工艺　金属材料工艺路线的变化较多，它不仅影响了零件的成形，还大大影响了其最终性能。金属材料的工艺路线大致可分为三类。

1）性能要求不高的一般零件的工艺路线：毛坯→正火或退火→切削加工→零件。采用这种工艺的零件多用普通的铸铁和碳素钢制造，它们的工艺性较好。

2）性能要求较高的零件的工艺路线：毛坯→预备热处理（正火或退火）→粗加工→最终热处理（淬火、回火，固溶时效，渗碳处理等）→精加工→零件。采用这种加工工艺的零件多用合金钢、高强度铝合金制造，如轴、齿轮等零件。采用预备热处理是为了改善零件的切削加工性能，为最终热处理做好准备。

3）要求较高的精密零件的工艺路线：毛坯→预备热处理（正火或退火）→粗加工→最

终热处理（淬火、回火，固溶时效，渗碳处理等）→半精加工或渗氮→精加工→稳定化处理→零件。这类零件除了要求有较高的使用性能外，还要有较高的尺寸精度和较低的表面粗糙度，故加工路线复杂，零件所用材料的工艺性能应充分予以保证。这类零件包括车床中的精密丝杠、镗床主轴等。

（2）高分子材料的加工工艺　高分子材料的加工工艺路线较为简单，较精密零件的加工工艺路线是：成型加工→切削加工→热处理或焊接→切削加工→零件。一般零件的加工工艺路线是：成型加工→切削加工→零件，或成型加工→零件，其中变化较多是成型加工工艺。

（3）陶瓷材料的加工工艺　陶瓷材料的加工工艺较为简单，基本是成型加工后，除了用碳化硅或金刚石砂轮进行打磨抛光外，不用进行其他任何加工，直接成型为零件。

3. 经济性原则

材料的经济性是选材的根本原则。采用便宜的材料，把价格控制到最低，取得最大的经济效益，使产品在市场上具有竞争力，始终是零件设计的重要任务之一。

材料的经济性原则一般需考虑材料的价格、运输费用、制造加工费用及尽量选用标准件、系列化和通用化的材料等。

1.5.3　典型汽车零件的选材

零件选材主要是从零件的工作条件和失效形式分析及其对材料性能的要求等方面综合考虑。

1. 汽车齿轮

（1）汽车齿轮的工作条件分析　图1-12所示为汽车变速器齿轮，其主要分装在变速器和差速器中，在变速器中，通过它改变发动机、曲轴和主轴齿轮的速比；在差速器中，通过齿轮增加转矩，调节左右轮的转速，使全部发动机的动力均通过齿轮传给车轴，推动汽车行驶。所以，汽车齿轮受力较大，受冲击频繁，其耐磨性、疲劳强度、心部强度以及冲击韧度等均要求比机床齿轮的高。

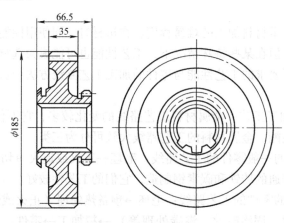

图1-12　汽车变速器齿轮

（2）汽车齿轮的主要失效形式　按照工作条件不同，汽车齿轮主要产生的失效形式有疲劳断裂（主要从根部发生）、齿面磨损（齿面接触区摩擦造成齿厚变小）、齿面接触疲劳破坏（交变接触应力作用下齿面产生微裂纹并发展引起点状剥落）和过载断裂（冲击载荷过大造成的断齿）等。

（3）汽车齿轮的性能要求　根据汽车齿轮的工作条件和失效形式的分析，可以对汽车齿轮材料提出如下性能要求：高的弯曲疲劳强度；高的接触疲劳强度和耐磨性；较高的强度和冲击韧性；较好的热处理性能和热处理变形小。

（4）典型汽车齿轮选材　根据上述性能要求，汽车齿轮用材最多的是合金渗碳钢20Cr或20CrMnTi，并经渗碳、淬火和低温回火处理。渗碳后表面碳含量大大提高，保证淬火后能得到较高的硬度，提高了耐磨性和接触疲劳强度。由于合金元素能提高淬透性，淬火、回火后可使心部获得较高的强度和足够的冲击韧度。为了进一步提高齿轮的寿命，渗碳、淬火、回火后，还可采用喷丸处理，增大表面压应力，有利于提高疲劳强度，并清除氧化皮。

2. 汽车发动机曲轴

（1）汽车发动机曲轴的工作条件　图1-13所示是汽车发动机曲轴的结构。汽车发动机曲轴的作用是输出动力，并带动其他部件运动。曲轴在工作中主要受到交变弯曲、扭转、剪切、拉压等应力的复合作用；轴与轴上零件有相对运动，相互间存在摩擦和磨损；轴在高速运转过程中会产生振动，使轴承受冲击载荷；多数曲轴会承受一定的过载载荷。

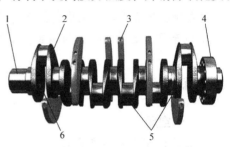

图1-13　汽车发动机曲轴的结构
1—前端　2—曲柄臂　3—平衡块　4—输出端
5—主轴颈曲柄销　6—油孔和油道

（2）曲轴的主要失效形式　通过对曲轴的受力情况分析可知，曲轴在交变载荷下可能发生疲劳断裂（包括扭转疲劳和弯曲疲劳断裂），在大载荷或冲击载荷作用下会引起过量变形和断裂，与其他零件发生相对运动时表面会产生过度磨损等。

（3）对曲轴的性能要求　根据曲轴的破坏形式，要求其具有高的强度、一定的冲击韧度、足够的弯曲和扭转疲劳强度、足够的刚度，轴颈表面要有高的硬度和耐磨性。

（4）典型曲轴的选材　按照制造工艺，将汽车发动机曲轴分为锻钢曲轴和铸造曲轴。锻钢曲轴一般采用优质中碳钢和中碳合金钢制造，如30、45、35Mn2、40Cr、35CrMo等。铸造曲轴主要由铸钢、球墨铸铁、珠光体可锻铸铁及合金铸铁等制造，如ZG230-450、QT600-3、QT700-2、KTZ450-06、KTZ550-04等。

3. 汽车板簧

图1-14所示为汽车板簧的结构。

（1）汽车板簧的工作条件　汽车板簧用于缓冲和吸振，承受很大的交变应力和冲击载荷。

（2）汽车板簧的主要失效形式　汽车板簧的主

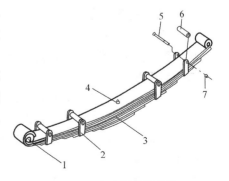

图1-14　汽车板簧的结构
1—卷耳　2—弹簧夹　3—板簧　4—中心螺栓
5—螺栓　6—套管　7—螺母

要失效形式为刚度不足引起的过度变形或疲劳断裂。

（3）对汽车板簧的性能要求　对汽车板簧的性能要求是材料要有较高的屈服强度和疲劳强度。

（4）典型板簧选材　汽车板簧一般选用弹性高的合金弹簧钢来制造，如65Mn、60Si2Mn钢等。对于中型或重型汽车，板簧还采用50CrMnA、55SiMnVB钢；对于中型载货汽车用的大截面积板簧，则采用55SiMnMoV⊖、55 SiMnMoVNb⊖钢制造。

【本章小结】

1. 金属材料的性能可分为使用性能和工艺性能。使用性能是指金属材料在使用过程中表现出来的特性和适应能力，主要包括物理性能、化学性能和力学性能。工艺性能则是在加工过程表现出来的性能，主要包括铸造性、可锻性、焊接性、热处理性能等。

2. 汽车常用金属材料分为黑色金属材料和有色金属材料两大类。

【课后练习题】

一、填空题

1. 常用的硬度表示方法有_____、_____和维氏硬度。
2. 碳钢按用途分为_____、_____、_____。
3. 45钢按用途分类属于_____钢，按质量分类属于_____钢，按含碳量分类属于_____钢。
4. 根据铸铁中石墨的存在形状不同，铸铁可分为_____、_____、_____和_____等。
5. 汽车的重要齿轮用材是_____。
6. 调质处理是_____的热处理方法。
7. 黄铜为铜和_____组成的合金，青铜是铜和_____组成的合金。
8. 普通热处理分为_____、_____、_____和_____。
9. 非金属材料主要有_____、_____和_____。
10. 复合材料依照增强相的性质和形态，可分为_____、_____和_____。

二、判断题

1. 物质从液态转变为固态的过程称为结晶。　　　　　　　　　　　　　　（　　）
2. 60Si2Mn是常用的合金弹簧钢。　　　　　　　　　　　　　　　　　　（　　）
3. 一般晶粒越细小，金属材料的力学性能越好。　　　　　　　　　　　　（　　）
4. T10钢的碳质量分数为10%。　　　　　　　　　　　　　　　　　　　（　　）
5. 调质钢是指经淬火加高温回火处理后使用的钢。　　　　　　　　　　　（　　）
6. 低温回火主要用于低碳钢和高碳钢制零件。　　　　　　　　　　　　　（　　）
7. 汽车轮胎采用橡胶材料制成，橡胶属于高分子材料。　　　　　　　　　（　　）

⊖ 此牌号已在新标准中删除。

8. 发动机中的气缸垫属于复合材料。（   ）
9. 可锻铸铁就是可以锻造的铸铁。（   ）
10. 胶黏剂、橡胶、塑料都属于高分子材料。（   ）
11. 可锻铸铁比灰铸铁的塑性好，因此可以进行锻压加工。（   ）
12. 黄铜是纯铜，青铜是铜合金。（   ）
13. 汽车前风窗玻璃采用的是普通玻璃。（   ）
14. 铸铁的铸造性和焊接性良好，但锻压性较差。（   ）
15. 高碳钢的质量优于中碳钢，中碳钢的质量优于低碳钢。（   ）
16. 滑动轴承可以采用 GCr15 制造。（   ）
17. 合金钢除铁、碳外，还含有其他元素。（   ）
18. 热固性玻璃钢属于钢，而不是玻璃。（   ）

三、选择题

1. 下列不是金属力学性能的是（   ）。
 A. 强度　　　B. 硬度　　　C. 韧性　　　D. 铸造性能
2. 钢中碳的质量分数一般在（   ）。
 A. 0.77% 以下　B. 2.11% 以下　C. 4.3% 以下　D. 6.69% 以下
3. 碳质量分数为 0.40% 的碳素钢牌号是（   ）。
 A. 4　　　　B. 40　　　　C. T4　　　　D. T40
4. 选择制造下列零件的材料：冷冲压件（   ）；齿轮（   ）；小弹簧（   ）。
 A. 08F　　　B. 45　　　　C. 65Mn　　　D. T8
5. 为下列零件正确选材：汽车板簧用（   ）；滚动轴承用（   ）；储酸槽用（   ）；坦克履带用（   ）。
 A．12Cr18Ni9 钢　B. GCr15 钢　C. 60Si2MnA 钢　D. ZGMn13-3 钢
6. 用 65Mn 钢制作弹簧，淬火后应进行（   ）处理；用 T10A 钢制作锯片，淬火后应进行（   ）处理。
 A. 高温回火　　B. 中温回火　　C. 低温回火
7. 渗碳钢件常采用的热处理工艺是（   ）。
 A. 淬火加低温回火　B. 淬火加中温回火　C. 淬火加高温回火　D. 不用再进行热处理
8. 正确选用下列零件材料：机床主轴（   ）；汽车板簧（   ）；轴承滚动体（   ）；汽车、拖拉机变速齿轮（   ）。
 A. 40Cr　　　B. GCr15　　　C．20CrMnTi　　　D. 60Si2Mn
9. 将下列各材料牌号前的字母分别填入备选材料种类前的括号中，材料种类：（   ）高速工具钢、（   ）合金刃具钢、（   ）碳素工具钢、（   ）滚动轴承钢。
 A. W6Mo5Cr4V2　B. GCr9　　　C. 9SiCr　　　D. T10
10. 在下列铸造合金中，适宜制造大型曲轴的是（   ）。
 A. 灰铸铁　　B. 白口铸铁　　C. 球墨铸铁　　D. 可锻铸铁
11. 金属材料的强度指标和塑性指标一般都由（   ）试验来测定。
 A. 拉伸　　　B. 冲击　　　C. 剪切　　　D. 疲劳
12. 将下列合金钢牌号归类。耐磨钢：（   ）；合金弹簧钢：（   ）；不锈

钢：(   )。

　　A. 60Si2MnA   B. ZGMn13-1   C. 20Cr13

13. 零件渗碳后，需经（   ）处理才能达到表面高硬度和耐磨的目的。

　　A. 淬火+低温回火   B. 正火   C. 调质   D. 退火

14. 材料开始发生塑性变形时所对应的应力值是（   ）。

　　A. 弹性极限   B. 屈服强度   C. 抗拉强度   D. 断裂韧度

15. 汽车前风窗玻璃用的材料是（   ）。

　　A. 普通玻璃   B. 钢化玻璃   C. 热固性玻璃钢   D. 热塑性玻璃钢

四、简答题

1. 什么是金属材料的强度、塑性和硬度？它们各有哪些主要指标？

2. 什么是韧性？如何衡量金属材料在有冲击情况下的韧性？

3. 说明下列金属材料牌号或代号的含义及其主要用途：Q235、45、T12A、40Cr、60Si2Mn、GCr15、12Cr13、W18Cr4V、ZG270-500、HT150、H62、ZL101。

4. 什么是钢的热处理？常用的热处理方法有哪些？

5. 回火可分为几类？它们各自的作用是什么？

6. 退火、正火、调质处理、淬火的作用是什么？

7. 什么是表面淬火？常用的表面淬火方法有哪些？

8. 橡胶、陶瓷各有什么特点及用途？

9. 汽车常用玻璃有哪些？有何特点？

10. 什么是复合材料？它有什么特点？

11. 简述零件的选材原则。

第 2 章
CHAPTER 2   汽车运动机构的受力分析

【知识目标】

1. 掌握静力学的基本性质。
2. 能从静止的机械结构中取出分离体,画其受力图。
3. 掌握力的投影、力矩的计算。掌握各种力系的简化分析方法。
4. 掌握汇交力系、力偶系和一般力系的平衡问题,熟练应用平面力系的平衡方程求解其平衡问题。
5. 理解构件四种基本变形的概念。

【能力目标】

1. 能够对构件进行力学分析,画出受力图。
2. 能够解决平面力系的平衡问题。
3. 能够对汽车构件的变形进行简单分析。

物体在空间的位置随时间的变化称为机械运动,它是人们在日常生活和生产实践中最常见的一种运动形式。在静力分析中,研究机械运动的特殊情况——物体处于平衡的问题,即研究物体平衡时作用于物体上的力所应满足的条件,包括物体的受力分析、如何简化工程实际中比较复杂的力系、力系的平衡条件及其应用。对构件进行力学分析是研究和学习材料力学及后续课程的基础。解决汽车专业中的许多问题都需要运用力学知识。

2.1 汽车运动构件的受力分析

汽车机械各运动部分如轴、齿轮、连杆、曲轴等均称为构件。当汽车运动时,这些构件受到力或力系的作用。对构件的受力现象和平衡状态进行描述,称为构件的受力分析。

2.1.1 静力分析的基本概念

1. 力的概念

力的概念是人类在长期的生产劳动和生活实践中形成的。人们在推、拉、提、掷物体时，由于肌肉紧张而感受到力的作用。这种作用不仅存在于人与物体之间，而且广泛存在于物体与物体之间。例如，物体由于地球引力而加速下落，奔腾的水流能推动涡轮机运转，在电动机中旋转的磁场能使电动机转子转动，汽车发动机中的驱动力使汽车行驶等。

（1）力的定义 力是物体间的相互作用，这种作用使物体的运动状态或形状尺寸发生改变。力使物体的运动状态发生改变，称为力的**外效应**；力使物体的形状尺寸发生改变，称为力的**内效应**。由于静力学研究物体受力不考虑物体的变形，故只涉及力的外效应。力的内效应将在研究物体的承载能力中涉及。

（2）力的三要素及表示方法 在工程实践中，物体间机械作用的形式是多种多样的，如万有引力、压力、电磁力、摩擦力等。力对物体的效应（外效应和内效应）取决于力的大小、方向和作用点，这三者被称为力的三要素。力是一个既有大小又有方向的物理量，称为力**矢量**。用一条有向线段表示，线段的长度（按一定比例尺）表示力的大小；线段的方位和箭头表示力的方向；线段的起始点（或终点）表示力的作用点，如图2-1所示。力的单位采用我国法定计量单位，为牛顿（N）。

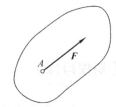

图2-1 力的表示方法

（3）力系与合力 作用于同一物体上所有力组成的系统称为力系。如果一个力系与另一个力系对物体的作用效果完全相同，则这两个力系互称为等效力系。若一个力与一个力系等效，则称这个力为该力系的合力，而该力系中的各力称为这个力的分力。已知分力求其合力的过程称为力的合成；已知合力求其分力的过程称为力的分解。对一个比较复杂的力系，求与其等效的简单力系的过程称为力系的简化。力系的简化是静力学最基础的内容。

（4）平衡与平衡力系 平衡是指物体相对于参考系处于静止或匀速直线运动的状态。若一个力系使物体处于平衡状态，则该力系称为平衡力系。研究作用在物体上的平衡力系所需满足的条件称为力系的平衡条件，它在工程中具有重要意义，是设计结构、构件和机械零件时静力计算的基础。

2. 刚体的概念

所谓刚体，是指在外力作用下大小和形状保持不变的物体。这是一个理想化的力学模型，事实上是不存在的。实际物体在力的作用下，都会产生不同程度的变形，但微小变形对所研究物体的平衡问题不起主要作用，可以忽略不计，这样可以使问题的研究大为简化。静力学中研究的物体均可视为刚体。

2.1.2 静力学公理

静力学公理是人们在长期的生活和生产实践中将所积累的经验加以抽象、归纳、总结而建立的，它是对力的一些基本性质的概括与总结，是建立静力学全部理论的基础。

1. 二力平衡公理

作用在同一刚体上的两个力，使刚体保持平衡的必要和充分条件是：这两个力大小相等、方向相反，并且作用在同一条直线上，如图2-2所示。

二力平衡公理揭示了作用于物体上的最简单的力系平衡时所必须满足的条件，它是静力学中最基本的平衡条件。工程上把只受两个力作用而处于平衡状态的物体称为二力构件，又称二力杆。根据二力平衡公理，二力的方向必定在作用点的连线上，并且二力的大小相等、方向相反。

对于变形体而言，二力平衡公理只是必要条件，但不是充分条件。例如，在图2-3所示的弹簧两端施加一对等值、反向、共线的拉力时可以平衡（图2-3a），但受到一对等值、反向、共线的压力时就不能平衡了（图2-3b）。

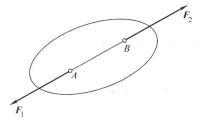

图2-2 二力平衡公理

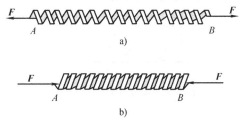

图2-3 二力平衡公理不适用于变形体

2. 加减平衡力系公理

对于作用在刚体上的任何一个力系，可以增加或减少任一平衡力系，这并不改变原力系对刚体的作用效果。因为平衡力系不会改变刚体的运动效应，即平衡力系对刚体的运动效应为零，这个公理是力系简化的重要理论依据之一。

推论一：力的可传性原理。

作用在刚体上某点的力，可以沿着它的作用线移动到刚体内任意一点，并不改变该力对刚体的作用效应，如图2-4所示。

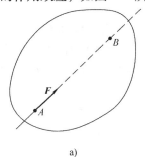 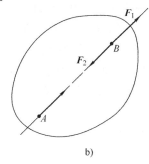 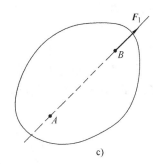

图2-4 力的可传性原理

根据力的可传递性，力对刚体的作用效应与力的作用点无关。力矢可沿其作用线任意滑动而不影响作用效果。

证明：设力 F 作用在刚体上的 A 点，如图2-4a所示。在刚体上力的作用线上任意一点 B 加一对平衡力 F_1 与 F_2，且使 $F_1 = F = -F_2$，如图2-4b所示。由加减平衡力系公理可知，这并不改变原力 F 对刚体的作用。根据二力平衡公理，F 与 F_2 构成平衡力系，再由加减平衡力系公理可知，这个平衡力系可以去掉，最后只剩下作用于 B 点的力 F_1，如图2-4c所示。可见，F_1 与 F 等效，又因为 $F_1 = F$，因此可将 F_1 看作是力 F 从 A 点滑移至 B 点的结果，而点 B 是 F 作用线上的任意一点。

如图2-5所示的受力小车，在 A 点的作用力 F 和在 B 点的作用力 F 对小车的作用效果是相同的。

力的可传性原理仅适用于刚体，不适用于变形体。如图2-6所示的受力弹簧，若将作用

于 A 点的力 F_1 移动到 B 点，将作用于 B 点的力 F_2 移动到 A 点，弹簧受到一对等值、反向、共线的压力时就不能平衡了。

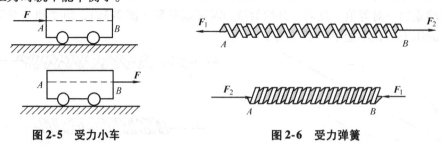

图 2-5 受力小车　　　　　　　　图 2-6 受力弹簧

3. 力的平行四边形公理

作用在刚体上同一点的两个力可以合成为一个合力，合力的大小与方向可以用以这两个力为邻边的平行四边形的对角线来表示，合力的作用点通过两个力作用线的交点。

如图 2-7 所示，设在物体的 A 点作用有力 F_1 与 F_2，如果 F_R 表示它们的合力，则合力 F_R 等于两个分力 F_1 与 F_2 的矢量和，即 $F_R = F_1 + F_2$。

这个公理总结了最简单力系简化的规律，是复杂力系简化的基础，是静力学中力合成与分解的重要依据。

推论二：三力平衡汇交原理。

当刚体在三个力的作用下处于平衡时，若其中任意两个力的作用线相交于一点，则这三个力的作用线必定交于同一点，且三个力的作用线共面。

证明：如图 2-8 所示，刚体的 A、B、C 三点上分别作用三个力 F_1、F_2 和 F_3，刚体处于平衡状态。根据力的可传性原理，将力 F_1 与 F_2 移至汇交点 O，然后根据力的平行四边形公理求得合力 R_{12}，则力 F_3 应与 R_{12} 平衡，根据二力平衡公理，F_3 应与 R_{12} 等值、反向、共线，因此 F_1、F_2 和 F_3 的作用线必定汇交于一点，即 O 点。

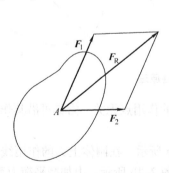 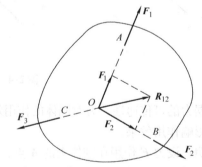

图 2-7 力的平行四边形公理　　　　图 2-8 三力平衡汇交原理

三力平衡汇交原理说明不平行的三个力平衡的必要条件。若已知两个力的作用线，可用此原理来确定第三个力的作用线的方位。

刚体只受同平面三个力作用而平衡，称为三力构件。若三个力中已知两个力作用线的交点及这三个力的作用点，即可判断出三个力作用线的方位。

4. 作用与反作用公理

两物体间相互作用的作用力与反作用力总是同时存在，且大小相等、方向相反、沿同一条直线分别作用在这两个物体上。

作用与反作用公理说明：力永远是成对出现的，物体间的作用总是相互的，有作用力就必有反作用力，它们互相依存、同时出现、同时消失，分别作用在相互作用的两物体上，不能视为平衡力系。

如将相互作用力之一视为作用力，而另一力视为反作用力，则作用与反作用公理还可叙述为对应于每个作用力，必有一个与其大小相等、方向相反且在同一直线上的反作用力。一般用 F' 表示力 F 的反作用力。

作用与反作用公理概括了自然界中物体间相互作用的关系，表明作用力与反作用力总是同时存在、同时消失，没有作用力也就没有反作用力。根据这个公理，已知作用力则可知反作用力，它是分析物体受力时必须遵循的原则，为研究由一个物体过渡到多个物体组成的物体系统提供了基础。

必须强调的是，作用力与反作用力公理中所讲的两个力，不能与二力平衡公理中的两个力混淆，这两个公理有着本质的区别。

5. 刚化公理

变形体在某一力系作用下处于平衡，如把此变形体刚化为刚体，则平衡状态保持不变，如图 2-9 所示。一段绳索或弹簧在两个等值反向的拉力作用下处于平衡，如将其变为刚体，则平衡状态不受影响。但对刚性杆受两个等值反向压力作用而平衡时，如果将刚性杆变为绳索或弹簧，则平衡状态不能保持。

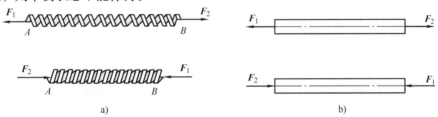

图 2-9　刚化公理

2.1.3　约束及其类型

1. 约束和约束反力的概念

在空间的位置不受任何限制，可以做任意运动的物体称为自由体，如在空间飞行的鸟、飞机、炮弹和火箭等。因为受到周围其他物体的限制而不能做任意运动的物体称为非自由体，如汽车、机车、电动机转子、机床的刀具等。

在汽车机械中，构件总是以一定的形式与周围其他构件相互联系又相互限制。例如，汽车车轮受地面的限制，既能与地面接触，又能沿地面运行。物体（或构件）受到周围物体（或构件）限制时，这种限制就称为约束。约束通常是通过与被约束体之间相互连接或直接接触而形成的。

约束作用于非自由体上的力称为约束反力，简称反力。反力的作用点是约束与非自由体的接触点。约束反力阻碍物体沿某方向的运动趋势，因此，约束反力的方向总是与该约束所能限制的运动方向相反。运用这一准则，可以确定约束反力的方向或作用线的位置。至于约束反力的大小总是未知的，在静力学中可以利用相关平衡条件求出约束反力。

物体所受的力除约束反力外，还有如重力、水压力、风力、电磁力等，它们是使物体运动或使物体有运动趋势的力，称为主动力。约束反力通常是由主动力引起的，并且取决于约束本身的性质、主动力及物体的运动状态。

2. 常见约束类型及约束反力的确定

下面介绍工程中常见的几种典型的约束模型，根据它们的结构特点，分析约束反力的作用点和方向。

（1）柔性约束　由柔软的胶带、绳索、链条、传动带等构成的约束称为柔性约束。理想化的柔性约束柔软而不可伸长，忽略其刚性，不计其重力。这类约束的特点是只能承受拉力，不能承受压力和弯矩。柔性约束的约束反力只能为拉力，作用在连接点上，方向沿着柔性体，指向背离被约束体。

约束反力的特点是：沿着柔性约束的中心线，方向背离被约束的物体。

如图2-10所示，起重机用钢丝绳索起吊大型机械主轴，主吊索及绳上的约束反力都通过它们与吊钩的连接点，沿着各吊索的轴线指向背离吊钩。

（2）光滑接触面（线）约束　对这类约束，忽略接触面间的摩擦，视为理想光滑。这类约束的特点是只能限制物体沿两接触表面在接触处的公法线而趋向支承接触面的运动，不论支承接触表面的形状如何，它只能承受压力，而不能承受拉力。所以光滑接触面的约束反力只能是压力，作用在接触点处，作用线的方向沿着接触表面的公法线而指向物体，如图2-11所示。因反力沿法线方向，故又称为法向反力，这类约束也是单面约束。

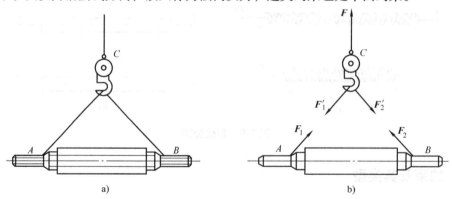

图 2-10　柔体约束

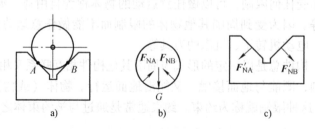

图 2-11　光滑接触面约束

（3）光滑铰链约束　铰链是工程结构和机械中通常用来连接构件或零件的一种结构形式，由一个光滑圆柱形销钉和两个带有圆孔的物体组成。这类约束的特点是只能限制物体的任意径向移动，不能限制物体绕圆柱销轴线的移动或平行于圆柱销轴的移动，因此也称为圆柱形铰链约束。一般根据被连接物体的形状、位置和作用，铰链约束可分为以下三种形式：

1）中间铰链约束。两物体分别被钻上直径相同的圆孔并用销钉连接起来，对这类约束忽略摩擦和圆柱销钉与构件上圆柱孔的余隙，称为中间铰链约束，如图 2-12a、b 所示。

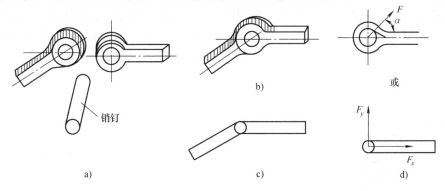

图 2-12 中间铰链约束

由于销钉与圆孔表面是光滑的，并且产生局部接触，因此中间铰链约束本质上是光滑面约束。因此销钉对物体的约束力应通过物体的圆孔中心，但接触点不确定，结构简图如图 2-12c 所示。所以中间铰链约束力的特点是：作用线通过销钉中心，垂直于销钉轴线，方向不定，如图 2-12d 所示，约束反力 F 的角度未知，也可以用两个相互垂直的分力 F_x 和 F_y 来表示。

2）固定铰链支座约束。支座是将构件或结构支承在固定支承物上的装置，如图 2-13a 所示。用光滑圆柱销钉把结构物或构件与底座连接，并把底座固定在支承物上而构成固定铰链支座约束，简称固定铰支座，其结构如图 2-13b 所示。这种支座约束的特点是构件只能绕铰链轴线转动而不能发生垂直于铰轴的任何移动，所以，固定铰支座约束的反力在垂直于圆柱销轴线的平面内，通过圆柱销中心，方向不定，通常表示为相互垂直的两个分力 F_x 与 F_y，如图 2-13c 所示。

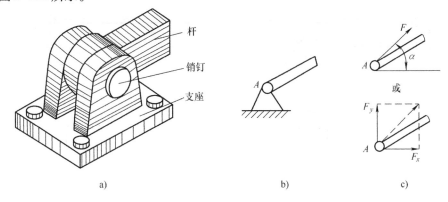

图 2-13 固定铰链支座约束

3）活动铰链支座约束。为了保证构件变形时，既能发生微小的转动又能发生微小的移动，可将结构物或构件的支座用几个辊轴（滚柱）支承在光滑的支座面上，就成为辊轴支座，又称为可动铰支座，如图 2-14a、b 所示，计算时所用的简图如图 2-14c 所示。这种支座约束的特点是只能限制物体与圆柱铰连接处沿垂直于支承面的方向运动，而不能阻止物体沿光滑支承面切向的运动，所以可动铰支座的约束反力垂直于支承面，通过圆柱销中心，指向不定，一般用 F_N 或 F 表示，如图 2-14c 所示。

（4）链杆约束　两端用光滑铰链与其他构件连接，不考虑自身重力且不受其他外力作用的杆件称为链杆。如图 2-15a 所示的 BC 杆。这种约束的特点是能限制物体与直杆连接点沿直杆轴线方向的运动。由于链杆为二力杆，既能受压也能受拉，根据二力平衡公理，链杆的约束力必沿杆件两端铰链中心的连线，指向不定。一般假设为拉力，受力图如图 2-15b、c 所示。

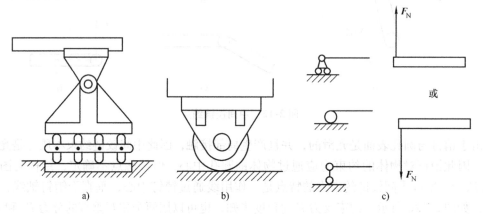

图 2-14　活动铰链支座约束

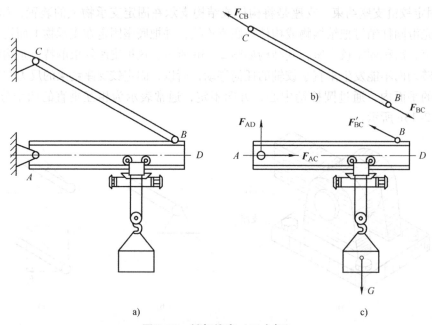

图 2-15　链杆约束（二力杆）

（5）固定端约束　如图 2-16 所示，阳台、车刀上的刀具、电线杆等均不能沿任意方向移动和转动，构件所受的这种约束称为固定端约束。工程中，固定端约束是一种常见的约束，这类物体连接方式的特点是连接处刚性很大，两物体间既不能产生相对移动，也不能产生相对转动。平面问题中一般用图 2-17 所示的简图符号表示，两个相互垂直的约束分力表示限制构件移动的约束作用,一个约束力偶 M 表示限制构件转动的约束作用。

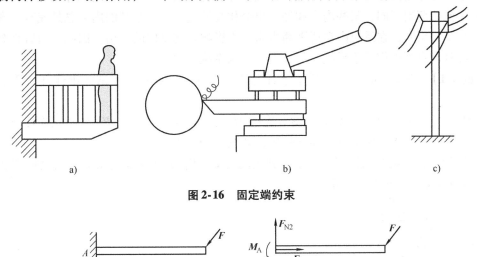

图 2-16 固定端约束

图 2-17 固定端约束简图

2.1.4 物体的受力分析与受力图

力学分析的主要任务是研究力系的简化及物体在力系作用下的平衡问题。解决静力学问题时,首先要明确研究对象,再考虑它的受力情况,然后用相应的平衡方程去计算。工程中的结构与机构十分复杂,为了清楚地表达出某个物体的受力情况,必须将它从与其相联系的周围物体中分离出来。分离的过程就是解除约束的过程。在解除约束的地方用相应的约束力来代替约束的作用,被解除约束后的物体称为分离体。在分离体上画上物体所受的全部主动力和约束力,此图称为研究对象的受力图。整个过程就是对所研究的对象进行受力分析。

将分离体上所受的全部主动力和约束反力以力矢表示在分离体上所得到的图形,就称为受力图。

恰当地选取研究对象,正确地画出构件的受力图是解决力学问题的关键。

画受力图的基本步骤一般是:

1)研究对象,取分离体。按问题的条件和要求,确定研究对象,研究对象可以是一个物体,也可以是几个物体的组合或整个系统,解除与研究对象相连接的其他物体的约束,用简单几何图形表示出其形状特性,即画出分离体图。

2)在分离体图上画出全部主动力。在分离体图上画出该物体所受到的全部主动力,如重力、风载、水压、油压、电磁力等。

3)在分离体图上画出全部约束反力。在分离体图上解除约束的位置,根据约束的不同类型,画出所有的约束力。要灵活利用二力平衡公理、三力平衡汇交原理、链杆等条件确定约束反力的方向。

4)根据前面学过的有关知识,检查受力图画得正确与否。

如研究对象为几个物体组成的物体系统,还必须区分外力和内力。物体系统以外的周围物体对系统的作用力称为系统的外力,系统内部各物体之间的相互作用力称系统的内力。随着所取系统的范围不同,某些内力和外力也会相互转化。由于系统的内力总是成对出现,且等值、共线、反向,在系统内自成平衡力系,不影响系统整体的平衡。因此,当研究对象是物体系统时,只画出作用于系统上的外力,不画系统的内力。

【例2-1】 图2-18a所示为活塞连杆总成,各构件质量不计,试画出连杆、活塞的受力图。

【解】 (1)画出连杆的分离体图。连杆 AB 为二力杆,力 F_R、F_R' 作用在连杆两端点连接的一条直线上,指向两端点,连杆受压,如图2-18b所示。

(2)画出活塞的分离体图。活塞受到主动力 F、F_R 的作用,约束力为气缸壁右侧对活塞的约束力 F_N,如图2-18c所示。

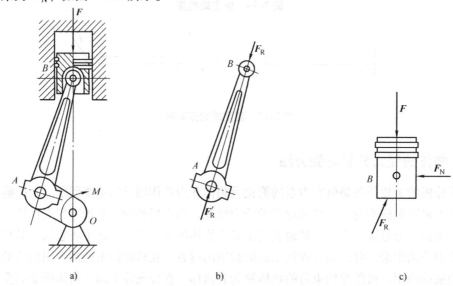

图2-18 活塞、连杆的受力分析

求解力学问题,必须先画受力图。如何有针对性地选取分离体并正确画出受力图,是解题的关键。这不仅在静力学中,而且在后续的课程中也很重要。

2.2 汽车运动机构的力学分析

汽车在运动过程中,轴、齿轮、连杆、曲轴等构件都受到力的作用。要充分认识汽车如何运动,必须对这些构件进行力学分析。

2.2.1 力矩和力偶

1. 力矩

(1)力对点之矩 为了描述力对刚体运动的转动效应,引入力对点之矩的概念,如图2-19所示。当用扳手拧紧螺母时若作用力为 F,转动轴心 O 到力 F 作用线的垂直距离为 d,称为力臂。由实践经验可知,拧紧螺母的转动效应不仅与力 F 的大小有关,而且与力臂的长度有关,故力 F 对物体的转动效应的大小可用两者的乘积(Fd)来度量,如果力 F 对物体的转动方向不同,其效果也不相同。表示力对物体绕某点转动作用的物理量称为力对点之矩,即力矩。

力对点之矩是一个代数量,它的大小为力 F 与力臂 d 的乘积,它的正负号表示力矩在平面上的转向。力对点之矩用 $M_O(F)$ 来表示,即

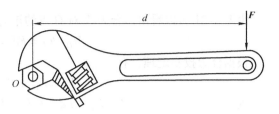

图 2-19 力对点之矩

$$M_O(F) = \pm Fd$$

一般地,设平面上作用一力 F,在平面内任取一点 O——**矩心**,O 点到力作用线的垂直距离 d 称为**力臂**,如图 2-20 所示。

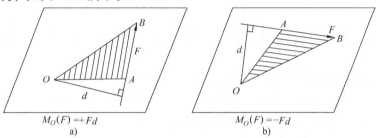

图 2-20 力对点之矩

$$M_O(F) = \pm Fd = \pm 2\Delta OAB$$

由上式可知,力对点之矩的大小,正好等于三角形 OAB 面积的两倍。

一般规定:力使物体绕矩心做逆时针方向转动时,力矩取正号;反之,取负号。力矩的单位是 N·m 或 N·mm。

由力矩的定义可知:

1) 若将力 F 沿其作用线移动,则因为力的大小、方向和力臂都没有改变,所以不会改变该力对某一矩心的力矩。

2) 矩心不同,力矩不同。若 $F = 0$,则 $M_O(F) = 0$,若 $M_O(F) = 0$,$F \neq 0$,则 $d = 0$,即力 F 通过 O 点。

力矩等于零的条件是:力等于零或力的作用线通过矩心。显然,互成平衡的两个力对同一点之距的代数和等于零。

(2) 合力矩 在力矩计算中,有时力臂的计算较烦琐,所以常利用分力对某点之矩和合力对某点之矩的关系来计算,这就是下面要讨论的合力矩定理。

如图 2-21 所示,设在物体上 A 点作用有平面汇交力系 F_1、F_2、…、F_n,该力系的合力 F 可由汇交力系的合成求得。

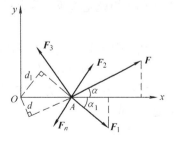

图 2-21 合力矩定理

计算力系中各力对平面内任一点 O 的矩,令 $OA = l$,则

$$M_O(F_1) = -F_1 d_1 = -F_1 l\sin\alpha_1 = F_{1y} l$$

$$M_O(F_2) = F_{2y} l$$

$$M_O(F_n) = F_{ny} l$$

由图 2-21 可以看出，合力 F 对 O 点的矩为
$$M_O(F) = Fd = Fl\sin\alpha = F_y l$$
根据合力投影定理，有
$$F_y = F_{1y} + F_{2y} + \cdots + F_{ny}$$
则
$$M_O(F) = Fd = F_y l = (F_{1y} + F_{2y} + \cdots + F_{ny})l$$
$$F_y l = F_{1y} l + F_{2y} l + \cdots + F_{ny} l$$
即
$$M_O(F) = M_O(F_1) + M_O(F_2) + \cdots + M_O(F_n)$$
或
$$M_O(F) = \sum_{i=1}^{n} M_O(F_i)$$

合力矩定理：平面汇交力系的合力对平面内任意一点之矩，等于其所有分力对同一点的力矩的代数和。

对于有合力的其他各种力系，合力矩定理也是成立的。

（3）力对点之矩的求法（力矩的求法） 力对点之矩有两种求解方法：

1）用力矩的定义式，即用力和力臂的乘积求力矩。注意：力臂 d 是矩心到力作用线的距离，即力臂必须垂直于力的作用线。

2）运用合力矩定理求力矩。

【例 2-2】 如图 2-22 所示，构件 OBC 的 O 端为铰链支座约束，力作用于 C 点，其方向角为 α，又知 $OB = l$，$BC = h$，求力 F 对 O 点的力矩。

【解】（1）利用力矩的定义进行求解。

如图 2-22 所示，过点 O 作出力 F 作用线的垂线，与其交于 a 点，则力臂 d 即为线段 Oa。再过 B 点作力作用线的平行线，与力臂的延长线交于 b 点，则有

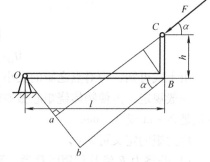

图 2-22 用定义求力矩

$$M_O(F) = -Fd = -F(Ob - ab) = -F(l\sin\alpha - h\cos\alpha)$$

（2）利用合力矩定理求解。如图 2-23 所示，将力 F 分解成一对正交的分力 F_{Cx} 和 F_{Cy}，力 F 的力矩就是这两个分力对点 O 的力矩的代数和。

即
$$M_O(F) = M_O(F_{Cx}) + M_O(F_{Cy})$$
$$= Fh\cos\alpha - Fl\sin\alpha = -F(l\sin\alpha - h\cos\alpha)$$

可见，用定义求力矩和用合力矩定理求力矩结果是一致的。

2. 力偶

静力学中有两个基本物理量：力和力偶。

力的外效应是物体的机械运动状态发生变化；力偶的外效应是单纯使物体的转动状态发生变化，

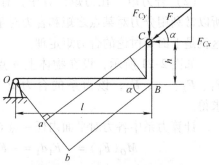

图 2-23 用合力矩定理求力矩

力偶对物体的平移运动不会有任何作用。

（1）力偶的定义　在生活和工程实践中常见物体受两个大小相等、方向相反、作用线相互平行的力的作用，使物体产生转动。例如，人们用手拧水龙头时，作用在开关上的两个力 F 和 F'、驾驶人用两手驾驶汽车时作用在转向盘上的两个力 F 和 F'、旋紧钟表发条等所加的力等。力学上把大小相等、方向相反、不共线的两个平行力称为力偶，如图 2-24 所示。

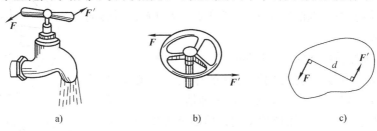

图 2-24　力偶的定义

力偶是大小相等、方向相反、作用线相互平行的两力，如图 2-24 中的力 F 与 F' 构成一力偶，记作 (F, F')。力偶作用面是两个力所在的平面。力偶臂是两个力作用线之间的垂直距离 d。力偶的转向是力偶使物体转动的方向。

由实践经验可知，力对刚体运动的作用效果有两种，即移动和转动，但力偶对刚体的作用效应仅仅是使物体转动或改变转动状态。当力偶的力 F 越大，或力偶臂 d 越大时，力偶使物体转动的效应就越强；反之，转动效应就越弱。

力偶矩是力偶中力的大小和力偶臂的乘积，记作 $M(F, F')$ 或 M，即

$$M(F, F') = \pm Fd$$
$$M = \pm Fd$$

力偶逆时针转向时，力偶矩为正，反之为负。力偶矩的单位为 N·m 或 N·mm，力偶同力矩一样，是一个代数量。力偶的三要素包括力的大小、转向和作用平面。

（2）力偶的性质

1）力偶在任意坐标轴上的投影的代数和为零，故力偶无合力，力偶对刚体的移动不会产生任何影响，即力偶不能用一个力来等效，也不能简化为一个力，力偶不能用一个力来平衡，如图 2-25 所示。可以将力和力偶看成组成力系的两个基本物理量。

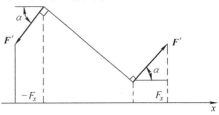

图 2-25　力偶的投影

2）力偶对于其作用平面内任意一点的力矩与该点（矩心）的位置无关，它恒等于其力偶矩。

如图 2-26 所示，设物体上作用一力偶臂为 d 的力偶 $M(F, F')$ 的力偶矩 $M = Fd$，该力偶对任一点 O 的矩为

$$M_O(F) + M_O(F') = F(x + d) - Fx = Fd$$

由于点 O 是任意选取的，故力偶对作用面内任一点的矩等于力偶中力的大小和力偶臂的乘积（与矩心位置无关）。

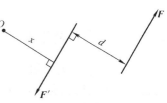

图 2-26　力偶对点的力矩

3）力偶的等效性。作用在同一平面的两个力偶，若它们的力偶矩大小相等、转向相同，则这两个力偶是等效的。

力偶的等效条件：

① 力偶可以在其作用面内任意移转而不改变它对物体的作用。即力偶对物体的作用与它在作用面内的位置无关。如图 2-27 所示，不论将力偶加在 A、B 位置还是 C、D 位置，对转向盘的作用效应不变。

② 只要保持力偶矩不变，可以同时改变力偶中力的大小和力偶臂的长短，而不会改变力偶对物体的作用。如图 2-28 所示，用丝锥攻螺纹时，双手施加的力有三种情况。尽管力的大小、力偶臂的长度和力的作用位置不同，但因其力偶矩都相等，因而转动的效果是一样的。

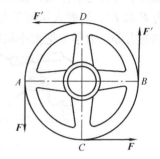

图 2-27　力偶的等效性（一）

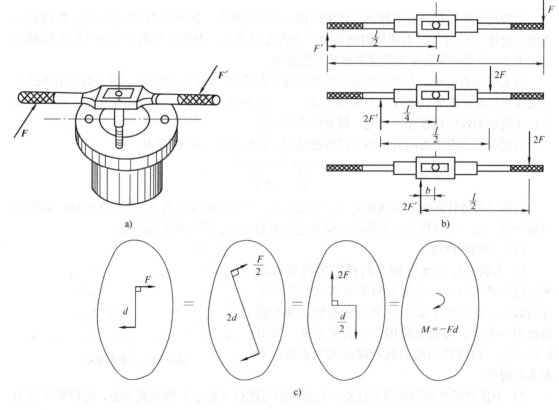

图 2-28　力偶的等效性（二）

2.2.2　平面力系及平衡

按力系中各力作用线的位置不同，力系可分为平面力系和空间力系两类。工程上许多力学问题，由于结构和受力具有对称平面，都可以在对称平面内简化为平面问题来处理。若力系中各力的作用线在同一平面内，则该力系称为平面力系。根据平面力系中各力的作用线不同，平面力系又可以分为平面汇交力系、平面力偶系、平面平行力系和平面任意力系。

第2章 汽车运动机构的受力分析

1. 力在坐标轴上的投影

如图2-29所示,设力 F 作用在物体上的 A 点,在力 F 作用线所在平面内取直角坐标系 xOy。力在坐标轴上的投影是一代数量,其大小等于力的始端与末端在该轴上的投影(垂足)间线段的长度。已知力 F 与直角坐标轴 x、y 轴的夹角为 α、β,从 A 点向 x 轴引垂线,垂足分别为 a 点和 b 点,从 B 点向 y 轴引垂线,垂足分别为 a_1 点和 b_1 点,则力 F 在 x、y 轴上的投影分别为

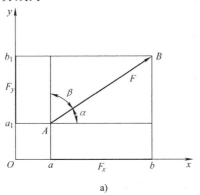 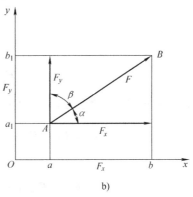

a) b)

图2-29 力在直角坐标轴上的投影

$$F_x = F\cos\alpha$$
$$F_y = F\sin\alpha$$

力的投影的正负规定如下:如由 a 到 b(或 a_1 到 b_1)的趋向与 x 轴(或 y 轴)的正向一致时,则力 F 的投影 F_x(或 F_y)取正值;反之,取负值。

必须注意:力的投影和力的分力是不相同的,力在坐标轴上的投影是代数量,而分力是矢量。

若已知力在坐标轴上的投影 F_x 和 F_y,则合力 F 的大小与方向可以由下式来确定:

$$F = \sqrt{F_x^2 + F_y^2}$$

$$\cos\alpha = \frac{F_x}{F}$$

$$\cos\beta = \frac{F_y}{F}$$

为了便于计算,通常取力与坐标轴所夹的锐角计算其余弦。投影的正负号则按力始端投影至力末端投影的指向与坐标轴正向是否一致的原则确定。

2. 合力投影定理

如图2-30所示,已知刚体上 A 点受一平面汇交力系 F_1、F_2 的作用,取直角坐标系 xOy,其合力为 F,则

$$\vec{F} = \vec{F_1} + \vec{F_2}$$

将合力 F 及力系中的两个分力 F_1、F_2 向 x 轴

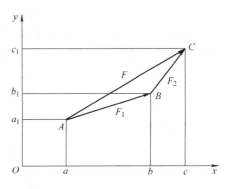

图2-30 合力投影定理

投影，得

$$F_x = ac$$
$$F_{1x} = ab$$
$$F_{2x} = bc$$

由图 2-30 可知

$$ac = ab + bc$$

故

$$F_x = F_{1x} + F_{2x}$$

同理可得

$$F_y = F_{1y} + F_{2y}$$

显然，上述关系可以推广到由 n 个力 $\vec{F_1}$、$\vec{F_2}$、$\cdots$、$\vec{F_n}$ 组成的平面汇交力系，合力为

$$\vec{F} = \vec{F_1} + \vec{F_2} + \cdots + \vec{F_n} = \sum_{i=1}^{n} \vec{F_i} = \sum \vec{F}$$

从而得出

$$F_x = F_{1x} + F_{2x} + \cdots + F_{nx} = \sum F_x$$
$$F_y = F_{1y} + F_{2y} + \cdots + F_{ny} = \sum F_y$$

以上两式称为合理投影定理。合力投影定理是指力系中合力在任一坐标轴上的投影等于各分力在同一轴上投影的代数和。

3. 平面汇交力系的合成

如图 2-31 所示，已知作用在刚体上的平面汇交力系 $\vec{F_1}$、$\vec{F_2}$、$\cdots$、$\vec{F_n}$，试求其合力 $\vec{R}$ 的大小与方向。

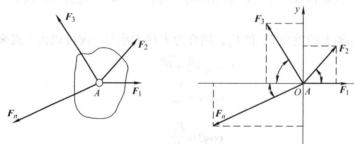

图 2-31 平面汇交力系的合成

平面汇交力系可以合成为一个合力，即平面汇交力系可用其合力来代替。根据合力投影定理，先求出合力 R 坐标轴上的两个投影：

$$R_x = F_{1x} + F_{2x} + \cdots + F_{nx} = \sum F_x$$
$$R_y = F_{1y} + F_{2y} + \cdots + F_{ny} = \sum F_y$$

则合力的大小与方向为

$$R = \sqrt{R_x^2 + R_y^2} = \sqrt{(\sum F_x)^2 + (\sum F_y)^2}$$

$$\tan\alpha = \left|\frac{R_y}{R_x}\right| = \left|\frac{\sum F_y}{\sum F_x}\right|$$

合力的方向还需根据 $\sum F_x$ 与 $\sum F_y$ 的正负号来确定。

4. 平面力偶系的合成与平衡

平面力偶系是指作用在刚体上同一平面内的多个力偶。

设（F_1、F_1'）和（F_2、F_2'）为作用在某物体同一平面的两个力偶，如图 2-32 所示，其力偶臂分别为 d_1、d_2，而力偶矩分别为 M_1、M_2，于是有

$$M_1 = F_1 d_1, \quad M_2 = F_2 d_2$$

在力偶作用平面内任取线段 d，于是可将原力偶改变成两个等效力偶（P_1、P_1'）和（P_2、P_2'）。显然，P_1 和 P_2 的大小分别为

$$P_1 = \frac{M_1}{d}, \quad P_2 = \frac{M_2}{d}$$

将 P_1、P_2 和 P_1'、P_2' 分别合成，则有

$$P = P_1 + P_2 \quad P' = P_1' + P_2'$$

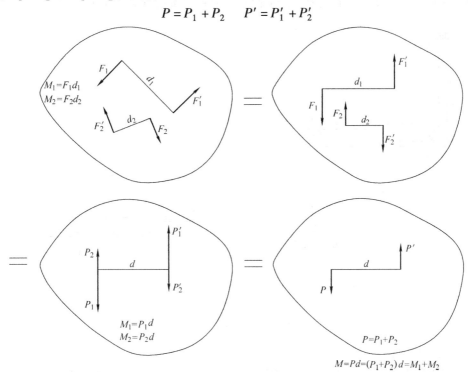

图 2-32 力偶的合成

显然，P 与 P' 为等值、反向的二平行力，组成了新的力偶，此力偶即为原来两力偶的和力偶。其力偶矩为

$$M = Pd = (P_1 + P_2)d = \left(\frac{M_1}{d} + \frac{M_2}{d}\right)d = M_1 + M_2$$

即

$$\boldsymbol{M} = \boldsymbol{M}_1 + \boldsymbol{M}_2$$

当物体上作用有多个力偶时，可以按照上述方法进行合成，合成结果仍然是一个合力偶，和力偶的大小与转向由下式确定：

$$M = M_1 + M_2 + \cdots + M_n = \sum M_i$$

或

$$M = \sum M_i$$

平面力偶系可以合成为一个合力偶,合力偶的力偶矩等于各分力偶矩的代数和。

2.2.3 平面任意力系的简化

力系中各力的作用线在同一平面内,且呈任意分布的力系称为平面一般力系,即各力作用线都在同一平面内,既不相交于一点又不完全平行。另外,有些构件虽然形式上不是受平面力系作用,但当其结构和所有载荷都对称于某一平面时,也可将原力系简化为该对称面内的平面一般力系。如图 2-33 所示,起重机横梁 AB 受平面任意力系的作用。因此,研究平面一般力系具有重要意义。本节主要讨论平面一般力系的简化与平衡问题。

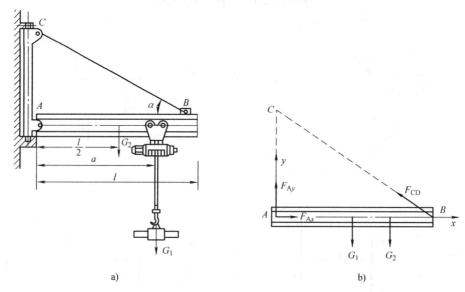

图 2-33 平面任意力系

1. 力的平移定理

作用于刚体上的力可沿其作用线在刚体内移动,而不改变其对刚体的作用效应,这是力的可传性原理,如果将力平移到刚体内另一位置,力的作用效果要发生变化。要使力平移以后,作用效果不变,应该附加什么条件呢?

如图 2-34 所示,将作用在刚体上 A 点的力 F 平移动到刚体内任意一点 O。

1)在 O 点添加一对平衡力 F' 和 F'',根据加减平衡力系公理,刚体的作用效果不变。

2)力 F 和 F'' 组成一对力偶,此时,刚体可以看成作用了一个力 F' 和一个附加力偶 M,该力偶的力偶矩为

$$M(F, F'') = Fd = M_O(F)$$

上式表示,附加力偶矩等于原力 F 对平移点的力矩。于是,在作用于刚体上平移点的力 F' 和附加力偶 M 的共同作用下,其作用效应就与力 F 作用在 A 点时等效。

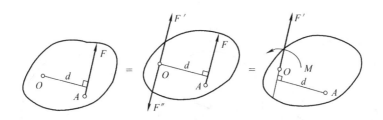

图 2-34 力的平移定理

力的平移定理是指作用于刚体上某点的力,可平行移动到刚体上的任意一点,但必须附加一个力偶,该附加力偶矩等于原来力对平移点的力矩。

力的平移定理揭示了力对刚体产生移动和转动两种运动效应的实质。如图 2-35 所示,圆周力 F 作用于转轴的齿轮上,将力 F 平移至轴心 O,平移力 F' 作用于轴上,引起两轴承产生阻止轴移动的力,附加力偶 M 使齿轮产生绕轴的转动。

根据力的平移定理,可以将力分解为一个力和一个力偶;反之,也可以将一个力和一个力偶合成为一个力。

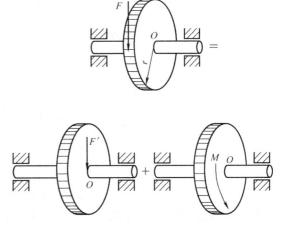

图 2-35 齿轮受力等效

2. 平面任意力系向平面内任意一点的简化

(1) 平面力系向一点的简化　平面力系向一点简化的思想方法是力的平移定理的应用,将平面力系分解成两个力系,即平面汇交力系和平面力偶系,然后再将两个力系分别合成。

在刚体上作用一平面力系 F_1、F_2、$\cdots$、F_n,如图 2-36a 所示。在平面内任选取一点 O,称为简化中心。根据力的平移定理,将各力平移到 O 点,于是得到一个作用于 O 点的平面汇交力系 F'_1、F'_2、$\cdots$、F'_n 和一个相应的附加力偶系 M_1、M_2、$\cdots$、M_n,如图 2-36b 所示,它们的力偶矩分别为 $M_1 = M_O(F_1)$、$M_2 = M_O(F_2)$、$\cdots$、$M_n = M_O(F_n)$。这样,原力系与作用于简化中心 O 点的平面汇交力系和附加的平面力偶系是等效的。

将平面汇交力系 F'_1、F'_2、$\cdots$、F'_n 合成为作用于简化中心 O 点一个力 F'_R,如图 2-36c 所示,则

$$F'_R = F'_1 + F'_2 + \cdots + F'_n = F_1 + F_2 + \cdots + F_n = \sum F$$

即力矢 F'_R 等于原来各力的矢量和。

附加力偶系 M_1、M_2、$\cdots$、M_n 可合成为一个力偶,合力偶矩 M_O 等于各附加力偶矩的代数和。故

$$M_O = M_1 + M_2 + \cdots + M_n = M_O(F_1) + M_O(F_2) + \cdots + M_O(F_n) = \sum M_O(F)$$

即力偶矩等于原来各力对简化中心 O 点之矩的代数和。

(2) 主矢和主矩　平面力系中所有力的矢量和 F'_R 称为该力系的**主矢**;而各力对于任选

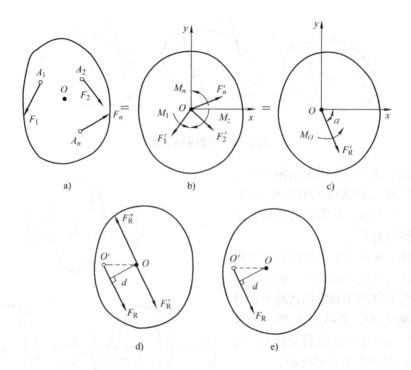

图 2-36　平面力系向一点简化

的简化中心 O 之矩的代数和 M_O 称为该力系对于简化中心的**主矩**。由主矢和主矩的定义,可得平面力系向一点简化的结果。

综上所述,平面力系向作用面内任一点 O 简化,一般可得一个力和一个力偶,这个力等于该力系的主矢,作用于简化中心 O;这个力偶的矩等于该力系对于 O 点的主矩。

$$F'_R = \sum F$$
$$M_O = \sum M_O(F)$$

必须注意,主矢等于各力的矢量和,它是由原力系中各力的大小和方向决定的,所以,它与简化中心的位置无关。而主矩等于各力对简化中心之矩的代数和,简化中心选择不同时,各力对简化中心的矩也不同,所以在一般情况下主矩与简化中心的位置有关。在提到主矩时,必须指出是力系对哪一点的主矩。

过简化中心 O 作直角坐标系 xOy,如图 2-36c 所示,根据合力投影定理,有

$$F'_{Rx} = \sum F_x$$
$$F'_{Rx} = \sum F_y$$

故主矢的大小和方向为

$$F'_R = \sqrt{(F'_{Rx})^2 + (F'_{Ry})^2} = \sqrt{(\sum F_x)^2 + (\sum F_y)^2}$$

$$\tan\alpha = \left|\frac{\sum F_y}{\sum F_x}\right|$$

(3) 固定端约束的简化

固定端的约束反力可利用平面力系向一点简化的方法来分析。如图 2-37 所示,固定端对物体的作用是在接触面上作用了一群约束反力。在平面问题中,这些力组成一平面力系,如图 2-37b 所示。根据力系简化理论,将这群力向作用平面内 A 点简化,得到一个力和一个力偶,如图 2-37c 所示。这个力的大小和方向均为未知量,一般用两个未知的分力来代替。因此,在平面问题中,固定端 A 处的约束反力可简化为两个约束反力 F_{Ax}、F_{Ay} 和一个反力偶 M_A,如图 2-37 所示。

与固定铰支座的约束性质相比,固定端除了限制物体在水平方向和垂直方向移动外,还能限制物体在平面内转动;而固定铰支座不能限制物体在平面内转动。因此,固定铰支座的约束反力只有 F_{Ax}、F_{Ay},而固定端除了约束反力 F_{Ax}、F_{Ay} 外,还有一个约束反力偶 M_A。

(4) 简化结果的分析　平面力系向作用面内一点简化的结果,可能有以下四种情况:

1) $F'_R = 0$,$M_O = 0$;
2) $F'_R = 0$,$M_O \neq 0$;

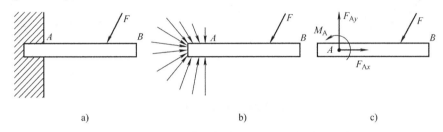

图 2-37　固定端约束

3) $F'_R \neq 0$,$M_O = 0$;
4) $F'_R \neq 0$,$M_O \neq 0$。

现在对这几种简化结果做进一步的分析讨论。

1) 平面力系平衡:$F'_R = 0$,$M_O = 0$。平面力系的主矢、主矩均等于零时,原力系平衡,这种情形将在下文详细讨论。

2) 平面力系简化为一个力偶:$F'_R = 0$,$M_O \neq 0$。力系的主矢等于零,主矩 M_O 不等于零时,显然,主矩与原力系等效,即原力系可合成为合力偶,合力偶矩为 $M_O = \sum M_O(F)$。因为力偶对于平面内任意一点之矩都相同,因此,在这种情况下,主矩与简化中心的选择无关。

3) 平面力系简化为一个合力:$F'_R \neq 0$,$M_O = 0$。力系的主矩 M_O 等于零,主矢不等于零时,显然,主矢与原力系等效,即原力系可合成为一个合力,合力等于主矢,合力的作用线通过简化中心 O。

4) 平面力系的主矢和主矩简化为一个合力:$F'_R \neq 0$,$M_O \neq 0$。力系的主矢、主矩都不等于零时,如图 2-37c 所示,根据力的平移定理的逆定理,主矢和主矩可合成为一合力。

如图 2-36d 所示,将矩为 M_O 的力偶用两个力 F_R 和 F''_R 表示,并令 $F_R = F'_R = F''_R$,然后去掉平衡力系(F'_R 和 F''_R),则主矢和主矩合成为一个作用在点 O' 的力,如图 2-36e 所示,这个力 F_R 就是原力系的合力,合力矢等于主矢。合力的作用线在 O 点的哪一侧,应根据主矢和主矩的方向确定。合力作用线到 O 点的距离 d,可按下式计算:

$$d = \frac{|M_O|}{F_R}$$

2.2.4 曲柄连杆机构的力学分析

【例2-3】 图2-38a所示为曲柄连杆机构，各构件质量不计，试画出连杆、活塞的受力图。

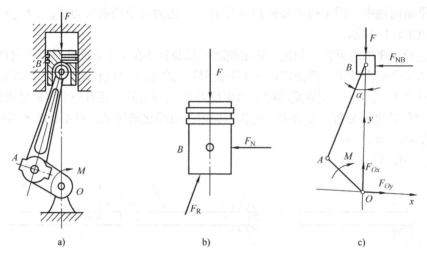

图2-38 曲柄连杆机构

【解】 （1）画出活塞的分离体图。活塞视为滑块，受力 F_R（由 A 点指向 B 点）的作用，约束力为气缸壁右侧对活塞的约束力 F_N，同时受正压力 F 的作用，如图2-38b所示。

（2）画出曲柄连杆机构整体受力图，如图2-38c所示。

2.3 汽车上构件的承载能力分析

构件的承载能力分析主要研究构件在外力作用下，将产生何种内力，这些内力导致构件发生何种变形，这些变形对构件正常工作将产生什么影响，在什么情况下构件会断裂或产生塑性变形。

2.3.1 拉压构件的承载能力分析（连杆、推杆）

在工程实际中，轴向拉伸和压缩的杆件在生产实际中经常遇到，虽然杆件的外形各有差异，加载方式也不同，但一般对受轴向拉伸与压缩的杆件的形状和受力情况进行简化。轴向拉伸是在轴向力作用下，杆件产生伸长变形，简称拉伸；轴向压缩是在轴向力作用下，杆件产生缩短变形，也简称压缩。图2-39所示的横梁 AB、拉杆 BC；图2-40所示的汽车发动机气缸中的连杆均为受力杆件。

通过上述实例可知轴向拉伸和压缩具有如下特点：

1）作用于杆件两端的外力大小相等、方向相反，作用线与杆件轴线重合，即称轴向力。

2）杆件变形是沿轴线方向的伸长或缩短，横截面面积减小或增大。

第 2 章 汽车运动机构的受力分析

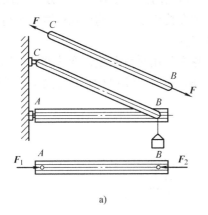

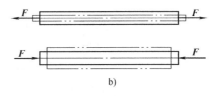

图 2-39 受力杆件

2.3.2 剪切与挤压构件的承载能力分析（键）

剪床上剪钢板的受力情况如图 2-41 所示，两切削刃作用于钢板上的力均为 F，当力 F 达到某一极限值时钢板便会剪断。由此可知，受剪构件的受力特点是：作用于构件上的两外力（或外力的合力），大小相等、方向相反，且作用线相距很近。构件受剪时的变形特点是：两作用力之间的小矩形变成歪斜的平行四边形，各截面发生相对错动（图 2-41c）。发生相对错动的平面称为剪切面。

工程实际中，承受剪切的构件很多，常用的连接件如销钉联接、键联接、螺栓联接、铆钉联接等，都是构件承受剪切的实例，如图 2-42 所示。

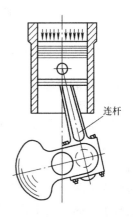

图 2-40 汽车发动机气缸中的连杆

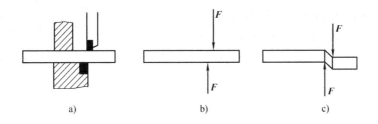

图 2-41 剪钢板的受力情况

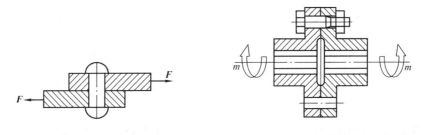

图 2-42 构件承受剪切实例

因此剪切定义为相距很近的两个平行平面内，分别作用着大小相等、方向相反的两个力，当这两个力相互平行错动并保持间距不变地作用在构件上时，构件在这两个平行面间的任一（平行）横截面将只有剪力作用，并产生剪切变形。

汽车很多位置都用键联接，例如轴与带轮、齿轮之间用平键联接，变速器输出轴与传动轴、传动轴与后桥差速器，以及差速器与半轴的花键联接。图 2-43 所示为汽车传动轴与万向节叉伸缩套的花键联接。

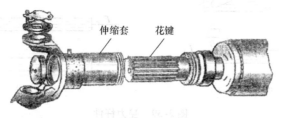

图 2-43　汽车传动轴与万向节叉伸缩套的花键联接

2.3.3　扭转构件的承载能力分析（传动轴）

1. 扭转的概念与实例

在杆件的两端作用等值、反向且作用面垂直于杆件轴线的一对力偶时，杆的任意两个横截面都发生绕轴线的相对转动，这种变形称为扭转变形。

工程上的轴是承受扭转变形的典型构件，如图 2-44 所示的攻螺纹丝锥。驾驶汽车时，驾驶人施加在转向盘上两个大小相等方向相反的切向力，它们在垂直于操纵杆的平面内组成一力偶。同时，操纵杆下端受到转向相反的阻力偶的作用，操纵杆发生扭转变形，如图 2-45 所示。

汽车机械中轴类构件较多，如传动轴、转向轴、配气凸轮轴、发动机曲轴、半轴、变速器齿轮轴等，都可能发生扭转变形。图 2-46 所示的汽车传动轴发生的是扭转变形。

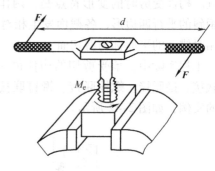

图 2-44　攻螺纹丝锥

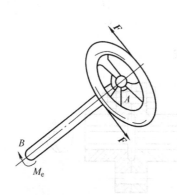

图 2-45　转向盘受力

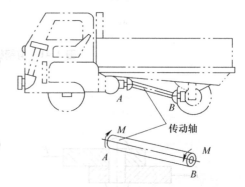

图 2-46　汽车传动轴

第 2 章 汽车运动机构的受力分析

上述承受扭转的构件受力情况简化如图 2-47 所示。由此可知,扭转有如下特点:①在杆件两端垂直于杆轴线的平面内作用一对大小相等、方向相反的外力偶,即扭转力偶,其相应内力分量称为扭矩;②横截面绕轴线发生相对转动,出现扭转变形。

图 2-47 受力简图

若杆件横截面上只存在扭矩一个内力分量,则称为纯扭转。

2. 外力偶矩 M_e 的计算

在工程中,一般传动机构的外力偶矩 M_e 不是直接给出的,而是通过轴所传递的功率 P_e 和转速 n 由下列关系式计算得到的:

$$M_e = 9549 \frac{P_e}{n}$$

式中,P_e 为轴所传递的功率(kW);n 为轴的转速(r/min)。

输入力偶矩为主动力偶矩,其转向与轴的转向相同;输出力偶矩为阻力偶矩,其转向与轴的转向相反。

3. 轴扭转时的内力计算

(1)用截面法求轴的扭矩 作用于轴上的外力偶矩 M_e 确定后,就可以用截面法求轴上任意横截面的内力。如图 2-48a 所示的圆轴,在两个外力偶矩 M_e 的作用下处于平衡状态,下面求轴上任意横截面 $m-m$ 上的内力。

1)将轴从 $m-m$ 处截开,取左段为研究对象,如图 2-48b 所示。

2)由于轴左边有外力偶矩 M_e 的作用,为保持轴的平衡,在 $m-m$ 横截面上必定存在一个内力偶矩,它是截面上分布内力的合力偶矩,称为轴的扭矩,用符号 T 表示。

3)由空间力系的平衡方程 $\sum M_x = 0$,$T - M_e = 0$ 可求得

$$T = M_e$$

若取右段为研究对象,如图 2-48c 所示,也可得出相同的结果。

为了使同一截面取左、右两段求得的扭矩不仅大小相等,而且正负号相同,对扭矩的正负号做如下规定:采用右手螺旋法则,使右手四指的弯曲方向与扭矩的转向相同,当拇指的指向与截面外法线方向一致时,扭矩为正号;反之为负号,如图 2-49 所示。

(2)扭矩图 当轴上同时有几个外力偶作用时,杆件各横截面上的扭矩必须分段计算。为了清楚地表示扭矩沿轴线变化的情况,以便找出危

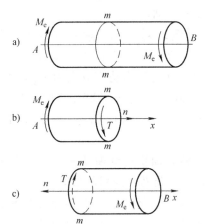

图 2-48 轴扭转

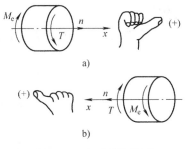

图 2-49 右手螺旋法则

险截面和确定最大扭矩，可将轴各截面上的扭矩沿轴的变化绘成图形，这种图形称为扭矩图。扭矩图的绘制是以纵坐标（与轴线垂直）表示扭矩 T，横坐标（与轴线平行）表示各截面位置，将计算出的扭矩，按适当的比例绘在图上即成扭矩图。由于扭矩有正负，设计计算时应在扭矩图上找出绝对值最大的扭矩 T_{max}，若轴为等截面轴，则最大扭矩所在的截面称为危险截面。

扭矩图的简易画法是：按主视图的投影关系，扭矩图坐标原点定在轴的左端处，扭矩图从左向右画。从扭矩图原点开始，若遇到箭头向上的外力偶，扭矩图从坐标原点按比例向上画（纵坐标 T 的正方向），长度为外力偶矩的大小。没有外力偶时，画水平线。若遇到箭头向下的外力偶，扭矩图接着向下画，长度仍然为该外力偶矩的大小。依次类推，最后，扭矩图从坐标原点出发，又回到横坐标 x 轴。

【例 2-4】 传动轴如图 2-50a 所示，主动轮 B 的输入功率 $P_B = 60\text{kW}$，从动轮 A、C、D 的输出功率分别为 $P_A = 28\text{kW}$，$P_C = 20\text{kW}$，$P_D = 12\text{kW}$，轴的转速 $n = 500\text{r/min}$。不计轴承摩擦，试画出轴的扭矩图。

核心知识：截面法求内力，简易法求扭矩，简易法绘制扭矩图。

解题思路：先求出各外力偶矩，然后由简易法求出各段内的扭矩，画出扭矩图。另一种方法是求出各外力偶矩后，不必求各段内的扭矩，可直接根据外力偶矩的大小和方向画出扭矩图。

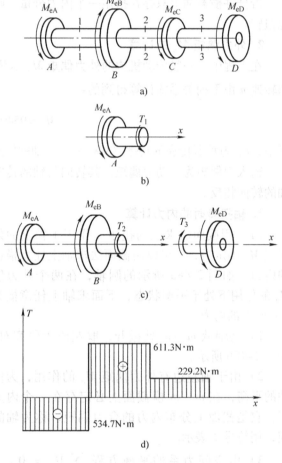

图 2-50 扭矩图

【解】
(1) 按外力偶矩公式计算出各轮上的外力偶矩

$$M_{eA} = 9549 \frac{P_A}{n} = 9549 \times \frac{28}{500} \text{N} \cdot \text{m} = 534.7 \text{N} \cdot \text{m}$$

$$M_{eB} = 9549 \frac{P_B}{n} = 9549 \times \frac{60}{500} \text{N} \cdot \text{m} = 1146 \text{N} \cdot \text{m}$$

$$M_{eC} = 9549 \frac{P_C}{n} = 9549 \times \frac{20}{500} \text{N} \cdot \text{m} = 382 \text{N} \cdot \text{m}$$

$$M_{eD} = 9549 \frac{P_D}{n} = 9549 \times \frac{12}{500} \text{N} \cdot \text{m} = 229.2 \text{N} \cdot \text{m}$$

(2) 简易法计算各段内的扭矩

AB 段：$T_1 = \sum M_{ei} = -M_{eA} = -534.7\text{N}\cdot\text{m}$

BC 段：$T_2 = \sum M_{ei} = M_{eB} - M_{eA} = 1146\text{N}\cdot\text{m} - 534.7\text{N}\cdot\text{m} = 611.3\text{N}\cdot\text{m}$

CD 段：$T_3 = \sum M_{ei} = M_{eD} = 229.2\text{N}\cdot\text{m}$

(3) 简易法画扭矩图

画出的扭矩图如图 2-50d 所示，其中最大扭矩发生于 BC 段内，且 $T_{max} = 611.3\text{N}\cdot\text{m}$。

2.3.4 弯曲构件的承载能力分析（车桥、大梁）

1. 平面弯曲的概念

在工程实际中，常常会遇到发生弯曲的杆件，图 2-51 所示为工程中常见的桥式起重机大梁和火车轮轴，它们都是受弯构件。

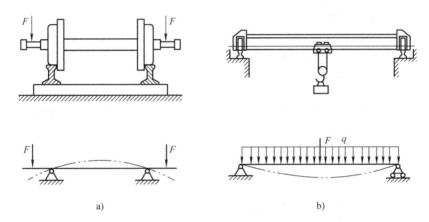

图 2-51 火车轮轴和桥式起重机的横梁

直杆受到垂直于杆轴的外力或在杆轴平面内的力偶作用时，杆的轴线由原来的直线变为曲线。如图 2-51a 所示的机车轮轴，在外力作用下它将变成一条上凸的曲线。如图 2-51b 所示的桥式起重机的横梁，在外力作用下将变成一条下凹的曲线。

2. 梁的计算简图与梁的分类

(1) 梁的计算简图　工程中受弯杆件的支承情况是复杂多样的。为了便于分析，有必要根据杆件的变形情况将这些支承简化，从而将实际受弯杆件抽象为梁的计算简图。

支承的简化如下：

1) 固定端。凡是在梁的支承处，不允许梁的端面有相对移动和相对转动的，均可以简化为固定端。图 2-52 所示为车床刀架上的刀具，其支承可简化为固定端。固定端的简化形式与约束反力如图 2-53 所示。

2) 固定铰支座。凡是在梁的支承处不允许梁有相对移动，但允许其横截面有相对转动的，均可以简化为固定铰支座。图 2-54a 所示的车床主轴的前支承 A 处的轴承，可简化为固定铰支座。

3) 活动铰支座。凡是在梁的支承处，限制梁在支承处垂直于支承面的移动，但允许梁沿轴向的移动以及转动的，可简化为活动铰支座。图 2-54a 所示的车床主轴的后支承 B 处的轴承，可简化为活动铰支座。

（2）梁的分类　梁的所有支座反力均可由静力平衡方程确定，这样的梁称为静定梁。根据梁的支承简化情况，在工程中常见的静定梁及其基本形式如下：

1）简支梁：一端为固定铰支座，而另一端为可动铰支座的梁，如图 2-55a 所示。

2）外伸梁：简支梁的一端或两端伸出支座之外的梁，如图 2-55b 所示。

3）悬臂梁：一端为固定端，另一端为自由端的梁，如图 2-55c 所示。

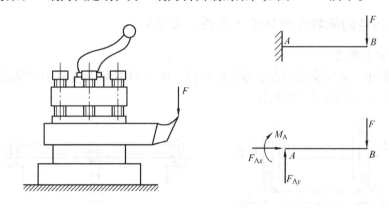

图 2-52　车床刀架上的刀具　　图 2-53　约束反力简化形式

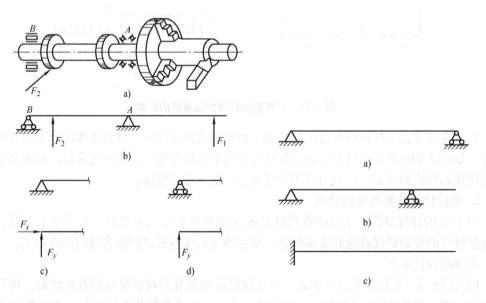

图 2-54　支座的类型及简图　　图 2-55　梁的类型

3. 梁弯曲时横截面上的内力

为了计算梁的强度和刚度，在求得梁的支座反力后，还必须计算梁的内力。平面弯曲梁横截面上的内力分析是对梁进行强度和刚度计算的基础，求解梁横截面上内力的方法仍然是截面法。

如图 2-56a 所示的简支梁，受载荷 F_1、q、F_2 的作用，其两端的支座反力 F_A、F_B 可由梁的静力平衡方程求得。现欲求梁任意横截面 1-1 上的内力。用假想截面将梁分为左、右两部分，并以左段为研究对象，如图 2-56b 所示。由于梁的整体处于平衡状态，因此其各个部分也应处于平衡状态。因为 F_A、F_1 一般不能相互平衡，为了保持左段梁的平衡，截面 1-1 上必有一个与截面相切的内力 F_s 来代替右边部分对左边部分沿截面切线方向移动趋势所起的约束作用，又因为 F_A 与 F_1 对截面形心的力矩一般不能相互抵消，为保持左边部分不发生转动，在截面 1-1 必有一个位于载荷平面的内力偶，其力偶矩为 M，来代替右边部分对左边部分转动趋势所起的约束作用。由此可见，梁弯曲时，横截面上一般存在两个内力因素，其中 F_s 称为剪力，M 称为弯矩。

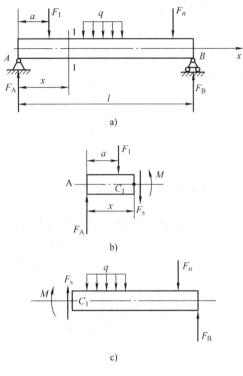

图 2-56 梁的剪力和弯矩

与横截面相切的内力称为横截面上的剪力，它是与横截面相切的分布内力系的合力。内力偶矩称为横截面上的弯矩。它是与横截面垂直的分布内力系的合力偶矩。剪力 F_s 和弯矩 M 的大小和方向都可以依据左边部分的平衡关系来确定。

由 $\quad \sum F_y = 0, \ F_A - F_1 - F_s = 0$

得 $\quad F_s = F_A - F_1$

对于截面形心 C_1 为矩心，由

$$\sum M_{C1} = 0, \ -F_A x + F_1(x-a) + M = 0$$

得

$$M = F_A x - F(x-a)$$

同样也可以取梁右段为研究对象，并根据其平衡条件求出横截面 1-1 上的内力 F_s 与 M，两者数值相等，但方向或转向相反，它们是作用与反作用关系。

为使取左段和取右段得到的剪力和弯矩的符号一致，对剪力和弯矩的符号做如下规定：使梁产生顺时针转动的剪力规定为正，反之为负，如图 2-57 所示；使梁的下部产生拉伸而上部产生压缩的弯矩规定为正，反之为负，如图 2-58 所示。

综上所述，可得如下结论：弯曲时梁横截面上的剪力在数值上等于该截面一侧所有外力的代数和，即

$$F_s = \sum F_i$$

平面弯曲梁任一指定横截面上的弯矩在数值上，等于该截面一侧所有外力对该截面形心

力矩的代数和，即

$$M = \sum M_C(\vec{F})$$

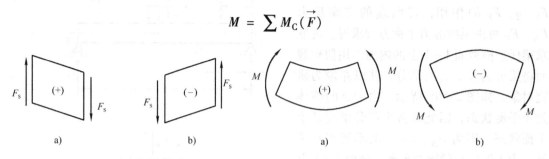

图 2-57 剪力的符号规定 　　　　图 2-58 弯矩的符号规定

当由外力直接计算横截面上的内力时，按照以上的符号规定，对于剪力，截面左侧的向上的外力或截面右侧向下的外力产生正剪力，反之为负。至于弯矩，向上的外力（不论在截面的左侧或右侧）产生正弯矩，反之为负；或截面左侧的顺时针力偶及截面右侧的逆时针力偶产生正弯矩，反之为负。

利用上述规律直接由外力求梁的内力的方法称为简易法。用简易法求内力可以省去画受力图和列平衡方程，从而简化计算过程。

【例 2-5】 外伸梁如图 2-59 所示，试根据外力直接求出图中指定截面上的剪力与弯矩值。

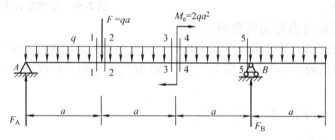

图 2-59 外伸梁

核心知识：用截面法、简易法求两指定截面上的内力。

解题思路：先用平衡条件求支座反力，再用简易法求指定截面的剪力与弯矩。

【解】

（1）求支座反力

由 $\sum M_B = 0$ 得 $-F_A \times 3a + F \times 2a - M_e + q \times 3a \times \frac{3}{2}a - qa \times \frac{1}{2}a = 0$

有

$$F_A = \frac{4}{3}qa \quad (\uparrow)$$

由 $\sum M_A = 0$ 得 $-q \times 4a \times 2a - F \times a - M_e + F_B \times 3a = 0$

有

$$F_B = \frac{11}{3}qa \quad (\uparrow)$$

(2) 求截面内力

$1-1$ 截面：$F_{s1} = F_A - qa = \frac{4}{3}qa - qa = \frac{1}{3}qa$

$$M_1 = F_A a - qa \times \frac{1}{2}a = \frac{4}{3}qa^2 - \frac{1}{2}qa^2 = \frac{5}{6}qa^2$$

$2-2$ 截面：$F_{s2} = F_A - qa - F = \frac{4}{3}qa - qa - qa = -\frac{2}{3}qa$

$$M_2 = F_A a - qa \times \frac{1}{2}a - F \times 0 = \frac{4}{3}qa^2 - \frac{1}{2}qa^2 = \frac{5}{6}qa^2$$

$3-3$ 截面：$F_{s3} = F_A - q \times 2a - F = \frac{4}{3}qa - 2qa - qa = -\frac{5}{3}qa$

$$M_3 = F_A \times 2a - q \times 2a \times a - Fa = \frac{8}{3}qa^2 - 2qa^2 - qa^2 = -\frac{1}{3}qa^2$$

$4-4$ 截面：$F_{s4} = F_A - q \times 2a - F = \frac{4}{3}qa - 2qa - qa = -\frac{5}{3}qa$

$$M_4 = F_A \times 2a - q \times 2a \times a - Fa + M_e = \frac{8}{3}qa^2 - 2qa^2 - qa^2 + 2qa^2$$

$$= \frac{5}{3}qa^2$$

$5-5$ 截面：取右侧计算

$$F_{s5} = -F_B + q \times a = -\frac{11}{3}qa + qa = -\frac{8}{3}qa$$

$$M_5 = -F_B \times 0 - qa \times \frac{1}{2}a = -\frac{1}{2}qa^2$$

【本章小结】

1. 力的三要素：大小、方向、作用点。平衡：物体相对于惯性参考系处于静止或做匀速直线运动。力的平行四边形法则：作用在物体上同一点的两个力，可以合成为仍作用于该点的一个合力，合力的大小和方向由以这两个力为边构成的平行四边形的对角线矢量确定。二力平衡条件：作用在同一刚体上的两个力使刚体保持平衡的必要和充分条件是：这两个力的大小相等、方向相反，并且作用在同一直线上。

2. 加减平衡力系原理：作用于刚体的任何一个力系中，加上或减去任意一个平衡力系，并不改变原来力系对刚体的作用。

(1) 力的可传性原理：作用在刚体上某点的力可沿其作用线移动到该刚体内的任意一点，而不改变该力对刚体的作用。

(2) 三力平衡汇交定理：作用于刚体上三个相互平衡的力，若其中两个力的作用线汇交于一点，则此三个力必在同一平面内，且第三个力的作用线通过汇交点。

3. 作用与反作用定律：两个物体间相互作用的力，即作用力和反作用力，总是大小相等、方向相反、作用线重合，并分别作用在两个物体上。

4. 约束与约束反力：柔索约束、光滑面约束、光滑圆柱铰链约束和链杆约束。

5. 力偶：大小相等、方向相反，作用线平行且不共线的两个力组成的力系称为力偶。力偶不能与一个力等效，力偶只能用力偶平衡；力偶对其所在平面内任一点的矩恒等于力偶矩，与矩心的位置无关。

在同一平面内的两个力偶，只要两力偶的力偶矩（包括大小和方向）相等，则此两力偶的效应相等，这就是平面力偶的等效条件。

6. 拉伸与压缩：杆件所受外力（或外力的合力）的作用线与杆轴线重合，杆件的变形为轴线方向的伸长或缩短，这种变形形式称为轴向拉伸或轴向压缩。

7. 剪切：作用在构件两侧面上分布力的合力大小相等、方向相反、作用线垂直于杆轴线且相距很近，构件沿着与力平行的截面发生相对错动，这种变形形式称为剪切。

8. 扭转：外力是一对大小相等、转向相反的力偶，作用在垂直于杆轴线的平面内，其变形的特点是各横截面绕轴线做相对转动，杆件的这种变形形式称为扭转。以扭转变形为主的杆件称为轴。

9. 平面弯曲：受弯构件受力的特点是外力是垂直于杆轴线的横向力或作用在其轴线平面内的力偶；变形的特点是杆轴线弯曲成一条曲线，这种变形形式称为弯曲。以弯曲变形为主的杆件称为梁。

工程中梁的横截面一般都有一个对称轴。该对称轴所组成的平面称为纵向对称面，若外力都作用在该平面内，则梁的轴线将在该平面内弯成一条平面曲线，这种弯曲称为平面弯曲。

静定梁的三种基本形式是：简支梁、外伸梁、悬臂梁。

【课后练习题】

一、填空题

1. 构件的四大基本变形为_____、_____、_____、_____。
2. 力对物体的作用效应取决于三要素，即力的_____、_____、_____。
3. 力系简化的主要依据是_____。
4. 常见的约束类型有_____。
5. 汽车传动轴主要是_____变形形式。

二、判断题

1. 平衡力系是对刚体作用效应等于零的力系。 （   ）
2. 如物体相对于地面保持静止或匀速运动状态，则物体处于平衡。 （   ）
3. 力偶可以用一个力去平衡。 （   ）
4. 平面任意力系向任意点简化的结果相同，则该力系一定平衡。 （   ）
5. 作用于刚体的力可沿其作用线移动而不改变其对刚体的运动效应。 （   ）
6. 三力平衡定理指出：三力汇交于一点，则这三个力必然互相平衡。 （   ）
7. 挤压变形就是轴向压缩变形。 （   ）
8. 约束力的方向总是与约束所能阻止的被约束物体的运动方向一致。 （   ）

9. 只要两个力大小相等、方向相反，该两力就组成一个力偶。（   ）

10. 同一个平面内的两个力偶，只要它们的力偶矩相等，这两个力偶就一定等效。
（   ）

三、选择题

1. 刚体受三力作用而处于平衡状态，则此三力的作用线（   ）。
   A. 必汇交于一点   B. 必互相平衡
   C. 必都为零   D. 必位于同一平面
2. 下列描述不正确的是（   ）。
   A. 力矩与力偶矩的单位相同   B. 力不能平衡力偶
   C. 一个力不能平衡一个力偶
   D. 力偶对任一点之矩等于其力偶矩，力偶中两个力对任一轴的投影代数和等于零
3. 力偶对物体产生的运动效应为（   ）。
   A. 只能使物体转动
   B. 只能使物体移动
   C. 既能使物体转动，又能使物体移动
   D. 它与力对物体产生的运动效应有时相同，有时不同
4. 汇交二力的大小相等并与其合力一样大，此二力之间的夹角必为（   ）。
   A. 0   B. 90   C. 120   D. 180
5. 一物体受到两个共点力的作用，无论是在什么情况下，其合力（   ）。
   A. 一定大于任意一个分力   B. 至少比一个分力大
   C. 小于等于两个分力大小的和，大于或等于两个分力大小的差
   D. 随两个分力夹角的增大而增大
6. 单位面积上的内力称为（   ）
   A. 正应力   B. 切应力   C. 拉应力   D. 压应力
7. 与截面垂直的应力称为（   ）
   A. 正应力   B. 拉应力   C. 压应力   D. 切应力
8. 轴向拉伸和压缩时，杆件横截面上产生的应力为（   ）。
   A. 正应力   B. 拉应力   C. 压应力   D. 切应力

四、简述题

1. 二力平衡公理和作用力与反作用力公理有何不同？
2. 试比较力矩与力偶矩两者的异同。
3. 对曲柄连杆机构进行力学分析。
4. 力偶的两个力大小相等、方向相反，这与作用力和反作用力有什么不同？与二力平衡又有什么不同？
5. 什么是平面汇交力系？试举出几个工程中常见的平面汇交力系的实例。
6. 试画出图 2-60 中各构件的受力图，各接触处都是光滑的。
7. 图 2-61 所示的曲柄连杆机构中 $OA=AB$，不计 OA 重量，均质杆 AB 重 G_1，铰 A 处作用铅垂荷载 $2P$，滑块 B 重为 G_2，与滑道间静滑动摩擦因数为 f，求机构在铅垂平面内保持平衡时的最小角度 φ。

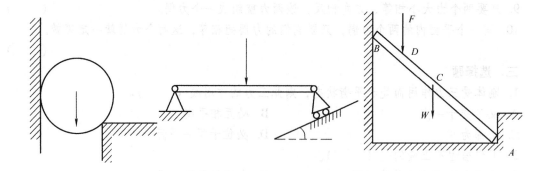

图 2-60 受力构件

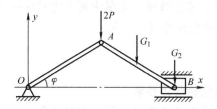

图 2-61 习题图

第 3 章

CHAPTER 3

汽车中常用的传动机构

【知识目标】

1. 掌握机构、机器的组成和特征。
2. 掌握运动副的形式和符号。
3. 了解常见的机构运动简图的绘制方法。
4. 掌握平面机构的组成、基本类型及演化机构,铰链四杆机构的性质。
5. 掌握凸轮机构的组成、特点和分类,从动件的运动规律及运动特点。

【能力目标】

1. 掌握汽车常用机构的结构。
2. 能正确分析常用汽车机构的类型。
3. 了解其他常用机构。
4. 能对汽车内燃机凸轮机构进行分析。
5. 知道汽车常用机构的特性知识。

3.1 汽车构件和机构的认识

3.1.1 汽车中常见的零件和构件

1. 零件

零件是指机械中不可拆分的单个制件,是机器的基本组成要素,也是机械制造过程中的基本单元,其制造过程一般不需要装配工序。例如轴套、轴瓦、螺母、曲轴、叶片、齿轮、凸轮、连杆体、连杆头、螺钉、弹簧等。有时也将用简单方式连成的构件称为"零件",如轴承等。零件分为两类:一类为通用零件,在各种机器中经常使用,如螺栓、螺母等;另一类为专用零件,仅在特定类型机器中使用,如活塞、曲轴。

2. 构件

图 3-1 所示为带轮传动,它由 V 带和两个带轮组成,而带轮是由轴、键和带轮三个零

件所组成的运动基本单元。机械中，称这些具有独立运动的基本单元为构件。

图 3-1　带轮传动

组成机械的能做相对运动的各个实体称为构件。在内燃机中连杆与曲轴、活塞与气缸以及活塞和连杆都能做相对运动，它们都称为构件。构件可以是单一零件，如内燃机的曲轴；也可以是多个零件组成的刚性连接，图3-2 发动机连杆是由连杆衬套、连杆体、连杆螺栓、连杆盖、连杆轴瓦、连杆螺母等组成的一个构件。由此可见，构件是机械中的运动单元，零件是机械中的制造单元。

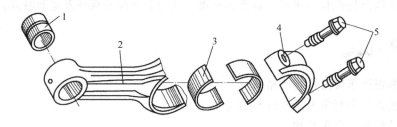

图 3-2　发动机连杆

1—连杆衬套　2—连杆体　3—连杆轴承　4—连杆盖　5—连杆螺栓

3.1.2　汽车中常见的机构

1. 机构简介

早期的汽车是比较纯粹的机械系统，汽车发展到今天，其基体仍然是机械。机械是人类在生产中用以减轻或代替体力（脑力）劳动和提高生产率的主要工具，是机器和机构的总称。在日常生活和工作中所接触到的洗衣机、电冰箱、缝纫机、汽车、机器人和起重机等都是机器。机器种类繁多，其结构、功能各异，但从机器的组成来分析，它们有共同之处：都是人为的实体组合；各实体间具有确定的相对运动；能实现能量的转换或完成有用的机械功。

同时具备以上三个特征的称为机器，而机构仅具备前两个特征。所谓机构就是多个实体的组合，能实现预期的机械运动。

2. 汽车内燃机中的机构

图3-3 所示的内燃机是一个机器，它的功能是将燃料的热能转化为曲轴转动的机械能。它主要是由活塞、连杆、曲轴、齿轮、凸轮、气门挺杆及气缸体等组成的，它们构成了曲柄连杆机构、齿轮机构、凸轮机构。其中，曲柄连杆机构将燃料燃烧时体积迅速膨胀而使活塞

产生的直线移动转化为曲轴的转动；凸轮机构用来控制适时启/闭排气阀；齿轮机构保证进、排气阀与活塞之间形成协调的动作。由此可见，机器是由机构组成的，从运动观点来看，两者并无差别，工程上统称为机械。

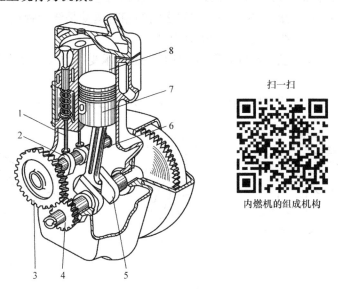

图 3-3　内燃机

1—推杆　2—配气凸轮　3—配气齿轮　4—正时齿轮　5—曲轴　6—连杆　7—活塞　8—气缸体

3.1.3　汽车机构运动简图的绘制

所有构件均在同一平面或平行平面内运动的机构称为平面机构。由于机构的运动特性只与构件的数目、运动副的类型（低副或高副）、运动副的数目及相对位置（转动副中心、移动副中心线和高副接触点位置等）有关，而与构件的外形、截面尺寸、组成构件的零件数目及运动副的具体构造无关。

1. 运动副的概念及分类

（1）运动副的概念　为使构件组成具有确定运动的机构，它们之间必须以某种方式连接起来。这种连接不应使它们只成为一个运动的单元体，而应保证机构之间仍能产生某些相对运动。由两构件直接接触组成的可动连接称为运动副。它限制了两构件之间的某些相对运动，而又允许有一些相对运动。

（2）运动副的分类　运动副反映了两构件间的接触情况。接触的形式是点、线或者面。根据构件间的接触形式对构件运动的限制作用，一般将运动副分为低副或高副。

1）低副。两构件间的接触形式为面接触的运动副称为低副。根据相对运动形式不同，又把低副分为转动副和移动副。

① 转动副。组成转动副的两构件只能绕公共轴线做相对转动，这样的运动副称为转动副，又称为铰链，如图 3-4a、b 所示。在图 3-4a 所示的两构件中，构件 2 是机架，又称为固定铰链，图 3-4b 所示的两构件均为可动构件，称为可动铰链。

② 移动副。组成运动副的两构件只能做相对直线运动，这样的运动副称为移动副，如图 3-4c 所示。

低副接触面积大，单位面积承受的压强小，磨损小，使用寿命长，同时也容易加工和保证精度。但是低副的两构件间存在间隙，可能产生一定的运动误差。

2）高副。两构件的接触形式为点接触或者线接触的运动副称为高副。图 3-4d 所示的齿轮副和图 3-4e 所示的凸轮副均为高副。它们之间的相对运动是绕接触点（或线）的转动和沿切线的移动，而沿公法线方向的运动受到限制。

高副为点接触和线接触，接触面积小，故单位面积承受压力大，因此高副易磨损，使用寿命短。

另外，常用的运动副还有螺旋副，如图 3-4f 所示，它属于空间运动。

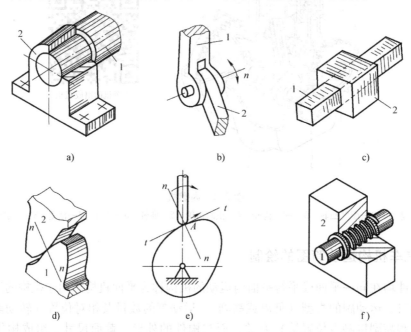

图 3-4 运动副

1、2—构件

2. 机构中构件的分类和组成

根据机构工作时构件的运动情况不同，可将构件分为机架、主动件和从动件三类。

（1）机架 机构中固定于参考系的构件称为机架。它用来支承机构中的可动构件（机构中相对于机架运动的构件），并以它作为参考坐标系来研究其他可动构件的运动。

（2）主动件 机构中驱动力、驱动力矩或运动规律已知的构件称为主动件或原动件。它是机构中输入运动或动力的构件，又称为输入构件。

（3）从动件 机构中除了主动件和机架外，随着主动件的运动而运动的其余构件皆称为从动件。

3. 机构运动简图的符号

用简单的线条和符号来代表构件和运动副，并按一定比例表示各运动副的相对位置，用以说明机构各构件间相对运动关系的简单图形，称为机构运动简图。

机构运动简图的常用符号见表 3-1。

表 3-1　机构运动简图的常用符号

名称	符号	名称	符号
固定构件		外啮合圆柱齿轮机构	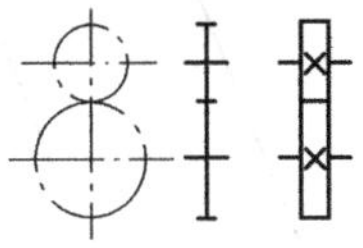
两副元素构件	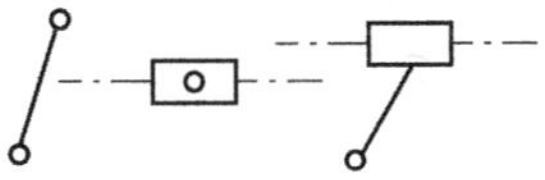	内啮合圆柱齿轮机构	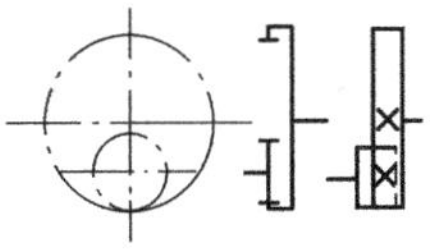
三副元素构件	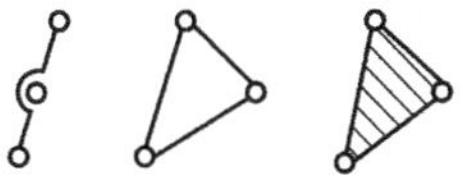	齿轮齿条机构	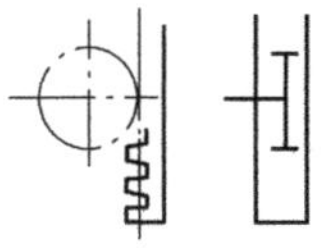
转动副	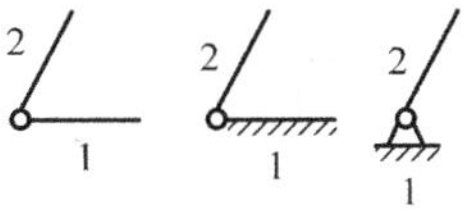	锥齿轮机构	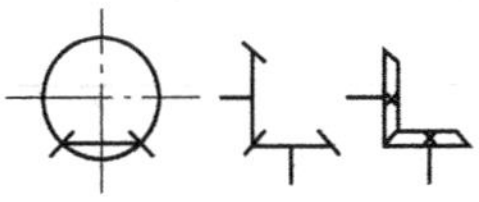
移动副	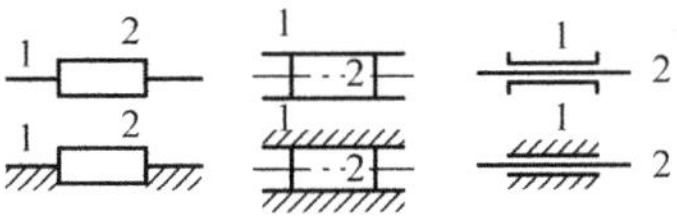	蜗杆蜗轮机构	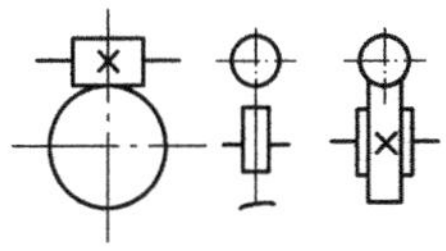
平面高副	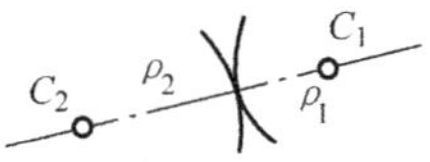	带传动	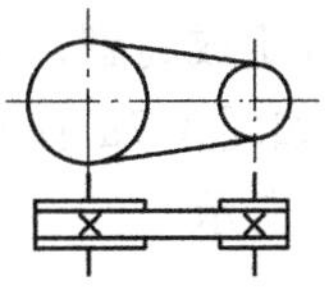 类型符号，标注在带的上方　V带　圆带　平带　▽　○　—
凸轮机构		链传动	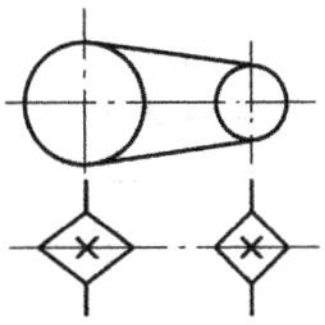 类型符号，标注在轮轴连心线上方　滚子链 #　无声链 ∽
棘轮机构	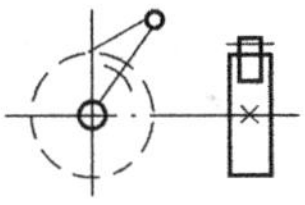		

(1) 构件表示方法　构件用线段或小方块表示。图 3-5 所示的是带有两个或三个运动副的构件。其中圆圈代表转动副，其圆心位置是转动副的中心。参与构成三个转动副的构件一般呈三角形，如 3-5b、c 所示；若三个转动副呈一条直线排列，则如图 3-5d 所示。参与构成一个移动副、一个转动副的构件一般如图 3-5e 所示。若转动副在导路上，则如图 3-5f 所示。

(2) 运动副的表示方法

1) 转动副。两活动构件组成转动副的表示方法如图 3-6a 所示；若有一个构件为机架，则应把代表机架的构件画上斜线，如图 3-6b、c 所示。

2) 移动副。两构件组成移动副的表示方法如图 3-6d~f 所示。图中的直线表示移动的导路或中心线的位置，导路直线方向必须与相对移动方向一致。若有一个构件为机架，则应

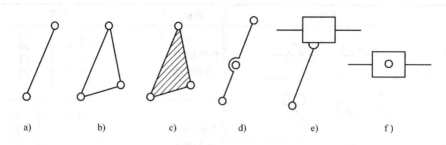

图 3-5　构件的代表符号

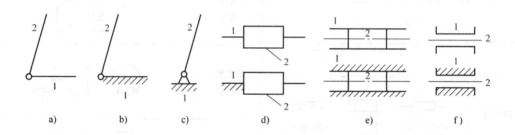

图 3-6　平面低副的表示方法

把代表机架的构件画上斜线。

3）高副。两构件组成高副,用两构件在接触处的轮廓曲线来表示。对于齿轮副,常用点画线画出其节圆,如图 3-7a 所示;对于凸轮副,应画出凸轮的轮廓曲线和从动件在接触处的形状,如图 3-7b 所示。

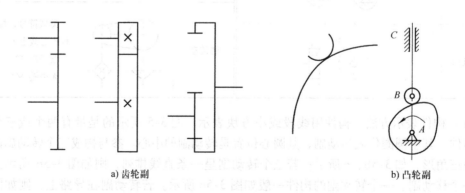

a）齿轮副　　　　　　　　　b）凸轮副

图 3-7　平面高副的表示方法

因此,分析机构运动时,为了简化问题、便于研究,可按一定的长度比例尺确定运动副的位置,并用特定的构件和运动副符号及简单线条绘制出机构运动简图。

4. 机构运动简图的绘制

机构运动简图的绘制方法和步骤如下:

1) 观察机构的实际结构，分析机构的运动情况，找出机构的固定件（机架）、主动件和从动件。

2) 从主动件开始，按运动传递路线，分清构件间相对运动的性质，确定运动副的类型。

3) 以与机构运动平面相平行的平面作为绘制运动简图的平面，用规定的符号和线条按比例尺绘制在此平面上，得到的图形即为机构运动简图。

现以单缸内燃机为例，说明机构运动简图的绘制方法和步骤。

【例3-1】 绘制图3-8a所示内燃机的机构运动简图。

解：

（1）曲柄滑块机构

1) 由于气缸1与内燃机机体可视为固连，故对整个机构而言是相对静止的固定件，即为机架；活塞2在燃气的推动下运动，是主动件；其余的构件是从动件。

2) 活塞2与气缸1之间的相对运动是移动，从而构成移动副；活塞2与连杆3、连杆3与曲轴4以及曲轴4与机体之间的相对运动是转动，所以都构成转动副。上述四个构件中，用了一个移动副和三个转动副，从固定件开始，经主动件到从动件沿运动传递路线按顺序相连，又回到固定件，从而形成一个独立的封闭构件组合体，即组成一个独立的机构，称为曲柄滑块机构。

3) 选择平行于曲柄滑块机构的运动平面作为视图平面。

4) 当活塞2（主动件）相对于气缸1的位置确定后，选取适当的比例尺用规定的构件和运动副的符号，可绘制出机构的运动简图。

（2）平面齿轮机构

齿轮4′与曲轴4固连，因曲轴运动已知，所以齿轮4′是主动件；齿轮6′是从动件。齿轮4′和6′分别通过曲轴4和凸轮轴由气缸1支持，故气缸1是机架。

齿轮4′和6′分别相对于机架转动，所以组成转动副。

齿轮4′和6′之间的接触是线接触，构成高副。因此，三个构件用两个转动副和一个高副沿运动传递路线按顺序相连，形成一个独立、封闭的构件组合体，即平面齿轮机构。

选择齿轮的运动平面作为视图平面，并选用与曲柄滑块机构相同的比例尺，用规定的构件和运动副的符号绘制出机构运动简图。

（3）平面凸轮机构

凸轮6与机架1构成转动副，并与气门推杆5成高副，形成一个独立封闭的构件组合体，即平面凸轮机构。

选择凸轮的运动平面作为视图平面，并选用与曲柄滑块机构相同的比例尺，用规定的构件和运动副的符号绘制出机构运动简图。

以上内燃机三个机构的运动简图组成了内燃机的机构运动简图，如图3-8b所示。

由上述可知，内燃机的主动件是活塞，齿轮4′与凸轮6的运动均取决于活塞。当活塞2的位置一定时，齿轮4′与凸轮6的位置也就确定了，不可任意变动，随着活塞2位置的改变，则可绘制出一系列相应的机构运动简图。

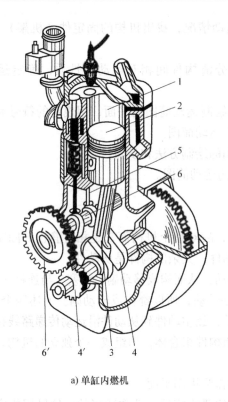 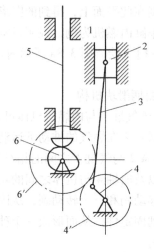

a) 单缸内燃机　　　　　　　　　　b) 内燃机的机构运动简图

图 3-8　内燃机

1—气缸　2—活塞　3—连杆　4—曲轴　4′、6′—齿轮　5—气门推杆　6—凸轮

3.2　汽车上的平面连杆机构

3.2.1　四杆机构的分析（刮水器、转向机构）

平面连杆机构是由若干个刚性构件用低副相互连接而组成的，并且相对运动均为平面运动。由于低副是面接触，便于制造，可获得较高的精度，成本低，并且单位面积承受的压强小，便于润滑，磨损小，承载能力大，使用寿命长。但低副中存在间隙，会引起运动误差，而且它的设计比较复杂，不易精确地实现复杂的运动，不宜用于高速场合。平面连杆机构常与机器的工作部分相连，用以传递动力，改变运动形式，起执行和控制作用，应用广泛，其中最简单、应用最广的是平面四杆机构。

平面四杆机构包括铰链四杆机构和含有移动副的四杆机构。现在汽车上广泛采用的四杆机构为发动机曲柄连杆机构、汽车刮水器、转向机构、公交车门启闭机构等。

（1）铰链四杆机构　铰链四杆机构是由4个构件用4个转动副组成的机构，如图3-9所示。铰链四杆机构是平面四杆机构的基本形式，其中固定不动的构件4称为机架；不直接与机架相连的杆2称为连杆；与机架相连的构件1、3称为连架杆。连架杆如果能绕机架做整周转动，则称为曲柄；连架杆如果只能绕机架在小于360°的范围内做往复摆动，则称为摇杆。

铰链四杆机构根据其两个连架杆是否为曲柄或摇杆，可以分为曲柄摇杆机构、双曲柄机构和双摇杆机构三种基本形式。

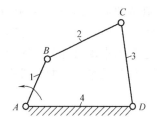

图 3-9 铰链四杆机构
1、3—连架杆 2—连杆 4—机架

1）曲柄摇杆机构。铰链四杆机构中的两连架杆中一个为曲柄、另一个为摇杆的四杆机构，称为曲柄摇杆机构，如图 3-10 所示。曲柄摇杆机构主要用以实现将曲柄的匀速转动变成摇杆的摆动，如图 3-11 所示的汽车前窗刮水器，当主动曲柄 AB 回转时，从动摇杆做往复摆动，利用摇杆的延长部分实现刮雨动作；或是将摇杆的往复摆动变成曲柄的整周转动，如缝纫机脚踏板机构。

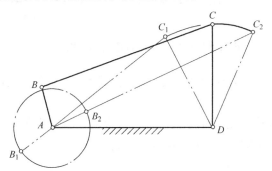

曲柄摇杆

图 3-10 曲柄摇杆机构

2）双曲柄机构。两个连架杆都是曲柄的铰链四杆机构称为双曲柄机构，如图 3-12 所示。双曲柄机构中，通常主动曲柄做匀速转动，从动曲柄做变速转动。如图 3-13 所示的惯性筛机构，当曲柄 AB 做匀速转动时，曲柄 CD 做变速转动。通过构件使筛子产生变速直线运动，筛子内的物料因惯性而来回抖动，从而达到筛选的目的。

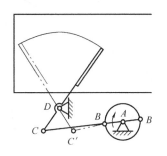

汽车刮水器

图 3-11 汽车刮水器

双曲柄机构

图 3-12 双曲柄机构

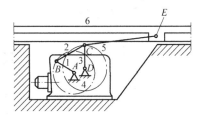

惯性筛机构

图 3-13 惯性筛机构
1、3—曲柄 2、5—连杆 4—机架 6—筛

在双曲柄机构中，若两个曲柄的长度相等，机架与连架杆的长度相等，这种双曲柄机构称为平行双曲柄机构或平行四边形机构，如图3-14所示。当两曲柄的转向相同且角速度相等，连杆做平动时称为正平行双曲柄机构，如图3-14a所示；当两曲柄的转向相反且角速度不等时称为反平行双曲柄机构，如图3-14b所示。

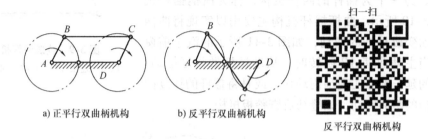

图3-14 正平行双曲柄机构和反平行双曲柄机构

3）双摇杆机构。两个连架杆都为摇杆的铰链四杆机构称为双摇杆机构，如图3-15所示。

图3-16所示为电风扇摇头机构，是双摇杆机构的一个应用，当安装在摇杆AC上的电动机转动时，与风扇同轴的蜗杆带动蜗轮，作为主动件带动连杆AB转动，从而带动连架杆AC和BD往复摆动，实现电风扇摇头的目的。

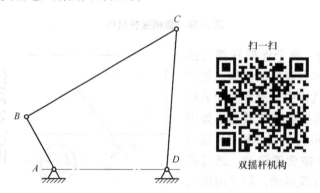

图3-15 双摇杆机构

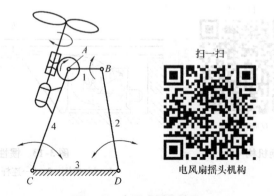

图3-16 电风扇摇头机构

图 3-17 所示 ABCD 为双摇杆机构。两个前轮分别与两个摇杆 AB、CD 固接在一起，AD 是车架，BC 受驾驶人控制而左右移动，为主动件。当 BC 左右移动时，带动摇杆 AB、CD 及与其固接在一起的车轮绕 A、B 两点转动，从而实现汽车的转向。

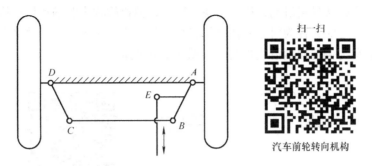

图 3-17 汽车前轮转向机构的示意图

（2）铰链四杆机构中曲柄存在的条件　在铰链四杆机构中有的连架杆能做整周回转而成为曲柄，有的则不能，这主要取决于机构中各杆的长度以及机架的确定。

图 3-18 所示的铰链四杆机构，AD 为机架，AB 能绕 A 点做整周转动，则 AB 为曲柄。杆件 AB 可处于与杆件 BC 拉直共线和重叠的两个位置，为了能使杆件 AB 成为曲柄，它必须能够顺利通过这两个共线位置。

由此可知，根据曲柄存在的条件，可以得到以下推论：在铰链四杆机构中，最短杆与最长杆长度之和小于或等于其他两杆长度之和时，则

取与最短杆相邻的杆为机架时，此机构为曲柄摇杆机构，如图 3-18a 所示。

取最短杆为机架时，此机构为双曲柄机构，如图 3-18b 所示。

取与最短杆相对的杆为机架时，此机构为双摇杆机构，如图 3-18c 所示。

若铰链四杆机构中，最短杆和最长杆长度之和大于其他两杆长度之和，则无论取哪一杆件作为机架，此机构均为双摇杆机构，如图 3-18d 所示。

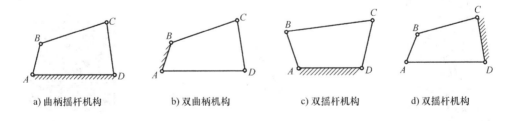

a) 曲柄摇杆机构　　b) 双曲柄机构　　c) 双摇杆机构　　d) 双摇杆机构

图 3-18　铰链四杆机构的类型

3.2.2　四杆机构的演化（曲柄连杆机构等）

铰链四杆机构是平面四杆机构的基本形式，在实际机械中，为了满足各种工作需要还有许多不同形式的平面四杆机构。它们在外形和结构上虽然差别很大，但在运动特性上却有许多相似之处。实际上，它们是通过改变各杆的相对长度、改变运动副形式或取不同的杆为机

架等方法演化而来的。

1. 曲柄滑块机构

如图3-19所示的机构，连架杆 AB 绕相邻机架 A 做整周转动，是曲柄机构，另一连架杆3在移动副中沿机架导路滑动，称为滑块，因此，该机构称为曲柄滑块机构。当导路中心线通过曲柄转动中心时，称为对心曲柄滑块机构，如图3-19a所示；当导路中心线不通过曲柄转动中心时，称为偏置曲柄滑块机构，如图3-19b所示。

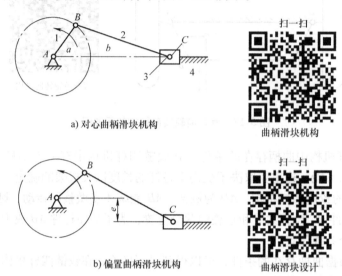

图3-19 曲柄滑块机构

曲柄滑块机构是一种常用的机构，是内燃机、压气机、冲床、活塞式水泵等机械的主机构。在图3-20所示的汽车发动机活塞连杆机构中，将曲轴的回转运动转化为活塞的往复运动，或是将活塞的往复运动转化为曲轴的回转运动。

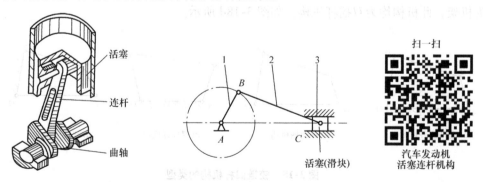

图3-20 汽车发动机活塞连杆机构

2. 导杆机构

若将图3-19所示的曲柄滑块机构的连架杆作为机架，则曲柄滑块机构就演化为导杆机构；连架杆对滑块的运动起导向作用，称为导杆。若导杆能绕机架做整周转动，称为转动导杆机构，如图3-21a所示；若导杆只能在某一角度内摆动，称为摆动导杆机构，如图3-21b所示。导杆机构具有很好的传力性能，常用于插床、牛头刨床等机器中。

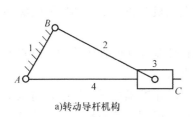
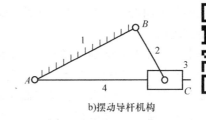

a) 转动导杆机构　　　　b) 摆动导杆机构　　　　转动导杆机构

图 3-21　导杆机构

3. 摇块机构

若将图 3-19 所示曲柄滑块机构的连杆作为机架，则曲柄滑块机构就演化为图 3-22 所示的摇块机构。构件 1 做整周转动，为主动件，滑块 3 只能绕机架往复摆动。这种机构常用于汽车、吊车摆缸式气压或液压驱动装置中，如图 3-23 所示的货车自动翻斗机构。当液压缸（摇块）中的液压油推动活塞杆 4 运动时，车厢 1 便绕回转中心 B 倾转，达到一定角度时就自动卸下物料。

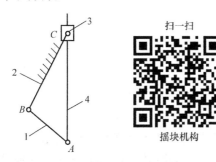
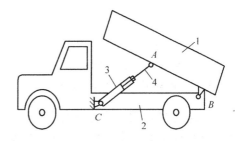

图 3-22　摇块机构　　　　　　　图 3-23　货车自动翻斗机构
1—构件　2—机架　3—滑块　4—连杆　　1—车厢　2—货车　3—液压缸　4—活塞杆

3.3　汽车上的凸轮机构

3.3.1　汽车上凸轮机构的应用

1. 凸轮机构的应用

凸轮机构主要由凸轮、从动件和机架三个基本构件组成。凸轮是一个具有特殊曲线轮廓或凹槽的构件。凸轮一般为主动件，通常做等速转动，但有时也做往复摆动和往复直线移动。通过凸轮与从动件的直接接触，驱使从动件做往复直线运动或摆动。只要适当地设计凸轮轮廓曲线，就可以使从动件获得预定的运动规律。因此，凸轮机构广泛应用于各种自动化机械、自动控制装置和仪表中。

2. 内燃机中的凸轮机构

图 3-24 所示为内燃机中用以控制气门开闭的凸轮机构，凸轮等速回转，当转到凸起部分顶动气门弹簧座时，迫使气门向下移动，气门打开。当凸起部分转离时，在弹簧力的作用下气门又向上移动，气门关闭，使可燃物质进入气缸或使废气排出。气门开启和关闭时间的长短及其速度变化，取决于凸轮轮廓曲线的形状。对于汽车发动机，要能正常工作汽车发动

机的进排气门必须按规定的运动规律准时地打开或关闭,气门杆(从动件)的运动规律是根据对汽车发动机性能等方面的要求选择的,最终是通过发动机凸轮轴上的凸轮的轮廓的形状、凸轮的尺寸决定实现的。

凸轮机构在汽车上的应用有:柴油机高压油泵中用凸轮控制柱塞的直线移动,以实现供油;汽油机分电器中的凸轮控制触点的开闭,以实现定时点火。

凸轮机构结构简单、紧凑,设计方便,可以高速起动,动作准确可靠。但凸轮与从动件之间为点或线接触,属于高副,故易磨损,因此,凸轮机构一般用于传递动力不大的场合。

3. 凸轮轴

在发动机配气机构中,凸轮尺寸小且接近轴径时,凸轮与轴做成一体,称为凸轮轴,如图 3-25 所示。

图 3-24 凸轮机构
1—凸轮 2—液压挺柱 3—气门弹簧 4—气门

图 3-25 凸轮轴

(1) 凸轮轴的功用 凸轮轴的主要功用是按照发动机的工作顺序、配气相位及节气门开度的变化规律驱动和控制气门的开启和关闭。虽然在四冲程发动机里凸轮轴的转速是曲轴的一半(在二冲程发动机中凸轮轴的转速与曲轴相同),不过通常它的转速依然很高,而且需要承受很大的转矩,因此,设计中要求凸轮轴具有足够的韧性和刚度。

(2) 凸轮轴的构造 凸轮轴主要由各缸凸轮和轴颈组成,如图 3-26 所示。凸轮分为进气凸轮和排气凸轮两种,分别驱动进气门和排气门,使其按一定的工作顺序和配气相位及时开闭,并具有足够的气门升程。凸轮轴的轴颈一般都大于凸轮的轮廓,并从前向后依次减小,以便拆装。凸轮轴的前端装有正时齿轮或同步带等。

凸轮轴安装在气缸盖上,或气缸体一侧(上置式或下置式)的座孔,或剖分式轴承座孔中,在轴承座孔中镶有巴氏合金或青铜薄壁衬套作为轴承。

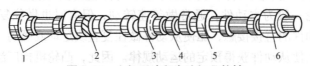

图 3-26 六缸四冲程汽油机凸轮轴
1—凸轮轴轴颈 2—驱动分电器 3、5、6—凸轮轴 4—驱动

3.3.2 凸轮机构的类型、材料及特点

1. 凸轮机构的类型

(1) 按凸轮的形状分类

1）盘形凸轮。盘形凸轮又称为圆盘凸轮，这种凸轮是一个绕固定轴线转动并径向尺寸化的盘形构件，其轮廓曲线位于外缘处，如图3-27和图3-28所示。它是凸轮的最基本形式，结构简单，应用最广，但从动件的行程不能太大，所以多用于行程较小的场合。

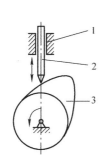
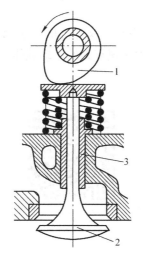

图 3-27　凸轮机构图
1—机架　2—从动件　3—凸轮

图 3-28　内燃机配气机构
1—凸轮　2—气门阀杆　3—导套

2）移动凸轮。当盘形凸轮的回转中心趋于无穷远时，凸轮为相对机架做直线移动（或固定不动）的具有变化轮廓的构件，这种凸轮称为移动凸轮。当凸轮移动时，可推动从动杆得到预定要求的运动，如图3-29所示。

图 3-29　移动凸轮

3）圆柱凸轮机构。圆柱凸轮是一个在圆柱面上开有曲线凹槽或在圆柱端面上做出曲线轮廓的构件，并绕其轴线旋转，它的从动件可以获得较大的行程。图3-30所示的自动送料机构即为圆柱凸轮机构。当圆柱凸轮等速回转时，利用其上凹槽的侧面迫使从动件1绕其转轴左、右往复摆动，完成送料工作，其摆动规律取决于凹槽曲线的形状。从

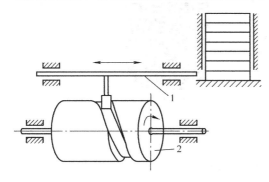

图 3-30　自动送料机构
1—从动件　2—凸轮

动件在平行于凸轮轴线的平面内运动,因此,凸轮与从动件的相对运动是空间运动,圆柱凸轮机构属于空间凸轮机构。

(2) 按从动件的形状分类 根据从动件与凸轮接触处结构形式的不同,从动件可分为三类。

1) 尖顶从动件。如图 3-31a 所示,这种机构的从动件结构简单,尖顶能与任意复杂的凸轮轮廓保持接触,故可使从动件实现复杂的运动规律,但因尖顶易于磨损,故只适用于传力不大的低速凸轮机构中。

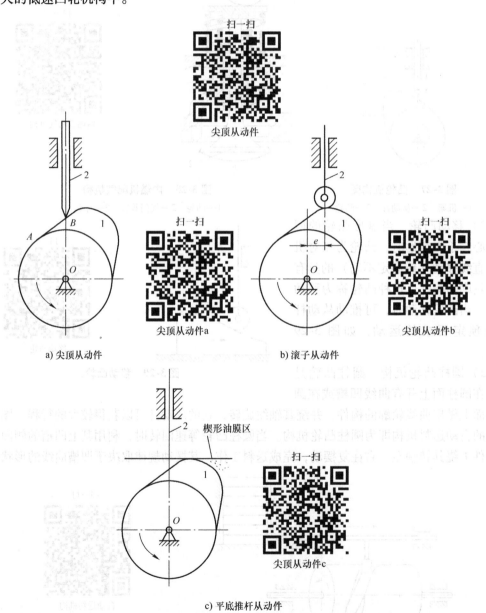

图 3-31 从动件的形状

1—凸轮 2—从动件

2）滚子从动件。如图 3-31b 所示，这种机构的从动件，一端铰接一个可自由转动的滚子，滚子和凸轮轮廓之间为滚动摩擦，因而磨损较小，可传递较大的动力，应用较普遍，但端部重量较大，又不易润滑，故仍不适用于高速要求。

3）平底推杆从动件。如图 3-31c 所示，由于平底与凸轮之间容易形成楔形油膜，有利于润滑和减少磨损；不计摩擦时，凸轮给从动件的作用力始终垂直于平底，传动效率较高，因而常用于高速凸轮机构中。

(3) 按从动件运动形式分类　按从动件运动形式凸轮机构可分为直动从动件（图 3-32a）和摆动从动件凸轮机构（图 3-32b）。

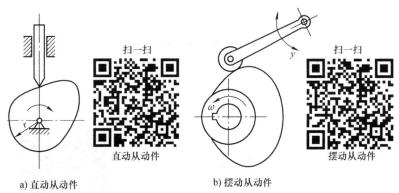

图 3-32　按从动件运动形式分类

2. 凸轮机构的材料

凸轮机构在工作时受冲击载荷，使凸轮表面产生严重磨损。凸轮轮廓磨损后将导致从动件运动规律发生变化。因此要求凸轮表面有较高的硬度和耐磨性，而心部韧性好。常用的材料有 45、40Cr、9SiCr、40CrMo 等。

3. 凸轮机构的传动特点

凸轮机构结构紧凑，只需改变凸轮的轮廓形状，就可以改变从动件的运动规律，容易实现复杂的运动规律，且可以实现高速起动，工作可靠、准确。

凸轮轮廓和从动件是点接触或线接触，容易磨损，多用于传递动力不大的场合。

3.4　转向器中的螺旋机构

构件通过螺旋副连接的机构称为螺旋机构，用来传递运动和动力。螺旋传动是机械设备中广泛应用的一种传动机构。常用于机床、起重设备、锻压设备、测量仪器及其他机械设备中，它通过螺母与螺杆之间的相对运动将旋转运动转换为直线运动，以实现测量、调整以及传递动力和运动的功能，如图 3-33 所示的千分尺。汽车转向器中也有螺旋机构。

3.4.1　螺旋机构的应用和特点

1. 普通螺旋传动

普通螺旋传动是由螺杆和螺母组成的简单螺旋副，如图 3-34 所示。

螺杆和螺母的移动方向可用左、右手螺旋法则来判定：左旋螺杆（或螺母）伸左手，右旋螺杆（或螺母）伸右手，并半握拳，四指顺着螺杆（或螺母）的旋转方向，大拇指的

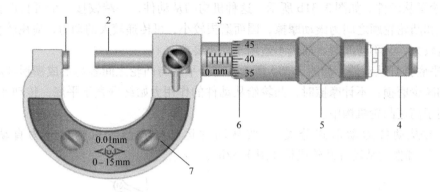

图 3-33 千分尺
1—小砧 2—测微螺杆 3—固定刻度 4—微调旋钮 5—旋钮 6—可动刻度 7—框架

图 3-34 普通螺旋传动机构
1—螺杆 2—螺旋副 3—螺母 4—转动副 5—机架

指向即为螺杆（或螺母）的移动方向。若螺杆原地不动，螺母移动时，与大拇指指向相反的方向，即为螺母移动方向。

在普通螺旋传动中，螺杆与螺母的相对移动距离由导程决定，即

$$L = P_h Z$$

式中，L 是移动的距离；P_h 是螺母的导程；Z 是螺杆转过的圈数。

【例 3-2】 一单螺旋机构中，螺距为 2mm，线数为 2，螺杆转过 1/100 圈，问螺杆与螺母间移动的距离为多少？

解：$L = P_h Z = 2 \times 2 \times 1/100 \text{mm} = 0.04 \text{mm}$

2. 螺旋传动的分类

螺旋传动按其作用可分为以下几种：

1) 调整螺旋传动。用以调整固定零件间的相对位置，如机床、仪器中的微调机构。这种螺旋不经常转动，一般在空载下调整。对螺旋传动的主要要求是传动精度高、回差小，并具有良好的耐磨性。

2) 传力螺旋传动。用来传递功率，因而它承受一定的载荷，故要求传力螺旋应有一定的强度和刚度，如螺旋千斤顶。这种螺旋一般为间歇性工作，工作速度不高，通常要求自锁。

3) 传导螺旋传动。对强度、精度以及刚度均无高要求，只是作为一般的驱动、调整

用。这类螺旋传动只要求传动灵活、使用方便,如机床的进给丝杠。

在螺旋传动中当螺纹升角大于摩擦角时,也可将直线运动转变为旋转运动;若螺纹升角小于摩擦角,则不能将直线运动转变为螺旋运动,即具有自锁功能;能用较小的转矩获得很大的推力;可获得很大的传动比;有较高的运动精度,且传动平稳。

3. 螺旋机构的特点

螺旋机构具有以下特点:

1)当螺杆转过一周时,螺母只移动一个导程,而导程可以做得很小。故螺旋机构可以得到很大的减速比。

2)由于减速比大,当在主动件上施加一个不大的转矩时,在从动件上可获得一个很大的推力,即螺旋机构具有很大的机械效率。

3)选择合适的螺纹升角可以使螺旋机构具有自锁性。

4)结构简单、传动平稳、无噪声等。

5)滑动螺旋的效率较低,特别是自锁螺旋的效率都低于50%。

3.4.2 螺旋机构的形式

1. 螺旋传动的运动形式

螺旋传动的运动形式包括以下四种情况:

1)螺母不动,螺杆转动并做直线运动。常用于螺杆位移式台虎钳(图3-35)、千分尺、螺旋增力机构(图3-36)等。

图 3-35 螺旋位移式台虎钳

2)螺杆不动,螺母回转并做直线运动。常用于螺旋千斤顶。

3)螺杆原位转动,螺母做直线运动。常用于汽车循环球转向器。

4)螺母原位转动,螺杆往复运动。常用于游标卡尺的微调装置。

螺旋传动按其接触面间摩擦的性质,又分为滑动螺旋传动、滚动螺旋传动和静压螺旋传动。

2. 滑动螺旋传动

(1)滑动螺旋传动的特点

图 3-36 螺旋增力机构

1）可以实现很高的传动精度。这是由于螺旋传动结构十分简单，而且螺杆容易达到很高的加工精度，所以容易实现很高的传动精度。它可直接用来作为测量仪器，如螺旋千分尺等。

2）降速传动比大。螺杆（或螺母）转一周，螺母（或螺杆）移动一个螺距（对单头螺纹）。螺距一般可以做得很小，因此可获得很大的传动比，便于精确读数和实现微调功能。

3）增力显著。只要在传力螺旋传动中的螺杆上作用一个不大的转矩，即可得到较大的轴向推力。

4）传动平稳，能够自锁，因而工作可靠，且无噪声。

5）传动的效率较低。这是由于工作面的摩擦是滑动摩擦，因此不适于高速和大功率传动。但对用于调整、测量的螺旋传动，传动效率就不再是明显的缺点了。

（2）滑动螺旋传动的形式及应用 滑动螺旋传动主要有以下两种基本形式：

1）螺母固定，螺杆转动并移动（图3-37a）。这种传动形式的螺母是在螺杆的支承件上加工出来的（即螺纹孔），因而螺母就起支承作用。工作时，螺杆在螺母左右两个极端位置所占据的长度尺寸大于螺杆行程的两倍。这种形式结构简单，消除了采用螺杆支承可能产生的轴向跳动，这对提高传动精度是有利的。螺旋千分尺就是采用了这种形式的螺旋传动。其缺点是轴向空间较大，刚性较差，因此仅适用于行程较短的场合。

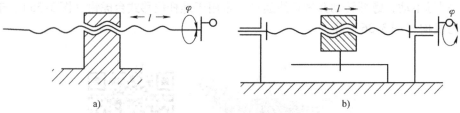

图3-37 滑动螺旋传动的基本形式

2）螺杆转动，螺母移动（图3-37b）。这种形式的特点是结构紧凑，刚度较大，适用于工作行程较长的情况，是一种应用比较广泛的形式。

图3-38所示为螺旋起重器，是一种传力螺旋（属于滑动螺旋传动基本形式）。当推动手柄时，螺杆在固定不动的螺母中转动，同时沿轴线移动，并产生一个很大的轴向力来起升置于托杯上的重物。当去掉加于手柄的力时，因螺纹具有自锁性能，重物不会自动下滑。

3.4.3 滚珠螺旋机构

滚珠螺旋机构在数控机床、直线电动机、汽车转向和飞机起落架等机构中有着广泛应用。为了提高螺旋机构的传动效率，在螺杆与螺母的螺纹滚道间装上滚动体（常为滚珠，也有少数用滚

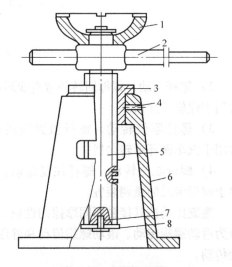

图3-38 螺旋起重器
1—托杯 2—手柄 3—螺母 4—紧定螺钉
5—螺杆 6—底座 7—螺栓 8—挡圈

子)。转动时钢球为中间滚动体,沿螺纹滚道滚动,使螺杆和螺母的相对运动成为滚动摩擦,如图 3-39 所示,提高了螺旋副的传动效率,同样载荷情况下,所需驱动转矩比滑动螺旋少 2/3 ~ 3/4。滚珠螺旋逆传动效率接近于正传动,可用于把直线运动转换为旋转运动。

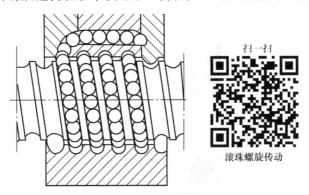

图 3-39 滚珠螺旋传动

1. 滚珠螺旋传动的特点

滚珠螺旋传动除具有一般螺旋传动的特点外,还有以下特点:

1) 传动效率高,一般可以达到 0.90 ~ 0.95,为滑动螺旋传动效率的 3 倍左右。
2) 磨损小,能长时期保持原有的精度,因而使用寿命长。
3) 经过调整预紧后,可消除螺杆、滚珠、螺母三者之间的间隙,实现无间隙的传动,所以具有很高的传动精度和轴向刚度。
4) 不能自锁,具有传动的可逆性。处于垂直状态工作的螺旋传动机构,螺杆在自重作用下就可能产生转动,因此,用于垂直升降传动时,要采用防止逆转的附加装置。
5) 结构、工艺都比较复杂,因而成本较高,一般工厂难以生产。

2. 滚珠螺旋传动的结构形式

滚珠螺旋传动的结构形式主要有两种:一种是内循环式滚珠螺旋传动,另一种是外循环式滚珠螺旋传动。

(1) 内循环式滚珠螺旋传动 滚珠在循环过程中始终与螺杆保持接触的称为内循环式滚珠螺旋传动,如图 3-40 所示。这种螺旋传动在螺母的侧孔内装有接通相邻滚道的反向器,由反向器迫使滚珠越过螺杆的螺纹牙顶进入相邻的滚道,使其形成循环。一般每个螺母中安装 3 个反向器,这 3 个反向器彼此错开 120°。螺母中有 3 圈滚珠,有时也可采用 2 圈或 4 圈滚珠(反向器对应为 2 个或 4 个)。内循环式滚珠螺旋传动,径向尺寸小,结构紧凑,滚珠流畅性好,故传动效率高。但是,反向器的制造工艺复杂,它的滚道是曲线,难以精确加工。

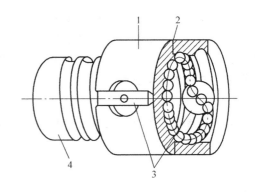

图 3-40 内循环式滚珠螺旋传动

1—螺母 2—滚珠 3—反向器 4—螺杆

（2）外循环式滚珠螺旋传动　滚珠在返回时与螺杆脱离接触的循环称为外循环。图3-41所示为外循环式滚珠螺旋传动。在这种结构中，螺母上钻有一个纵向通孔作为滚珠返回通道，螺母两端装有铣出短槽的端盖，短槽端部与螺纹滚道相切，便于滚珠进入，形成回路。外循环式结构还有螺旋槽式和插管式等。

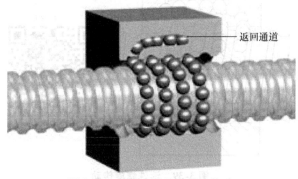

图3-41　外循环式滚珠螺旋传动

【本章小结】

本章主要介绍了汽车常用传动机构的相关知识，包括零件、构件和机构的认识，四杆机构、凸轮机构、螺旋机构等。

1. 零件是指机械中不可拆分的单个制件，是机器的基本组成要素，也是机械制造过程中的基本单元。机械中，称这些具有独立运动的基本单元为构件。机器的共同之处：都是人为的实体组合；各实体间具有确定的相对运动；能实现能量的转换或完成有用的机械功。

2. 铰链四杆机构根据其两个连架杆是否为曲柄或摇杆，可以分为曲柄摇杆机构、双曲柄机构和双摇杆机构三种基本形式。一个连架杆为曲柄，另一个连架杆为摇杆的铰链四杆机构，称为曲柄摇杆机构。两个连架杆都是曲柄的铰链四杆机构称为双曲柄机构。两个连架杆都为摇杆的铰链四杆机构称为双摇杆机构。

3. 凸轮机构主要由凸轮、从动件和机架三个基本构件组成。凸轮是一个具有特殊曲线轮廓或凹槽的构件。凸轮一般为主动件，通常做等速转动，但有时也做往复摆动和往复直线移动。通过凸轮与从动件的直接接触，驱使从动件做往复直线运动或摆动。只要适当地设计凸轮轮廓曲线，就可以使从动件获得预定的运动规律。因此，凸轮机构广泛应用于各种自动化机械、自动控制装置和仪表中。

4. 螺旋传动是机械设备中广泛应用的一种传动机构。常用于机床、起重设备、锻压设备、测量仪器及其他机械设备中，它通过螺母与螺杆之间的相对运动将旋转运动转换为直线运动，以实现测量、调整以及传递动力和运动的功能。

【课后练习题】

一、填空题

1. 构件是指相互之间能做相对_____的单元。

第3章 汽车中常用的传动机构

2. 机构是人工的构件组合,各部分之间具有确定的_____。
3. 简单的机器一般是由_____部分、_____部分和_____装置三部分组成。
4. 运动副是指使两构件_____,而又能产生_____的连接。
5. 凸轮机构从动件的常见运动形式是_____、_____。
6. 将连续回转运动转换为单向间歇转动的机构有_____、_____、_____。

二、判断题

1. 机器是由零件组成的。( )
2. 凸轮的形状与从动件的运动规律无关。( )
3. 两构件通过面接触所形成的运动副称为低副。( )
4. 凸轮机构是低副机构,具有效率低、承载大的特点。( )
5. 对心曲柄滑块机构的导路中心线通过曲柄转动中心。( )

三、选择题

1. 要求主动件转动较大角度而从动件只做微量位移时,可采用( )。
   A. 普通螺旋传动 B. 差动螺旋传动 C. 梯形内螺纹的大径
2. ( )是构成机械的最小单元,也是制造机械时的最小单元。
   A. 机器 B. 零件 C. 构件 D. 机构
3. 两个构件之间以线或点接触形成的运动副,称为( )。
   A. 低副 B. 高副 C. 移动副 D. 转动副
4. 凸轮机构中只适用于受力不大且低速场合的是( )从动件。
   A. 尖顶 B. 滚子 C. 平底
5. 能够把整周转动变成往复摆动的铰链四杆机构是( )机构。
   A. 双曲柄 B. 双摇杆 C. 曲柄摇杆

四、简述题

1. 凸轮机构中凸轮的轮廓曲线是如何设计的?
2. 铰链四杆机构有哪些形式?它们是根据什么条件来分类的?
3. 试述滚珠螺旋传动的使用特点。

第4章

CHAPTER 4

汽车中常用的机械传动装置

【知识目标】

1. 掌握汽车常用机械传动装置的类型、特点。
2. 了解带传动、链传动、齿轮传动、蜗杆传动的结构、工作原理及特点和应用。
3. 掌握带传动、链传动、齿轮传动、蜗杆传动的传动比计算。
4. 了解汽车上V带、正时带的使用和维护。
5. 了解汽车链的使用与维护及正时链传动的主要失效形式。
6. 了解汽车直齿齿轮传动、斜齿圆柱齿轮传动、锥齿轮传动及蜗杆传动的应用。
7. 了解汽车齿轮的失效形式及齿轮材料的选择。
8. 了解蜗杆传动的失效形式及材料的选择。
9. 了解轮系在变速器中的应用。
10. 了解手动变速器中的定轴轮系、自动变速器中的周转轮系。

【能力目标】

1. 能够掌握汽车上常用机械传动的类型、结构及工作原理。
2. 能够进行带传动、链传动、齿轮传动、蜗杆传动的传动比计算。
3. 能够根据需要合理选用不同的机械传动方式。
4. 能够分析并计算轮系的传动比及末轮的转动方向。
5. 能够规范地拆装汽车上各种机械传动装置。
6. 能够分析汽车上常用机械传动装置的失效形式,提出合理的改善措施。
7. 能够分析汽车上常用机械传动装置的检测及修理方法。

4.1 汽车上的带传动

4.1.1 带传动的工作原理和传动比

在汽车上,机械传动的应用非常广泛,它主要是利用机械方式传递运动和力。根据传动原理的不同，可分为两种：①靠机件间的摩擦力传递动力和运动的摩擦传动（如带传动）；②靠主动件与从动件啮合或借助中间件啮合传递动力或运动的啮合传动（如齿轮传动、链传动等）。

带传动是汽车上的一种重要传动方式，它主要负责带动多种机件运动（如空调、发电机等），是汽车正常运行必不可少的组成部分。图 4-1 所示为发电机带传动，图 4-2 为正时带传动。

图 4-1　发电机带传动　　　　　　　　图 4-2　正时带传动

带传动由主动轮、从动轮和传动带所组成，如图 4-3 所示。一般情况下，小轮为主动轮。

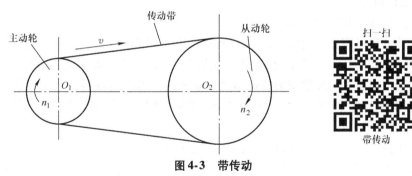

图 4-3　带传动

1. 带传动的工作原理

带传动是依靠带与带轮间的摩擦力来传递运动和动力的。当主动轮开始运转时，通过张紧在两轮上的传动带把动力传输到从动轮上，从而实现运动和动力的传递。

2. 带传动的传动比

带传动的传动比计算公式为

$$i = \frac{n_1}{n_2} = \frac{d_2}{d_1}$$

式中，i 是传动比；n_1 是主动轮转速；n_2 是从动轮转速；d_1 是主动轮直径；d_2 是从动轮直径。

【例 4-1】　已知主动轮转速 $n_1 = 2300 \text{r/min}$，主动轮直径 $d_1 = 18 \text{cm}$，从动轮直径 $d_2 = 36 \text{cm}$，求传动比 i 及从动轮转速 n_2。

解：根据带传动的传动比计算公式 $i = \dfrac{n_1}{n_2} = \dfrac{d_2}{d_1}$ 得

传动比 $i = \dfrac{d_2}{d_1} = \dfrac{36}{18} = 2$

从动轮转速 $n_2 = \dfrac{n_1}{i} = \dfrac{2300}{2}\,\text{r/min} = 1150\,\text{r/min}$

4.1.2　汽车上带传动的类型、特点及应用

1. 带传动的类型

带传动是利用传动带作为中间挠性件来传递运动或动力的一种传动方式。根据传动原理不同，带传动可分为摩擦型（楔形带传动、V带传动等）和啮合型（同步带）两类。在汽车上，应用最多的带传动是普通 V 带（图 4-4）和正时带（图 4-5）。

扫一扫

V带

图 4-4　V 带

图 4-5　正时带

2. 带传动的特点

与其他传动形式相比，带传动具有以下特点：

1）由于传动带具有良好的弹性，所以能缓和冲击、吸收振动、传动平稳、无噪声。但因带传动存在弹性滑动现象，所以不能保证恒定的传动比，传动效率低（为 0.90～0.94）。

2）传动带与带轮是通过摩擦力传递运动和动力的。因此过载时，传动带在轮缘上会打滑，从而可以避免其他零件的损坏，起到安全保护的作用，但传动效率较低，传动带的使用寿命短；轴、轴承承受的压力较大。

3）适用于两轴中心距较大的场合，但外廓尺寸较大。

4）结构简单，制造、安装、维护方便，成本低，但不适用于高温、有油污的环境。

3. 带传动在汽车上的应用

带传动的中间挠性件的传动方式在汽车上的应用较为普遍，汽车上常见的传动带有三种类型：V 带、楔形带（老款车型所用）和正时带（现多为同步带），特别是 V 带和正时带，主要安装于汽车发动机曲轴轮到凸轮、水泵、发电机、空调压缩机、风扇等位置，例如图 4-6 所示的风扇带。

图 4-6　风扇带

4.1.3　汽车上的普通 V 带和正时带

1. 普通 V 带

汽车上通常所用的 V 带为普通 V 带。标准 V 带都是无接头的环形，其横截面为梯形，由强力层 1、伸张层 2、压缩层 3 和包布层 4 构成，如图 4-7 所示。伸张层和压缩层均由胶

料组成，包布层由胶帆布组成，强力层是承受载荷的主体，分为帘布结构（由胶帘布组成）和线绳结构（由胶线绳组成）两种。帘布结构抗拉强度高，一般用途的 V 带多采用这种结构。

线绳结构比较柔软，弯曲疲劳强度较好，但拉伸强度低，常用于载荷不大、直径较小的带轮和转速较高的场合。V 带在规定张紧力下弯绕在带轮上时外层受拉伸变长，内层受压缩变短，两层之间存在一长度不变的中性层，沿中性层形成的面称为节面。节面的宽度称为节宽 b_p，节面的周长为带的基准长度 L_d。V 带的截面尺寸见表 4-1。

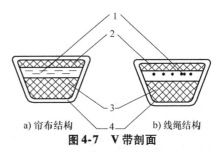

图 4-7 V 带剖面
a) 帘布结构　b) 线绳结构
1—强力层　2—伸张层　3—压缩层　4—包布层

表 4-1　V 带的截面尺寸（摘自 GB/T 11544—2012）

截面尺寸示意图	带型	节宽 b_p	顶宽 b	高度 h	质量 q/(kg/m)	楔角 $\alpha/(°)$
	Y	5.3	6	4	0.03	
	Z	8.5	10	6	0.06 0.07	
	A	11	13	8	0.11	40°
	B	14	17	11	0.19	
	C	19	22	14	0.33	
	D	27	32	19	0.66	
	E	32	38	23	1.02	

按 GB/T 11544—2012 规定，V 带分为 Y、Z、A、B、C、D、E 七种。普通 V 带的基准长度 L_d 有 200mm、224mm、250mm、280mm、310mm、315mm 等。

2. 正时带

正时带是发动机配气系统的重要组成部分如图 4-8 所示，通过与曲轴的连接并配合一定的传动比来保证进、排气时间的准确。现代汽车上所用正时带是以细钢丝绳或玻璃纤维为强力层，外覆以聚氨酯或氯丁橡胶的环形带。由于带的强力层承载后变形小，且内周制成齿状使其与齿形的带轮相啮合，带与带轮间无相对滑动，构成同步传动，故又称为同步带。

正时带传动具有传动比恒定、不打滑、效率高（为 0.92~0.98）、初张力小、对轴及轴承的压力小、速度及功率范围广（$P \leq 100kW$）、不需要润滑、耐油、耐磨损以及允许采用较小的带轮直径、较短的轴间距、较大的传动比（$i \leq 10$），使传动系统结构紧凑的特点。正时带结构与正时带传动如图 4-9 所示。

图 4-8　正时带

目前同步带传动主要用于中小功率且速比要求准确的传动中，如发动机正时机构的正时及水泵传动带（图 4-10）等。

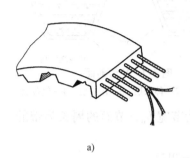
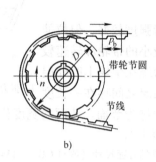
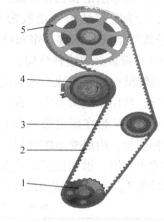

图4-9 正时带结构与正时带传动

图4-10 发动机的正时及水泵传动带
1—曲轴正时带轮 2—正时带 3—水泵带轮
4—张紧轮 5—凸轮轴正时带轮

4.1.4 正时带与V带的使用与维护

1. V带的使用与维护

（1）正确合理选用带型　选用V带，不仅要考虑V带的截面型号，还要考虑V带的基准长度L_d。

（2）装配要合理

1）V带必须正确地安装在轮槽之中，一般以带的外边缘与轮缘平齐为准，如图4-11所示。

图4-11 V带安装

2）平行轴传动时各带轮的轴线必须保持规定的平行度。V带传动主、从动轮轮槽必须调整在同一平面内，误差不得超过20′，否则会引起V带的扭曲，使两侧面过早磨损。两带轮的相对位置如图4-12所示。

3）安装传动带时，应通过调整中心距使传动带张紧，严禁强行撬入和撬出，以免损伤传动带。安装时，应先将中心距缩小，将带套在带轮上，再逐渐调大中心距拉紧带。

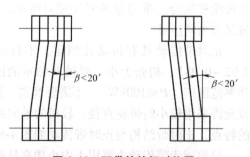

图4-12 两带轮的相对位置

4）多根 V 带传动时，为避免各根 V 带载荷分布不均，带的配组公差（请参阅有关手册）应在规定的范围内。

（3）要定期检查并及时调整　新带运行 24~48h 后应进行一次检查和调整初拉力。若张紧力不足，应及时调整；若 V 带有损坏，应及时更换。应注意：新旧带、普通 V 带和窄 V 带、不同规格的 V 带均不能混合使用。

（4）必须安装安全防护罩　安装防护罩既可防止绞伤人，又可以防止灰尘、油及其他杂物飞溅到带上影响传动。

2. V 带的张紧与调整

V 带的张紧程度对其传动能力、寿命和轴压力都有很大的影响。常用张紧方法有以下几种：

（1）调整中心距法

1）定期张紧。如图 4-13 所示，将装有带轮的电动机 1 装在滑道 2 上，旋转调节螺钉 3 以增大或减小中心距，从而达到张紧或放松的目的。图 4-14 所示为垂直传动定期张紧装置，把电动机 1 装在一摆动底座 2 上，通过调节螺钉 3 调节中心距达到张紧的目的。

2）自动张紧。把电动机 1 装在图 4-15 所示的摇摆架 2 上，利用电动机的自重，使带轮随电动机绕固定轴 A 摆动，拉大中心距达到自动张紧的目的。

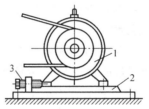

图 4-13　水平传动定期张紧装置

1—电动机　2—滑道　3—调节螺钉

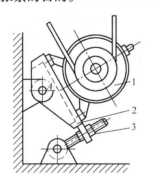

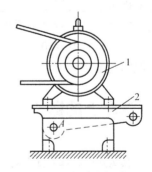

图 4-14　垂直传动定期张紧装置

1—电动机　2—摆动底座　3—调节螺钉

图 4-15　自动张紧装置

1—电动机　2—摇摆架

（2）张紧轮法　带传动的中心距不能调整时，可采用张紧轮法。图 4-16a 所示为张紧轮张紧装置，定期调整张紧轮的位置可达到张紧的目的。图 4-16b 所示为摆锤式自动张紧装置，依靠摆锤重力可使张紧轮自动张紧。

V 带和同步带张紧时，张紧轮一般放在带的松边内侧并应尽量靠近大带轮一边，这样可使带只受单向弯曲力，且小带轮的包角不致过分减小。

平带传动时，张紧轮一般应放在松边外侧，并要靠近小带轮处。这样小带轮包角可以增大，提高了平带的传动能力。

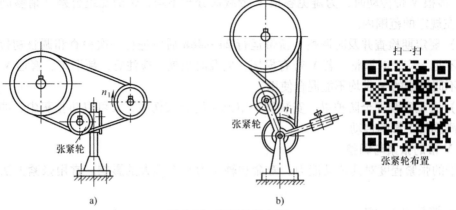

图 4-16 张紧轮的布置

（3）V 带张紧的经验测定方法　长为 1m 的传动带以大拇指能按下 15mm 为宜。

3. 正时带的使用与维护

（1）正时带的使用　正时带已在发动机中长期应用，技术成熟，但也要合理使用才能使发动机正常工作。正时带的使用与 V 带使用情形类似。首先，要选用合适的带型，正确装配，"轮""齿"啮合要合理，张力适中；其次，对正时带要做到定期维护、全面检查。

（2）正时带的检查与维护　正时带的检查与维护是汽车常规保养必不可少的程序之一，千万不能因被"隐藏"（正时带在散热器风扇的后面）而忽略。正时带常见的失效形式为带体老化产生裂纹或线胶脱落，所以在检查时发现有硬度降低、磨蚀严重、纤维断裂或者裂纹、裂缝的现象，要及时更换。正时带属于橡胶部件，随着发动机工作时间的增加，正时带和正时带的附件，如正时带张紧轮、正时带张紧器和水泵等都会发生磨损或老化。一般厂家都对正时带规定了更换周期。因此，凡是装有正时带的发动机，厂家都会有严格要求，在规定的周期内定期更换正时带及附件，更换周期则随着发动机的结构不同而有所不同。一般情况下，车辆行驶到 6 万~10 万 km 时应该更换正时带及附件，具体的更换周期应该以车辆的保养手册说明为准。

4.2　汽车上的链传动

4.2.1　链传动的工作原理及传动比

1. 链传动的结构

链传动是啮合传动，它由两个链轮和一条闭合的链条组成（图 4-17），是利用链与链轮轮齿的啮合来传递动力和运动的机械传动。

图 4-17　链传动

2. 链传动的工作原理

链传动工作时，主动链轮的齿与链条的链节相啮合带动与链条相啮合的从动链轮传动。汽车上常见的链传动有机油泵驱动链、正时链等。图 4-18 所示为正时链。

3. 链传动的传动比

链传动的传动比为

$$i = \frac{n_1}{n_2} = \frac{z_2}{z_1}$$

式中，i 是传动比；n_1 是主动链轮的转速；n_2 是从动链轮的转速；z_1 是主动链轮齿数；z_2 是从动链轮齿数。

a) b)

图 4-18 正时链

【例 4-2】 某 491Q 发动机正时系统采用滚子链条传动。已知主动链轮齿数为 18，从动链轮齿数为 36，试求传动比 i 及发动机在额定转速 4800r/min 和怠速 800r/min 时的从动链轮转速。

解：根据传动比计算公式求传动比

$$i = \frac{z_2}{z_1} = \frac{36}{18} = 2$$

根据 $i = \frac{n_1}{n_2}$，得 $n_2 = \frac{n_1}{i}$

故当发动机在额定转速 4800r/min 下运转时

$$n_{额2} = \frac{n_{额1}}{i} = \frac{4800}{2} \text{r/min} = 2400 \text{r/min}$$

当发动机在怠速 800r/min 下运转时

$$n_{怠2} = \frac{n_{怠1}}{i} = \frac{800}{2} \text{r/min} = 400 \text{r/min}$$

4.2.2 汽车链传动的组成、类型特点及应用

1. 链传动的组成

链传动由主链轮、从动链轮、传动链条、封闭装置、润滑系统和张紧装置等附属设备组成。

2. 链传动的主要类型

（1）按工作特性分类

1）起重链，用于提升重物，$v \leq 0.25 \text{m/s}$。

2）牵（线）引链，用于运输机械，v 为 $2 \sim 4 \text{m/s}$。

3）传动链，用于传递运动和动力，v 为 $12 \sim 15 \text{m/s}$。

（2）按传动链形式分类

1）滚子链。滚子链属于标准件，一般由滚子、套筒、销轴、内链板和外链板组成。内链板与套筒之间、外链板与销轴之间为过盈联接；滚子与套筒之间、套筒与销轴之间均为间

隙配合)。

2) 齿形链。齿形链又称无声链,它是一组链齿板铰接而成的。工作时链齿板与链轮轮齿相啮合而传递运动。

3. 链传动的特点

(1) 链传动的优点　首先,与正时带相比,正时链条使用寿命长,但生产成本高。很多车辆称正时链条与发动机同寿命,所以提高了发动机工作的可靠性。当然,不同的车型搭载不同的发动机,对于正时链条的使用期限也有所不同,具体应参看相关说明书。由于正时链条不易损坏,这就降低了发动机使用过程中的养护成本。

其次,占用空间小,传动安全可靠。与正时带相比,正时系统采用链传动,结构紧凑,极大地节省了发动机舱的空间,又因正时链使用寿命长,提高了其传动的可靠性。

(2) 链传动的缺点　正时链传动不可避免地存在一些缺点,如链条转动噪声大、传动阻力大、传动惯性也大,从一定角度来说增加了油耗,性能也有所降低。近年来,"静音链条"也逐步被采用。由于"静音链条"采用了齿形结构设计,传动时轮与齿的啮合更柔和,冲击更小,运转也更加平稳,在噪声水平表现上要优于传统正时带。

4. 链传动在汽车上的应用

汽车上常见的链传动主要是正时链。像一汽-大众捷达(电喷)、桑塔纳2000、宝来、奥迪等,随着汽车制造技术水平和工业发展的不断进步,发动机的正时带已逐渐被正时链所替代。与传统的带驱动相比,链传动方式传动可靠、耐久性好并且还可节省空间,整个系统由齿轮、链条和张紧装置等部件组成,其中液压张紧器可自动调节张紧力,使链条张力始终如一,并且终身免维护,这就使其与发动机同寿命,不但安全性、可靠性得到了一定的提升,还降低了发动机的使用、维护成本,可谓一举两得。

发动机正时系统的主要作用是驱动发动机的配气机构,使发动机的进、排气门在恰当的时刻开启或关闭,以保证发动机气缸能够正常地吸气和排气。在有些车型上,正时带还同时肩负着驱动水泵的任务。对所有发动机来说,正时带是绝对不可以发生跳齿或断裂的,如果一旦发生跳齿现象,发动机则不能正常工作,会出现怠速不稳、加速不良或无法起动等现象;而如果正时带断裂的话,发动机就会立刻熄火,多气门发动机还会导致活塞将气门顶弯,严重的更会损坏发动机整体。橡胶材质的正时带随着发动机工作时间的增加,带以及其他附件,如张紧轮、张紧器和水泵等都会发生磨损或老化。因此,凡是装有正时带的发动机,厂家都会有严格要求,在规定的周期内应定期更换正时带及附件。而由强度较大的钢材所制成的正时链条则可使这一问题迎刃而解,金属的强度要远远大于橡胶,这就使得其变形程度也随之大大降低,跳齿和断裂现象的发生概率也微乎其微。

正时带、正时链条的性能对比:正时带噪声小、传动阻力小、传动惯性也小,能够提高发动机的动力性及加速性能,并且容易更换。但不足之处在于易老化、故障率高、车主的使用成本相对较高;而正时链条的优点是使用寿命长、故障率低,且不易发生由于正时传动故障导致的汽车抛锚,但其同样不可避免地存在一些缺点,如链条转动噪声大、传动阻力大、传动惯性也大,从一定角度来说增加了油耗,性能也有所降低。虽然两种材质的正时结构都相互存在一些优势和不足,但就当下发展趋势来说,正时链条将会被运用在更多的发动机上。随着设计人员对正时链条的不断改进,使用者的用车成本也将会越来越低。

4.2.3 正时链传动的主要失效形式

虽然有很多车辆所搭载的发动机称正时链条与发动机同寿命，但在实际使用过程中，仍不可避免地会出现问题。链传动的失效形式主要有以下几个方面：

1. 正时链故障

（1）链板疲劳破坏　链在松边拉力和紧边拉力的反复作用下，经过一定的循环次数，链板会发生疲劳破坏。正常润滑条件下，链板疲劳强度是限定链传动承载能力的主要因素。

（2）滚子、套筒的冲击疲劳破坏　链传动的啮入冲击首先由滚子和套筒承受。在反复多次的冲击下，经过一定的循环次数，滚子、套筒可能会发生冲击疲劳破坏。

（3）销轴与套筒的胶合　当发动机缺少润滑油或润滑油路出现故障时，会导致正时链润滑不当。此时传动链的销轴和套筒的工作表面会发生胶合。

（4）链条铰链磨损　当润滑不当或发动机转速过高时，正时链条会发生异常磨损。链条异常磨损后，链节变长，容易引起跳齿或脱链。

2. 张紧器故障

张紧器出现故障时，导致链条张紧力不够，也会引起正时链跳齿现象。

3. 链轮故障

当正时链轮出现故障时，也会引起链传动故障，如链轮轮齿的过度磨损、链齿断裂等。

4.2.4 汽车中传动链的使用与维护

随着汽车工业的发展，越来越多的汽车发动机正时系统采用链传动，如一汽-大众POLO、捷达、奥迪、丰田雅力士、昌河铃木北斗星、比亚迪F0等。由于汽车上所用链传动使用寿命长，所以一般不用更换。若出现异常情况，如链条被拉长、过度磨损、断裂等情况，将会严重影响发动机的正常工作，所以一般不可继续使用，应予以更换。

正时链是高强度金属链条，用它把曲轴和凸轮轴等部件的链轮连接起来并使其保持同步运转。金属之间为高速运转，如果没有相应的润滑系统进行冷却和润滑，链条就会温度升高、磨损加快。为保证链条的正常工作，必须要设计相应的润滑系统进行冷却和润滑。一般情况下，正时链的润滑是机油泵循环润滑，所以必须保证机油泵工作正常、油路通畅。另外，链条张紧器也对正时链的正常工作非常重要，必须保证其正常工作。

4.3 汽车上的齿轮传动

4.3.1 齿轮传动的工作原理和传动比

1. 齿轮传动的组成及工作原理

齿轮传动至少由两个相互啮合的齿轮组成。如图4-19所示，两轮分别为主动轮与从动轮，当主动轮开始运转时，将带动从动轮转动。齿轮传动的工作原理就是至少一对相互啮合的齿轮将动力由主动轮传递到从动轮的一种动力传递方式。

2. 齿轮传动的传动比

与链传动类似，一对相互啮合的齿轮的传动比为

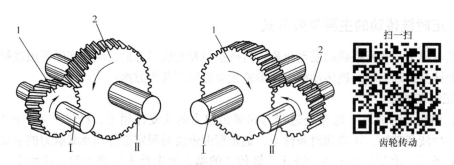

图 4-19 齿轮传动

1—主动轮　2—从动轮　Ⅰ—主动轮轴　Ⅱ—从动轮轴

$$i = \frac{n_1}{n_2} = \frac{z_2}{z_1}$$

式中，i 是传动比；n_1 是主动轮转速；n_2 是从动轮转速；z_1 是主动轮齿数；z_2 是从动轮齿数。

3. 齿轮传动的变速原理

一对啮合传动的齿轮，设小齿轮齿数 $z_1=20$，大齿轮齿数 $z_2=40$，在相同的时间内小齿轮转过一圈时，大齿轮转过半圈。显然，当小齿轮是主动齿轮时，它的转速经大齿轮输出时就降低了；如果大齿轮是主动齿轮时，它的转速经小齿轮输出时就提高了。这就是齿轮传动的变速原理。

4.3.2　汽车齿轮传动的应用及特点

汽车上的齿轮传动，均为闭式齿轮传动，如变速器、差速器等。根据分类标准不同，主要有以下类型：

（1）根据两齿轮轴的相对位置分类

1）平行轴齿轮传动，如图 4-20、图 4-21a 所示。

2）交错轴齿轮传动，如图 4-22、图 4-21b 所示。

（2）根据齿轮的方向分类

1）直齿齿轮传动，如图 4-20、图 4-21b 所示。

2）斜齿齿轮传动，如图 4-21、图 4-22b 所示。

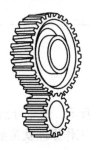 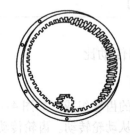

a) 外啮合　　　　　　　b) 内啮合

图 4-20　直齿圆柱齿轮传动

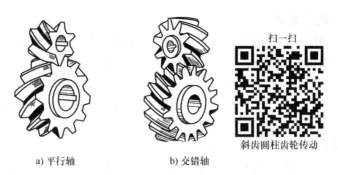

a) 平行轴　　　　b) 交错轴

图 4-21　斜齿圆柱齿轮传动

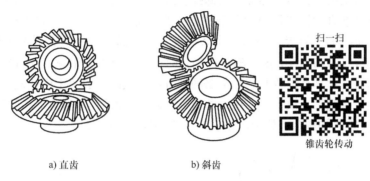

a) 直齿　　　　b) 斜齿

图 4-22　锥齿轮传动

4.3.3　汽车直齿圆柱齿轮传动

圆柱齿轮传动用于传递平行轴间的动力和运动，常见于汽车变速器，如图 4-23 所示。

图 4-23　变速器直齿圆柱齿轮传动

圆柱齿轮传动的传递功率和速度适用范围大，功率可从小于 0.001W 到 10 万 kW，速度可从极低到 300m/s。这种传动工作可靠，寿命长，传动效率高（可达 0.99 以上），结构紧凑，运转维护简单。但加工某些精度很高的齿轮，需要使用专用的或高精度的机床和刀具，因而制造工艺复杂，成本高；而低精度齿轮则常发生噪声和振动，无过载保护作用。

1. 直齿圆柱齿轮的类型

按轮齿与齿轮轴线的相对关系，圆柱齿轮传动可分为直齿圆柱齿轮传动、斜齿圆柱齿轮传动和人字齿圆柱齿轮传动三种。按啮合形式可分为外啮合齿轮传动，由两个相互啮合的外齿轮组成，两轮转向相反；内啮合齿轮传动，由一个内齿轮和一个外齿轮组成，两轮转向相同；齿轮齿条啮合传动，由一个外齿轮和齿条组成，可将齿轮的转动变为齿条的直线运动，而且外齿轮的节圆圆周速度等于齿条的移动速度。

2. 渐开线直齿圆柱齿轮的啮合特点

若按齿廓的形成，汽车上常用的渐开线直齿圆柱齿轮如图 4-24 所示。渐开线直齿圆柱齿轮啮合时，齿廓曲面的接触线是与轴线平行的直线，在啮合过程中整个齿宽同时进入和退出啮合，轮齿上所受的力也是突然加上或卸掉，故传动平稳性差，冲击和噪声大。

一对渐开线标准直齿轮的正确啮合条件是：两齿轮分度圆上的压力角相等 $\alpha_1 = \alpha_2 = \alpha$；模数相等，$m_1 = m_2 = m$。斜齿轮除这两个条件外，还应满足：外啮合时两齿轮分度圆柱上的螺旋角大小相等，方向相反，$\beta_1 = \beta_2$；内啮合时，螺旋角大小相等，方向相同，$\beta_1 = \beta_2$。

齿轮的几何尺寸计算有模数制和径节制两种方法，我国一般使用模数制。渐开线标准直齿圆柱齿轮的主要参数有：模数 m、压力角 α、齿数 z、齿顶高系数 h_a^* 和顶隙系数 c^*。这 5 个参数除齿数 z 外，均制定有标准。齿轮的主要参数如图 4-25 所示。

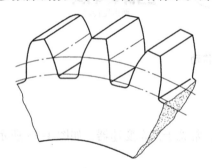

图 4-24 渐开线直齿圆柱齿轮

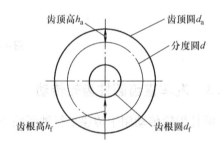

图 4-25 齿轮的主要参数

模数 $m = p/\pi$，p 为齿距，齿轮的径向尺寸都做成模数的倍数，故模数是计算齿轮尺寸的最主要参数。压力角 α 通常指齿轮分度圆上的压力角，我国标准规定 $\alpha = 20°$，也允许使用 25°的压力角。其他国家也有采用 14.5°、15°和 22.5°等的压力角。齿轮的齿高取为模数的倍数，在标准齿轮中取齿顶高 $h_a = h_a^* m$（h_a^* 为齿顶高系数），齿根高 $h_f = (h_a^* + c^*) m$（c^* 为顶隙系数）。我国标准规定，正常齿时，$h_a^* = 1$，$c^* = 0.25$；短齿时，$h_a^* = 0.8$，$c^* = 0.3$；全齿高时，$h = h_a + h_f = (2h_a^* + c^*) m$。顶隙的作用是避免一个齿轮的齿顶与另一个齿轮的齿底相碰和用于储存润滑油。

渐开线外啮合标准直齿圆柱齿轮的主要尺寸是：分度圆直径 $d = mz$；齿顶圆直径 $d_a = d + 2h_a$；齿根圆直径 $d_f = d - 2h_f$。外啮合直齿圆柱齿轮中心距 $a = d_1/2 + d_2/2 = m(z_1/2 + z_2/2) = m(z_1 + z_2)/2$，$a = m(z_1 + z_2)/2$。

外啮合标准直齿圆柱齿轮直径较小时，应采用轴齿轮结构；齿顶圆直径较大时可采用铸造齿轮、镶圈齿轮、焊接齿轮，甚至剖切齿轮。剖切齿轮轮辐数和齿数应为双数，在齿间剖分。

3. 圆柱直齿轮的加工方法

圆柱直齿轮齿形的加工方法有两种：一种是成形法，就是利用与被切齿轮齿槽形状完全相符的成形铣刀切出齿形的方法，如铣齿；另一种是展成法，就是利用齿轮刀具与被切齿轮的相互啮合运动而切出齿形的加工方法，如滚齿和插齿。

4. 圆柱直齿轮的铣削加工

圆柱直齿轮可以在卧式铣床上用盘状铣刀或立式铣床上用指形齿轮铣刀进行切削加工。现以在卧式铣床上加工一只 $z=16$、$m=2mm$ 的圆柱直齿轮为例，介绍齿轮的铣削加工过程。$z_1 \leq 17$ 时，发生根切现象或运动干涉。

（1）检查齿坯尺寸　主要检查齿顶圆直径，以便于在调整切削深度时，根据实际齿顶圆直径予以增减，保证分度圆齿厚的正确。

（2）齿坯的装夹和校正　直齿圆柱齿轮有轴类齿坯和盘类坯。如果是轴类齿坯，一端可以直接由分度头的自定心卡盘夹住，另一端由尾座顶尖顶紧即可；如果是盘类齿坯，首先把齿坯套在心轴上，心轴一端夹在分度头自定心卡盘上，另一端由尾座顶尖顶紧即可。校正齿坯时，首先校正圆度误差，如果圆度不好，会影响分度圆齿厚的尺寸；然后校正直线度误差，即分度头自定心卡盘的中心与尾座顶尖中心的连线一定要与工作台纵向进给方向平行，否则铣出来的齿是斜的；最后校正高低，即分度头自定心卡盘的中心至工作台面距离与尾座顶尖中心至工作台面距离应一致，如果高低尺寸超差，铣出来的齿就有深浅。

4.3.4　汽车斜齿圆柱齿轮传动

齿轮传动的种类有很多，其中斜齿圆柱齿轮的效率很高，例如直齿圆柱齿轮的传动效率低于斜齿圆柱齿轮的传动效率。斜齿圆柱齿轮与直齿轮机构一样，斜齿圆柱齿轮可以利用减小中心距的方法，以便用于提高传动的承载能力，可用于高速运转状态。斜齿轮减速机是一种新颖的减速传动装置。斜齿轮减速机体积小、重量轻，并且经济性好。

1. 基本参数

（1）螺旋角　它指的是斜齿轮的轮齿与轴线之间的夹角 β，表示斜齿圆柱齿轮轮齿的倾斜程度。螺旋角是斜齿轮有的特征，在直齿轮中不存在。一般来说，斜齿轮的螺旋角指的是分度圆柱面上的螺旋角。螺旋角越大，则重合度越大，越有利于运动平稳和降低噪声，但增大螺旋角虽然带来了诸多优点，但工作时产生的轴向力也增大，所以其大小应该取决于工作的质量要求和加工精度，一般取 $8° \sim 20°$，如对噪声有特殊要求，可根据情况取较大值。

螺旋线旋向的判别：将齿轮轴线垂直放置，若螺旋线右边高为右旋；反之，螺旋线左边高为左旋。

（2）模数和压力角　斜齿圆柱齿轮模数有法向模数 m_n 和端面模数 m_t，它们之间的关系为

$$m_n = m_t \cos\beta$$

斜齿圆柱齿轮压力角有法向压力角 α_n 和端面压力角 α_t，其关系为

$$\tan\alpha_n = \tan\alpha_t \cos\beta$$

2. 一对斜齿圆柱齿轮的正确啮合条件

螺旋角必须大小相等，方向相反；法向模数 m_n 与法向压力角要求分别相等；两齿轮螺旋角大小相等，方向相反，即 $\beta_1 = -\beta_2$。

3. 几何尺寸计算

在计算时可将直齿轮的计算公式直接用于斜齿轮的端面，这是由于一对斜齿轮传动在端平面上相当于一对直齿轮传动。

4.3.5　汽车锥齿轮传动

锥齿轮有直齿、斜齿和曲齿等几种类型，如图 4-26 所示，但因直齿锥齿轮的加工、测量和安装比较简便，生产成本低廉，故应用较为广泛。曲齿锥齿轮由于传动平稳、承载能力较强，故常用于高速重载的传动，如汽车、拖拉机中的差速齿轮机构等。

a) 直齿锥齿轮　　b) 斜齿锥齿轮　　c) 曲齿锥齿轮

图 4-26　锥齿轮

锥齿轮传动是用来传递两相交轴之间的运动和动力的，如图 4-27 所示，通常两轴交角 $\Sigma=90°$。它的轮齿是沿着圆锥表面的素线切出的。工作时相当于用两齿轮的节圆锥做成的摩擦轮进行滚动。两节圆锥锥顶必须重合才能保证两节圆锥传动比一致，这样就增加了制造、安装的困难，并降低了锥齿轮传动的精度和承载能力，因此直齿锥齿轮传动一般应用于轻载、低速场合。

图 4-27　锥齿轮传动

4.3.6　汽车齿轮的失效及其材料的选择

1. 汽车齿轮的常见失效形式

汽车上往往要通过齿轮传动来传递两轴之间的运动和动力，同时实现变速、变矩效果。根据齿轮的不同工作条件，齿轮的失效形式主要有断齿、磨损、点蚀、胶合等。

（1）轮齿折断　在齿轮传动中由于齿轮受到剧烈冲击载荷或瞬间过载等原因，会使齿折断而失效，特别是直齿齿轮。轮齿折断是汽车齿轮失效的主要形式。为了提高齿轮的抗折断能力，可采取下列措施：

1）用增加齿根过渡圆角半径及消除加工刀痕的方法来减小齿根应力集中。
2）增大轴及支承的刚性，使轮齿接触线上受载较为均匀。
3）采用合适的热处理方法使齿心材料具有足够的韧性。
4）采用喷丸、滚压等工艺措施对齿根表层进行强化处理。

（2）齿面磨损　齿轮传动过程中，齿面上的相对滑动会引起磨损。齿面磨损是齿轮传动中不可避免的，为延长齿轮的使用寿命，除对齿轮进行恰当的热处理之外，保证良好的润滑是减少齿面磨损最有效的办法。

(3) 齿面点蚀　齿轮传动过程中，齿轮接触面上各点的接触应力呈脉动循环变化，经过一段时间后，会由于接触面上金属的疲劳而形成细小的疲劳裂纹，裂纹的扩展造成金属剥落，形成点蚀。

(4) 齿面胶合　齿轮在高速、大载荷或润滑失效的情况下，两齿面直接接触形成局部高温，接触区出现较大面积粘连现象，称为胶合。所以，除维持齿轮适当的转速外，必须保证有齿轮良好的润滑，有助于提高齿轮抗胶合的能力。

2. 汽车齿轮材料的选择

齿轮是汽车上应用最广泛的一种机械传动零件。在齿轮的设计与制造过程中，不仅要考虑材料的性能能够适应零件的工作条件，使零件经久耐用，而且要求材料有较好的加工工艺性和经济性，以便提高零件的生产率、降低成本、减少能耗。如果齿轮材料选择不当，则会出现零件的过早损伤，甚至失效。因此如何合理地选择和使用金属材料是一项十分重要的工作。铸铁、中碳钢、低合金钢等是汽车齿轮常用的材料。

(1) 满足材料的力学性能　齿轮在啮合时齿面接触处有接触应力，齿根部有最大弯曲应力，可能产生齿面或齿体强度失效。齿面各点都有相对滑动，会产生磨损。齿轮主要的失效形式有齿面点蚀、齿面胶合、齿面塑性变形和轮齿折断等。因此，要求齿轮材料有高的弯曲疲劳强度和接触疲劳强度，齿面要有足够的硬度和耐磨性，心部要有一定的强度和韧性。例如，在确定大、小齿轮硬度时，应注意使小齿轮的齿面硬度比大齿轮的齿面硬度高 30～50HBW，这是因为小齿轮受载荷次数比大齿轮多，且小齿轮齿根较薄，强度低于大齿轮。为使两齿轮的轮齿接近等强度，小齿轮的齿面要比大齿轮的齿面硬一些。

另一方面，根据材料的使用性能确定材料的牌号，要明确材料的力学性能或材料硬度，然后可以通过不同的热处理工艺达到所要求的硬度范围，从而赋予材料不同的力学性能。如材料为 40Cr 的齿轮，在 840～860℃油淬、540～620℃回火时，调质硬度可达 28～32HRC，可改善组织、提高综合力学性能；在 860～880℃油淬、240～280℃回火时，硬度可达 46～51HRC，则钢的表面耐磨性能好，心部韧性好，变形小；在 500～560℃渗氮处理后，渗氮层厚度为 0.15～0.6mm 时，硬度可达 52～54HRC，则钢具有高的表面硬度、耐磨性、疲劳强度、耐蚀性和抗胶合性能，且变形极小；当通过电镀或表面合金化处理后，则可改善齿轮工作表面的摩擦性能，提高耐蚀性。

(2) 满足材料的工艺性能　材料的工艺性能是指材料本身能够适应各种加工工艺要求的能力。齿轮的制造要经过锻造、切削加工和热处理等几种加工，因此选材时要对材料的工艺性能加以注意。一般来说，碳钢的锻造、切削加工等工艺性能较好，其力学性能可以满足一般工作条件的要求，但强度不够高，淬透性较差。而合金钢淬透性好、强度高，但锻造、切削加工性能较差，可以通过改变工艺规程、热处理方法等途径来改善材料的工艺性能。

例如，汽车变速器中的齿轮选择 20CrMnTi 钢，该钢具有较高的力学性能，在渗碳、淬火、低温回火后，表面硬度为 58～62HRC，心部硬度为 30～45HRC。20CrMnTi 的工艺性能较好，锻造后以正火来改善其切削加工性。此外，20CrMnTi 还具有较好的淬透性，由于合金元素钛的影响，对过热不敏感，故在渗碳后可直接降温淬火，且渗碳速度较快，过渡层较均匀，渗碳淬火后变形小，适合于制造承受高速、中载及冲击、摩擦的重要齿轮。因此根据齿轮的工作条件选用 20CrMnTi 钢是比较合适的。

(3) 满足材料的经济性要求　经济性是指用最小的耗费取得最大的经济效益。在满足使用性能的前提下，选用齿轮材料还应注意尽量降低零件的总成本。可以从以下几方面考虑：

1）从材料本身的价格来考虑。碳钢和铸铁的价格比较低廉，因此在满足零件力学性能的前提下选用碳钢和铸铁，不仅具有较好的加工工艺性能，而且可降低成本。从金属资源和供应情况来看，应尽可能减少材料的进口量及价格昂贵材料的使用量。

2）从齿轮生产过程的耗费来考虑。第一，采用不同的热处理方法相对加工费用也不同，如12CrNi3A钢渗碳表面淬火的费用要比渗氮处理的费用少得多，而碳氮共渗又具有生产周期短和成本低的特点。第二，通过改进热处理工艺也可以降低成本。如某齿轮工作时在高速、中载且承受中等冲击条件下，原选用中合金高级渗碳钢18Cr2Ni4WA材料，其经过910～940℃渗碳，850℃淬火，180～200℃回火后，抗拉强度≥1177MPa，屈服强度≥834MPa，断后伸长率≥10%，断面收缩率≥45%，冲击韧度≥980kJ/m^2，硬度为58～62HRC。虽能满足齿轮的使用性能和工艺性能，但零件的价格高。现选用价格相对便宜的低碳合金渗碳钢20CrMnTi，经过910～940℃渗碳，870℃淬火，180～200℃回火后，抗拉强度≥1100MPa，屈服强度≥850MPa，断后伸长率≥10%，断面收缩率≥45%，冲击韧度≥680kJ/m^2，硬度为58～62HRC。仅此一项改进，材料费用不仅大大降低，而且满足了其使用性能和工艺性能。第三，所选钢种应尽量少而集中，以便采购和管理。随着齿轮形状、尺寸和材料向着多品种、多系列和个性化的方向发展，尤其是在型号多、产量小时，在齿轮锻造、机加工和热处理等生产工艺方面，存在着设计量大、生产周期长、效率低、成本高、能耗大、管理困难和质量不易保证等不利状况，因此在齿轮选材时，精选、优选和压缩材料牌号和规格有利于提高选材通用化、系列化和标准化程度，提高材料的利用率，提高材料采购的计划性，以减少库存积压、加快资金流动，方便储存和保管以及降低材料的成本消耗。最后，还可以通过改进工艺来提高经济效益。如模锻件生产的模锻工艺已突破传统工艺的要求，在提供成形毛坯时，可利用少或无切屑工艺，模锻与机械精加工相结合，部分或全部取代切削加工直接生产零件，或在生产中采用成组技术与工艺，也可提高产品质量、提高生产效率和降低成本。

综上所述，在选择齿轮材料时，必须在我国工业发展形势的基础上，结合我国资源和生产条件，从实际出发，全面考虑力学性能、工艺性能和经济性等方面的问题，只有合理选材才能保证齿轮质量、降低产品成本，从而提高市场竞争力。

4.4 汽车上的蜗杆传动

4.4.1 蜗杆传动原理及传动比

1. 蜗杆传动原理

蜗杆传动是在空间交错的两轴间传递运动和动力的一种传动，两轴线间的夹角可为任意值，常用的为90°，如图4-28所示。蜗杆传动一般由蜗杆和蜗轮组成。一般蜗杆与轴制成一体，称为蜗杆轴，如机油泵的动力传输就是由发动机凸轮轴上的驱动齿轮带动机油泵蜗杆，从而驱动机油泵工作的，如图4-29所示。

第 4 章 汽车中常用的机械传动装置

图 4-28 蜗杆传动

图 4-29 机油泵

2. 蜗杆传动的传动比

蜗杆传动的传动比计算公式为

$$i = \frac{n_1}{n_2} = \frac{z_2}{z_1}$$

式中，i 是传动比；n_1 是蜗杆转速；n_2 是蜗轮转速；z_1 是蜗杆头数（常取 $z_1 = 1$、2、4、6）；z_2 是蜗轮齿数。

4.4.2 汽车上的蜗杆传动

1. 蜗杆传动的特点及应用

蜗杆传动是啮合传动，通过蜗杆轴线且垂直于蜗轮轴线的平面称为蜗杆传动的中间平面，在中间平面内，蜗轮与蜗杆的啮合相当于斜齿轮与直齿条相啮合。因此，在受力分析、失效形式及强度计算等方面，它与齿轮传动有许多相似之处。另一方面，蜗杆传动与螺旋传动有相似之处，具有传动平稳、传动比大，并可在一定条件下实现可靠的自锁等优点。但由于在啮合处存在相当大的滑动，因而其主要失效形式是胶合、磨损与点蚀，且传动效率较低，所以在材料与参数选择、设计准则及热平衡计算等方面又独具特色。由于传动效率较低，故不适合于大功率传动和长期连续工作的场合。但是随着加工工艺技术的发展和新型蜗杆传动技术的不断出现，蜗杆传动的优点正在得到进一步的发扬，而其缺点正在得到很好的克服。因此，蜗杆传动已普遍应用于各类传动系统中。

2. 蜗杆传动的正确啮合条件

在蜗杆传动的中间平面内，蜗杆与蜗轮的啮合相当于斜齿轮与直齿条相啮合，因此正确的啮合条件是：

1）蜗轮的端面模数等于蜗杆的轴向模数且为标准值，蜗轮的端面压力角应等于蜗杆的轴向压力角且为标准值，即 $m_x = m_t = m$，$\alpha_x = \alpha_t = \alpha$。

2）蜗杆的导程角 γ 与蜗轮的螺旋角 β 相等，即 $\gamma = \beta$。蜗杆的导程角 γ 是指蜗杆的分度圆螺旋线的切线与端平面之间的夹角。蜗轮的螺旋角 β 是指蜗轮分度圆轮齿的旋向与主轴线之间的夹角。

3）当蜗轮蜗杆的交错角为 90° 时，还需保证蜗轮与蜗杆螺旋线旋向必须相同。

3. 蜗杆的分度圆直径 d_1

蜗杆的直径系数是蜗杆的分度圆直径 d_1 与轴向模数的比值，即 $q = d_1/m_x$。所以，蜗杆的分度圆直径为 $d_1 = m_x q$。这一点与标准直齿圆柱齿轮的分度圆计算公式不同。

常用的蜗杆直径系数 q 值为：18、16、12.5、11.2、10、9.8。

4. 几何尺寸

几何尺寸的计算基本与标准直齿圆柱齿轮相同，区别在于分度圆直径 $d_1 = m_x q$；中心距 $a = m(q + z_2)/2$。

5. 蜗杆传动的失效形式

由于采用材料和蜗杆、蜗轮结构上的原因，蜗杆螺旋部分的强度总是高于蜗轮轮齿的强度，所以失效常发生在蜗轮轮齿上。又因啮合处的相对滑动速度大，所以其主要失效形式为在蜗轮齿面产生点蚀、胶合与磨损。同时因摩擦发热，使润滑油的温度上升，黏度下降，润滑状态变坏，增加了失效的可能性。

6. 蜗轮蜗杆材料的选用

对于蜗杆传动中材料的组合，首先要求具有良好的减摩性、耐磨性和抗胶合能力，同时应具有一定的强度。

通常蜗杆采用碳钢或合金钢，而蜗轮材料则视其传动中齿面相对滑动速度 v 的高低而定。v 较高时，选用抗胶合能力强的锡青铜，但这种材料的强度低，主要失效形式为点蚀，其承载能力取决于蜗轮的接触疲劳强度；v 较低时，可选用价格较低的无锡青铜或铸铁，这两类材料的强度较锡青铜高，但抗胶合能力差，故主要失效形式为胶合，其承载能力取决于抗胶合能力。

4.4.3 蜗杆传动的失效形式及材料的选择

1. 蜗杆传动的失效形式

蜗杆传动的失效形式和齿轮传动类似，有疲劳点蚀、胶合、磨损、轮齿折断等。

一般，蜗轮的强度较弱，所以失效总是在蜗轮上发生。蜗轮和蜗杆间的相对滑动较大，比齿轮传动更容易产生胶合和磨粒磨损。蜗轮轮齿的材料通常比蜗杆材料软得多，发生胶合时蜗轮表面的金属会粘到蜗杆螺旋面上。

蜗轮轮齿的磨损比齿轮传动严重得多，这是由于啮合处的相对滑动较大所致。在开式传动和润滑油不清洁的传动中，磨损尤其明显。

在蜗杆传动中，点蚀通常出现在蜗轮轮齿上。

2. 蜗杆材料的选择

按材料分类，蜗杆材料主要有碳钢和合金钢。若蜗轮直径很大，可采用青铜蜗杆，同时蜗轮用铸铁。

蜗杆材料按热处理不同分为硬面蜗杆和调质蜗杆。选择时首先应考虑硬面蜗杆，处理时采用：渗碳钢淬火或碳钢表面/整体淬火 + 磨削；渗氮钢渗氮处理 + 抛光，用于要求持久性高的传动中。

第 4 章 汽车中常用的机械传动装置

在缺乏磨削设备时才选用调质蜗杆。受短时冲击的蜗杆，不宜用渗碳钢淬火，最好用调质钢。铸铁蜗轮与镀铬蜗杆配对时有利于提高传动的承载能力和滑动速度。

4.5 变速器中的轮系

4.5.1 轮系在变速器中的应用

机械传动中，为了获得很大的传动比，或者为了将输入轴的一种转速变换为输出轴的多种转速等，常采用一系列互相啮合的齿轮将输入轴和输出轴连接起来。这种由一系列齿轮组成的传动系统称为轮系。

1. 轮系的主要功用

1）可以获得很大的传动比。很多机械要求有很大的传动比，机床中的电动机转速很高，而主轴的转速要求很低才能满足切削要求，一对齿轮的传动比只能达到 3~6，若采用轮系就可以达到很大的传动比。

2）可以进行较远距离的传动。当两轴中心距较远时，若仅用一对齿轮传动，齿轮必须做得很大，结构不合理，而采用轮系传动则结构紧凑、合理。

3）可以实现变速、变向的要求。一般机器为了适应各种工作需要，多采用轮系组成各种机构，将转速分为多级进行变换，并能改变转动方向。

4）可以合成或分解运动。采用周转轮系可以将两个独立运动合成一个运动，或将一个运动分解为两个独立运动。

变速器正是基于上述原理而设计的。

2. 轮系分类

轮系的结构形式很多，根据轮系在传动中各齿轮的几何轴线在空间的相对位置是否固定，轮系可分为定轴轮系和周转轮系两大类。当轮系运转时，其中各齿轮的几何轴线位置都是固定的，此轮系称为定轴轮系，如图 4-30 所示。当轮系运转时，其中至少有一个齿轮的几何轴线是绕另一齿轮的固定几何轴线转动的，此轮系称为周转轮系，如图 4-31 所示。

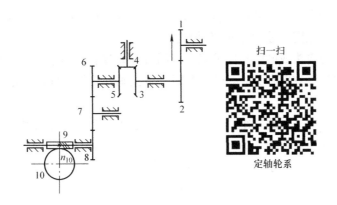

图 4-30　定轴轮系

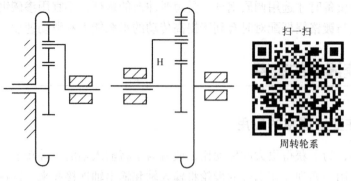

图 4-31 周转轮系

4.5.2 手动变速器中的定轴轮系

在汽车手动变速器中,轮系中所有齿轮的回转轴线都有固定的位置,如常见三轴变速器的输入轴、输出轴、中间轴,它们都利用轴承固定在变速器壳体上,只能做回转运动,而不能做轴向运动。这种定轴轮系可获得较大的传动比,可改变从动轴的转向,获得多种传动比;可实现改变转矩、转速和旋转方向的目的,因而在手动变速器中得到了广泛的应用。

1. 一对齿轮的传动比

$$i_{首末} = \frac{\omega_{首}}{\omega_{末}} = \frac{n_{首}}{n_{末}}$$

一对圆柱齿轮传动比

$$i_{12} = \frac{\omega_1}{\omega_2} = \frac{n_1}{n_2} = \pm \frac{z_2}{z_1}$$

(外啮合) $-\frac{z_1}{z_2}$ (内啮合) $+\frac{z_2}{z_1}$

两轮轴线平行:可用"±"号表示转向关系,"+"表示转向相同,"-"表示转向相反。用画箭头的方法也可以表示其转向关系:定轴轮系各轮的相对转向可以通过逐对齿轮标注箭头的方法确定。

一对平行轴外啮合齿轮,其两轮转向相反,故用方向相反的箭头表示。一对平行轴内啮合齿轮,其两轮转向相同,故用方向相同的箭头表示。一对锥齿轮传动时,在节点具有相同速度,故表示转向的箭头或同时指向节点,或同时背离节点。蜗轮的转向不仅与蜗杆的转向有关,而且与其螺旋线方向有关。具体判断时,可把蜗杆看作螺杆,蜗轮看作螺母来考察其相对运动。

蜗轮蜗杆传动转向关系的判定:右旋蜗杆用右手法则判断;左旋蜗杆用左手法则判断。

左(右)手法则:蜗杆右(左)旋用右(左)手,四指握向蜗杆转向,拇指反向表示蜗轮啮合点的速度方向。轮系传动方向的判定如图 4-32 所示。

$$i_{12} = \frac{n_1}{n_2} = -\frac{z_2}{z_1}$$

$$i_{23} = \frac{n_2}{n_3} = \frac{z_3}{z_2}$$

$$i_{3'4} = \frac{n_{3'}}{n_4} = -\frac{z_4}{z_{3'}}$$

$$i_{4'5} = \frac{n_{4'}}{n_5} = -\frac{z_5}{z_{4'}}$$

$$i_{12}i_{23}i_{3'4}i_{4'5} = \frac{n_1 n_2 n_{3'} n_{4'}}{n_2 n_3 n_4 n_5} = \left(-\frac{z_2}{z_1}\right)\left(\frac{z_3}{z_2}\right)\left(-\frac{z_4}{z_{3'}}\right)\left(-\frac{z_5}{z_{4'}}\right)$$

$$i_{15} = \frac{n_1}{n_5} = (-1)^3 \frac{z_2 z_3 z_4 z_5}{z_1 z_2 z_{3'} z_{4'}}$$

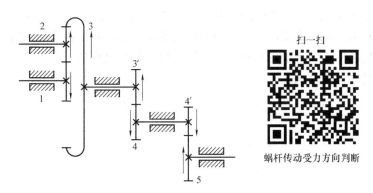

图 4-32 轮系传动受力方向判定

2. 定轴轮系传动比的计算公式

$$i_{GK} = \frac{n_G}{n_K} = \frac{\text{从 G 轮到 K 轮所有从动轮齿数之积}}{\text{从 G 轮到 K 轮所有主动轮齿数之积}}$$

在应用上式时应注意：

1）各轮主、从动关系以 G、K 为轮系的首轮和末轮来区分。

2）若各轮轴线平行，可用 $(-1)^m$ 来判断首轮和末轮的转向关系，m 是外啮合齿轮的次数；也可用画箭头的方法来判断其转向关系。

3）若各轮轴线不平行（一般轮系中有锥齿轮或蜗杆传动），不能用 $(-1)^m$ 来判断转向关系，只能用画箭头的方法来判断其转向关系。

4.5.3 自动变速器中的周转轮系

1. 周转轮系的结构组成

在周转轮系中，轴线位置变动的齿轮，既做自转又做公转的齿轮，称为行星轮。支持行星轮做自转和公转的构件称为行星架或转臂。轴线位置固定的齿轮则称为太阳轮。基本周转轮系由行星轮、支持它的行星架和与行星轮相啮合的两个（有时只有一个）太阳轮构成。行星架与太阳轮的几何轴线必须重合，否则便不能传动。为了使转动时的惯性力平衡以及减轻轮齿上的载荷，常常采用几个完全相同的行星轮均匀地分布在太阳轮的周围同时进行传动。因为这种行星齿轮的个数对研究周转轮系的运动没有任何影响，所以在机构简图中可以只画出一个。

2. 周转轮系的类型

两个太阳轮都能转动的周转轮系称为差动轮系。差动轮系需要两个原动件。

只有一个太阳轮能转动的周转轮系称为行星轮系，只需一个原动件。

3. 周转轮系传动比的计算

如果能使行星架变为固定不动，并保持周转轮系中各个构件之间的相对运动不变，则周转轮系就转化成为一个假想的定轴轮系，便可列出该假想定轴轮系传动比的计算式，从而求出周转轮系的传动比。

在周转轮系中，设 n_H 为行星架 H 的转速。根据相对运动原理，当给整个周转轮系加上一个绕轴线 O_H 大小为 n_H，而方向与 n_H 相反的公共转速 $-n_H$ 后，行星架 H 便静止不动，而各构件间的相对运动并不改变。这样，所有齿轮的几何轴线的位置全部固定，原来的周转轮系便成了定轴轮系，这一定轴轮系称为原来周转轮系的转化轮系。

转化轮系传动比计算公式：

$$i_{13}^H = \frac{n_1^H}{n_3^H} = \frac{n_1 - n_H}{n_3 - n_H} = (-1)^1 \frac{z_2 z_3}{z_1 z_2} = -\frac{z_3}{z_1}$$

周转轮系传动比的通用计算公式：

$$i_{GK}^H = \frac{n_G^H}{n_K^H} = \frac{n_G - n_H}{n_K - n_H}$$

$$= \pm \frac{\text{转化轮系中从 G 轮至 K 轮各从动轮齿数的乘积}}{\text{转化轮系中从 G 轮至 K 轮各主动轮齿数的乘积}}$$

式中，G 是周转轮系中的主动轮；K 是周转轮系中的从动轮；H 是周转轮系中的行星架。

应用上式时应注意：

1）以 G 为首轮、K 为末轮来判定各齿轮主、从动关系。

2）G 轮、K 轮、行星架 H 三构件轴线平行。

3）注意 n_G、n_H、n_K 的大小与方向，它们均为代数值。

4）$i_{GK}^H \neq i_{GK}$。

5）公式右边的正负号按转化机构处理。

① 由圆柱齿轮组成的周转轮系可用 $(-1)^m$ 或画箭头确定。

② 含有锥齿轮的周转轮系，只能用画箭头的方法确定。

【本章小结】

本项目主要介绍了汽车常用机械传动装置，包括带传动、链传动、蜗杆传动、齿轮传动及轮系等。

1. 带传动

带传动是依靠带与带轮间的摩擦力来传递运动和动力。

带传动的传动比公式为 $i = \dfrac{n_1}{n_2} = \dfrac{d_2}{d_1} = \dfrac{n_2}{n_1}$。

2. 链传动

链传动是利用链与链轮轮齿的啮合来传递运动和动力的机械传动。链传动工作时，主动链轮的齿与链条的链节相啮合带动与链条相啮合的从动链轮传动。汽车上常见的链传动有机油泵驱动链、正时链等。

链传动的传动比为 $i = \dfrac{n_1}{n_2} = \dfrac{z_2}{z_1}$。

汽车上常见的链传动主要是正时链,与传统的带驱动相比,链传动方式的传动可靠、耐久性好并且还可节省空间,链条张力始终如一,并且终身免维护,这就使其与发动机同寿命,降低了维护成本。正时链传动的主要失效形式有正时链故障、张紧器故障、链轮故障等。

3. 汽车上的齿轮传动

齿轮传动至少由两个相互啮合的齿轮组成。两轮分别为主动轮与从动轮,当主动轮开始运转时,将带动从动轮转动。齿轮传动的工作原理就是至少一对相互啮合的齿轮将动力由主动轮传递到从动轮。

齿轮传动的传动比计算公式为 $i = \dfrac{n_1}{n_2} = \dfrac{z_2}{z_1}$。

齿轮传动根据两齿轮轴的相对位置可分为平行轴齿轮传动和交错轴齿轮传动;根据齿轮的方向可分为直齿齿轮传动和斜齿齿轮传动。

一对渐开线标准直齿轮的正确啮合条件是:两齿轮分度圆上的压力角相等 $\alpha_1 = \alpha_2 = \alpha$;模数相等,$m_1 = m_2 = m$;蜗杆的导程角与蜗轮的螺旋角相等,$\gamma = \beta$。除此以外还应满足:外啮合时,两齿轮分度圆柱上的螺旋角大小相等,方向相反,$\beta_1 = \beta_2$;内啮合时,螺旋角大小相等,方向相同,$\beta_1 = \beta_2$。

渐开线外啮合标准直齿圆柱齿轮的主要尺寸是:分度圆直径 $d = mz$;齿顶圆直径 $d_a = d + 2h_a$;齿根圆直径 $d_f = d - 2h_f$。外啮合直齿圆柱齿轮中心距 $a = d_1/2 + d_2/2 = m(z_1/2 + z_2/2) = m(z_1 + z_2)/2$。

直齿圆柱齿轮齿形的加工方法有两种:一种是成形法,一种是展成法。

螺旋升角指的是斜齿轮的轮齿与轴线之间的夹角。

4. 汽车上的蜗杆传动

蜗杆传动是在空间交错的两轴间传递运动和动力的一种传动。蜗杆传动一般由蜗杆和蜗轮组成。一般蜗杆与轴制成一体,称为蜗杆轴。

蜗杆传动的原理:蜗轮及蜗杆机构常被用于两轴交错、传动比大、传动功率不大或间歇工作的场合。

蜗杆传动的传动比计算公式为 $i = \dfrac{n_1}{n_2} = \dfrac{z_2}{z_1}$。

蜗杆传动的失效形式和齿轮传动类似,有疲劳点蚀、胶合、磨损、轮齿折断等。

蜗杆材料主要有碳钢和合金钢。若蜗轮直径很大,可采用青铜蜗杆,同时蜗轮用铸铁。

5. 轮系在变速器中的应用

为了获得很大的传动比,或者为了将输入轴的一种转速变换为输出轴的多种转速等,常采用一系列互相啮合的齿轮将输入轴和输出轴连接起来。这种由一系列齿轮组成的传动系统称为轮系。

轮系的主要功用是:获得很大的传动比;可以进行较远距离的传动;可以实现变速、变向的要求；可以合成或分解运动。

定轴轮系传动比的计算公式为

$$i_{GK} = \frac{n_G}{n_K} = \frac{\text{从 G 轮至 K 轮所有从动轮齿数之积}}{\text{从 G 轮至 K 轮所有主动轮齿数之积}}$$

在应用上式时请注意：

1）各轮主、从动关系以 G、K 为轮系的首轮和末轮来区分。

2）若各轮轴线平行，可用 $(-1)^m$ 来判断首轮和末轮的转向关系，m 是外啮合齿轮的次数；也可用画箭头的方法来判断其转向关系。

3）若各轮轴线不平行（一般轮系中有锥齿轮或蜗杆传动），不能用 $(-1)^m$ 来判断转向关系，只能用画箭头的方法来判断其转向关系。

周转轮系传动比的通用计算公式：

$$i_{GK}^H = \frac{n_G^H}{n_K^H} = \frac{n_G - n_H}{n_K - n_H}$$

$$= \pm \frac{\text{转化轮系中从 G 轮至 K 轮各从动轮齿数的乘积}}{\text{转化轮系中从 G 轮至 K 轮各主动轮齿数的乘积}}$$

应用上式时应注意：

1）以 G 为首轮、K 为末轮来判定各齿轮主、从动关系。

2）G 轮、K 轮、中心架 H 三构件轴线平行。

3）注意 n_G、n_H、n_K 的大小与方向，它们均为代数值。

4）$i_{GK}^H \neq i_{GK}$。

5）公式右边的正负号按转化机构处理。

① 由圆柱齿轮组成的周转轮系可用 $(-1)^m$ 或画箭头确定。

② 含有锥齿轮的周转轮系，只能用画箭头的方法确定。

【课后练习题】

一、填空题

1. 机械传动根据传动原理的不同，可分为_____、_____。

2. 带传动是由_____、_____和_____所组成的。一般情况下，_____为主动轮。

3. 带传动是依靠带与带轮间的_____来传递运动和动力。当主动轮开始运转时，通过张紧在两轮上的传动带把动力传输到_____上，从而实现运动和动力的传递。

4. 带传动的传动比计算公式为_____。

5. 链传动是由_____、_____和_____等组成，通过链轮轮齿与链条的_____来传递_____和_____。

6. 齿轮传动就是相互啮合的齿轮将动力由_____传递到_____的一种动力传递方式。

7. 一对相互啮合的齿轮，若主动轮齿数为 24，从动轮齿数为 36，则其传动比为_____。

8. 汽车上的齿轮传动，根据齿轮的方向可分为_____和_____。
9. 蜗轮轮齿的失效形式有_____、_____、_____、_____。
10. 蜗杆分度圆直径用式 $d_1=mq$ 计算，其中 q 称为蜗杆的_____。
11. 在蜗杆传动中，当蜗轮主动时的自锁条件为_____。
12. 在蜗杆传动中，点蚀通常只出现在_____上。
13. 热平衡计算的主要目的是防止_____而使润滑失败，造成传动失效。
14. 热平衡计算通常针对的是连续工作的_____蜗杆传动。
15. 蜗杆材料应考虑选用_____。
16. 周转轮系有_____和_____两类。
17. 机械中，为了获得很大的传动比，或者为了将输入轴的一种转速变换为输出轴的多种转速等原因，常采用一系列互相啮合的齿轮将输入轴和输出轴连接起来。这种由一系列齿轮组成的传动系统称为。

二、判断题

1. 链传动属于啮合传动，所以瞬时传动比恒定。（ ）
2. 与带传动相比，链传动的传动效率较高。（ ）
3. 蜗杆的分度圆直径为 $d_1=mz_1$，蜗轮的分度圆直径为 $d_2=mz_2$。（ ）
4. 蜗轮和蜗杆轮齿的螺旋方向一定相同。（ ）
5. 与斜齿轮相似，蜗轮的齿向也有螺旋角 β，因此蜗轮的法向模数应为标准值。（ ）
6. 蜗轮的螺旋角 β_2 一定等于蜗杆的导程角 γ_1。（ ）
7. 模数、压力角和直径系数完全相同，而头数（z_1）不同的蜗杆不可能与同一蜗轮正确啮合。（ ）
8. 蜗杆传动中，蜗轮与蜗杆的旋向相同，且它们的螺旋角相等。（ ）
9. 轮系的传动比等于首尾两轮的转速之比。（ ）
10. 轮系末端是螺旋传动，如果已知末端转速 $n_k=40\mathrm{r/min}$，双线螺杆的螺距为5mm，则螺母每分钟的移动的距离 $L=200\mathrm{mm/min}$。（ ）
11. 轮系可以实现变速、变向的要求。（ ）
12. 蜗杆右旋用右手，四指握向蜗杆转向，拇指方向表示蜗轮啮合点的速度方向。（ ）

三、选择题

1. 要求传动平稳性好、传动速度快、噪声较小时，宜选用（ ）。
A. 套筒滚子链   B. 齿形链   C. 多排链
2. 要求两轴中心距较大，且在低速、重载和高温等不良环境下工作，宜选用（ ）。
A. 带传动   B. 链传动   C. 齿轮传动
3. 因链轮具有多边形特点，链传动的运动表现为（ ）。
A. 均匀性   B. 不均匀性   C. 间歇性
4. 齿轮润滑良好，但不能防止齿轮发生（ ）。
A. 磨损   B. 胶合   C. 点蚀   D. 折断
5. 当量齿数可用来（ ）。

A. 选择铣刀的号码　　　B. 查取齿形系数　　　C. 计算齿轮尺寸

6. 汽车齿轮材料的选择应满足（　　）。

A. 材料的力学性能　　B. 材料的工艺性能　　C. 材料的经济性要求

7. 下列材料，不能用来制作齿轮的是（　　）。

A. Q275　　　　　B. Q345　　　　　C. 40Cr　　　　　D. T10

8. 蜗杆传动用于传递（　　）之间的运动和动力。

A. 两相交轴　　　　B. 两平行轴　　　　C. 两交错轴

9. 在蜗杆传动中，轮齿间的啮合是（　　）。

A. 点接触　　　　　B. 线接触　　　　　C. 面接触

10. 阿基米德蜗杆的标准模数和标准压力角是在它的（　　）。

A. 端面中　　　　　B. 法向　　　　　　C. 轴面中

11. 蜗轮和蜗杆轮齿的螺旋方向（　　）。

A. 一定相同　　　　B. 一定相反　　　　C. 既可相同，也可相反

12. 蜗杆分度圆直径 $d_1 = $（　　）。

A. mz_1　　　　　B. $mz_1/\tan\lambda$　　　　C. $m_x q$

13. 蜗杆传动的标准中心距 $a = $（　　）。

A. $m(z_1+z_2)/2$　　B. $m(z_1-z_2)/2$　　C. $m(q+z_1)/2$　　D. $m(q+z_2)/2$

14. 由于啮合处的相对滑动较大，蜗轮轮齿的（　　）比齿轮传动严重得多。

A. 磨损　　　　　　B. 胶合　　　　　　C. 点蚀

四、计算题

1. 已知主动轮转速 $n_1 = 240$ r/min，主动轮直径 $d_1 = 180$ cm，从动轮直径 $d_2 = 540$ cm，求传动比 i 及从动轮的转速 n_2。

2. 已知一标准直齿圆柱齿轮的齿数 $z = 36$，顶圆直径 $d_a = 304$ mm，试计算其分度圆直径、齿根圆直径、齿距及齿高。

3. 在图 4-33 所示的轮系中，已知 $z_1 = 20$，$z_2 = 40$，$z_3 = 20$，$z_4 = 60$，z_5 为双头蜗杆，$z_6 = 40$，$z_7 = 40$，$z_8 = 20$，其他参数见图中标示。已知 $n_1 = 600$ r/min（方向见图）。

试求：（1）n_4 的转速及转向。

（2）工作台的移动速度及移动方向。

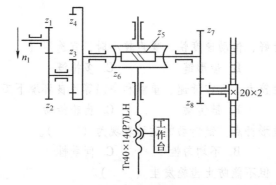

图 4-33　轮系

(3) 齿条的移动速度及移动方向。

4. 有一个由淬火钢制成的蜗杆和锡青铜蜗轮组成的闭式阿基米德蜗杆传动。已知模数 $m=8$mm，蜗杆分度圆直径 $d_1=80$mm，蜗杆头数 $z_1=2$，右旋，蜗杆转速 $n_1=960$r/min，蜗轮齿数 $z_2=31$，蜗轮轴输出转矩 $T_2=1.5\times10^6$N·mm。求蜗杆导程角 γ、相对滑动速度 v_s、当量摩擦角 ρ_v、啮合效率 η_1 和输入功率 P_1（不计轴承和搅油功率损耗）。

5. 图4-34所示为手摇提升装置，已知各轮齿数分别为：$z_1=20$，$z_2=40$，$z_{2'}=15$，$z_3=30$，$z_{3'}=1$，$z_4=20$，$z_{4'}=18$，$z_5=54$。

试求：(1) 传动比 i_{15}。

(2) 手轮转一转时，鼓轮转多少度？重物上升时，手柄的转向是什么？

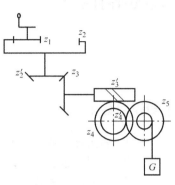

图4-34　手摇提升装置

五、简答题

1. 带传动有何特点？
2. 链传动有何优缺点？
3. 一对渐开线标准直齿轮的正确啮合条件是什么？
4. 蜗杆传动的特点及应用场合是什么？
5. 为什么蜗轮的端面模数是标准值？蜗杆传动的正确啮合条件是什么？
6. 什么是定轴轮系？什么是周转轮系？
7. 轮系的主要功用是什么？

第 5 章
CHAPTER 5
汽车中常用的机械零部件

【知识目标】

1. 熟悉轴的功用、类型及轴的结构。
2. 了解变速器中轴的结构及汽车上典型的轴类零件（半轴、传动轴及活塞销）。
3. 了解汽车用轴承的类型、结构、应用和润滑密封方式。
4. 掌握汽车上常用的轴承结构与应用。
5. 掌握滚动轴承的常用类型及代号。
6. 了解联轴器、离合器和制动器的类型、工作原理及特点和应用。
7. 熟悉汽车上常用的几种离合器、联轴器和制动器的结构、类型及特点和应用。
8. 了解弹簧的功用、类型、特点和应用。
9. 熟悉零件的检验与分类。
10. 了解汽车零件常用检验与修复方法。
11. 掌握典型汽车零件的检验及修复方法。

【能力目标】

1. 能够分析各类轴的结构工艺及定位方式。
2. 能够分析轴承的类型、支承及润滑密封方式。
3. 能够根据需要合理选用轴承。
4. 能够分析汽车上常用的离合器、联轴器和制动器的结构、类型及特点和应用。
5. 能够规范地拆卸轴承、传动轴、离合器、制动器等。
6. 能够分析汽车上常见零件的失效形式，提出合理的改善措施。
7. 能够分析汽车上常见零件的检测、分类及修理方法。

5.1 汽车上的轴

5.1.1 轴的功用、结构、分类及材料

1. 轴的功用

轴是机器中普遍使用的重要零件之一，用以支承轴上零件（齿轮、带轮等），使其具有

确定的工作位置,并传递运动和动力。

2. 轴的结构

以阶梯轴为例,按各轴段所起的作用不同,可分为轴头、轴颈和轴身三部分,如图 5-1 所示。其中,支承齿轮、带轮、联轴器等传动件并与这些零件配合的轴段称为轴头,与轴承配合的轴段称为轴颈,连接轴头与轴颈的轴段称为轴身。

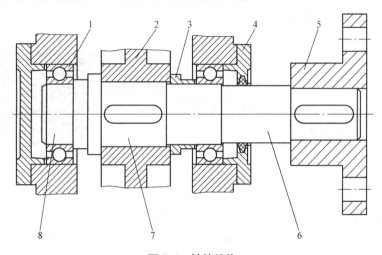

图 5-1 轴的结构
1—滚动轴承 2—齿轮 3—套筒 4—轴承盖 5—联轴器 6—轴身 7—轴头 8—轴颈

为了装配方便和固定零件,轴上通常设计有轴肩、轴环、键槽、倒角等结构,如图 5-2 所示。轴径变化处形成的台阶称为轴肩。直径大于相邻两个轴段的中间环状突起部分称为轴环。轴与传动零件配合的直径上开的轴向槽称为键槽。轴端外圆与端面交界处的倒棱称为倒角,用于装配导向及防毛刺伤人。

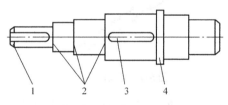

图 5-2 轴的结构设计
1—倒角 2—轴肩 3—键槽 4—轴环

当轴上需要切制螺纹时,切制螺纹的轴段要设置螺纹退刀槽,以便车刀退出,如图 5-3 所示。轴上磨削的轴段,阶梯处要设置砂轮越程槽,便于磨削砂轮越过工作面,如图 5-4 所示。

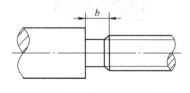

图 5-3 螺纹退刀槽

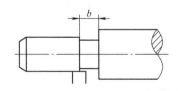

图 5-4 砂轮越程槽

3. 轴的分类

按照轴线形状的不同,轴可分为直轴、曲轴和软轴三种,汽车上常用的为直轴(如凸轮轴、变速器输入轴、输出轴等)和曲轴。

(1) 直轴　直轴在汽车上应用最广，按照其外形不同，可分为光轴和阶梯轴（图5-5）。

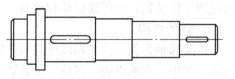

图 5-5　阶梯轴

直轴按所受载荷不同，可分为传动轴、心轴和转轴。

1) 传动轴是主要承受转矩作用的轴，如汽车底盘的传动轴，如图 5-6 所示。

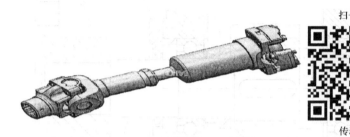

图 5-6　传动轴

2) 心轴是主要承受弯矩作用的轴，如图 5-7 所示。

3) 转轴是同时承受转矩与弯矩作用的轴，如图 5-8 所示的汽车变速器输入轴。

图 5-7　心轴　　　　　图 5-8　汽车变速器输入轴

(2) 曲轴　曲轴具有几根不重合的轴线，如图 5-9 所示。

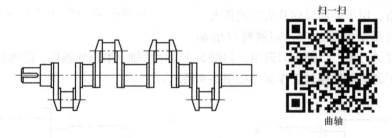

图 5-9　曲轴

4. 轴的材料

轴工作时主要承受弯矩和扭矩，或弯扭组合作用，且多为交变应力，所以轴的主要失效形式是疲劳破坏。因此，轴的材料应满足强度、刚度、耐磨性和耐蚀性等多方面的要求。轴的材料一般从下列材料中选取：

(1) 碳素钢　优质碳素钢具有较好的力学性能，对应力集中敏感性较低，价格便宜，应用广泛，例如 35、45、50 等优质碳素钢。一般轴采用 45 钢，且需经过调质或正火处理；

有耐磨性要求的轴段,应进行表面淬火及低温回火处理;轻载或不重要的轴,使用普通碳素钢 Q235 等。

(2) 合金钢　合金钢具有较高的力学性能和淬透性,但对应力集中比较敏感,且价格较高,多用于对强度和耐磨性有特殊要求的轴。例如汽轮发电机轴要求在高速、高温、重载下工作,采用 25Cr2Mo1V、38CrMoAlA 等;滑动轴承的高速轴采用 20Cr、20CrMnTi 等。

轴的毛坯多用轧制的圆钢或锻钢。锻钢内部组织均匀,强度较好,因此,重要的大尺寸轴常用锻造毛坯。

(3) 球墨铸铁　球墨铸铁吸振性和耐磨性好,对应力集中敏感性低,价格低廉,可制成外形复杂的轴。例如汽车发动机中的曲轴和部分凸轮轴。

5.1.2　变速器中轴的结构

1. 汽车变速器中的轴

汽车变速器通常有两轴式与三轴式两种,其中以三轴式居多。

以手动三轴变速器为例,第一轴为输入轴,第二轴为中间轴,第三轴为输出轴,如图 5-10 所示。

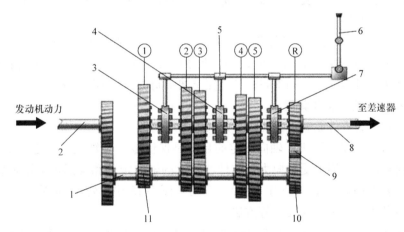

图 5-10　三轴五档手动变速器示意图

1—主动轴　2—动力输入轴　3—1、2 档同步器　4—3、4 档同步器　5—换档叉　6—变速杆　7—5 档、倒档同步器
8—动力输出轴　9—倒档中间齿轮　10—倒档主动齿轮　11—1 档主动齿轮

(1) 输入轴　输入轴常和齿轮做成一体,如图 5-11 ~ 图 5-13 所示。

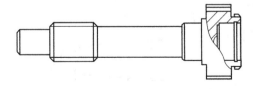

图 5-11　变速器输入轴

图 5-12　东风变速器一轴

(2) 中间轴　中间轴上是一档和倒档齿轮,当齿轮较小时,通常和中间轴做成一体,如图 5-14 所示。中间轴的作用是连接一轴和二轴,通过变速杆的变换来选择与不同的齿轮

啮合，使二轴能输出不同的转速、转矩和转向。

图 5-13　CAGF5-90 变速器一轴

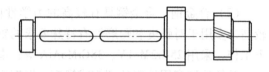

图 5-14　轿车四档式变速器中间轴

（3）输出轴　输出轴就是输出动力的轴。如图 5-10 所示的三轴五档手动变速器，输出轴依次装配有一档、二档、三档、四档、五档齿轮及倒档齿轮。

三轴式变速器输入轴的常啮合齿轮与输出轴的各档齿轮分别与中间轴的相应齿轮相啮合，且输入、输出轴同心。将输入、输出轴直接连接起来传递转矩，则称为直接档。此时，齿轮、轴承及中间轴均不承载，而输入、输出轴传递转矩。因此，直接档的传递效率高，磨损及噪声也最小，这是三轴式变速器的主要优点。其他前进档需依次经过两对齿轮传递转矩。因此，在齿轮中心距（影响变速器尺寸的重要参数）较小的情况下，仍然可以获得大的一档传动比，这是三轴式变速器的另一优点。三轴式变速器的缺点是：除直接档外，其他各档的传动效率都有所下降。

图 5-15 所示为一种常见的转轴部件结构图。轴的合理结构除了根据受力情况设计适当的尺寸以满足强度和刚度（抵抗弹性变形的能力）要求外，还必须满足两点要求：一是轴上零件与轴能实现可靠的定位和紧固；二是便于加工制造、装卸和调整。

2. 零件在轴上的定位和紧固

为了保证轴上的零件能够正常工作，其轴向和周向都必须加以固定。

（1）轴上零件的轴向固定　轴向固定的目的是保证零件在轴上有确定的轴向位置，防止零件做轴向移动，并能承受轴向力。零件在轴上的轴向定位和紧固可采用轴肩（图 5-15 中 b、e 处）、弹性挡圈（图 5-15 中 d 处）、套筒（图 5-15 中 g 处）、圆锥表面（图 5-15 中 i 处）、螺母（图 5-15 中 h、j 处）等方法。

（2）轴上零件的周向固定　周向固定的目的是保证轴能可靠地传递运动和转矩，防止轴上零件与轴产生相对转动。零件在轴上周向定位与紧固可采用键连接（图 5-15 中 f 处）、花键连接、过盈连接及销连接等方法。

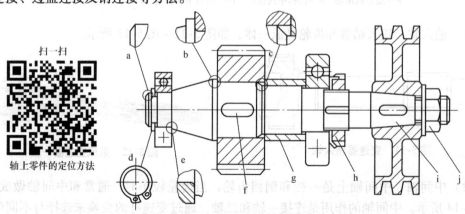

图 5-15　转轴部件结构图

3. 轴的加工制造、装拆和调整

轴的结构形式应便于加工、装配和维修，以此来提高生产率，降低成本。因此，有关轴的工艺结构应注意以下问题：

1）轴的结构和形状应便于加工、装配和维修，如光轴或阶梯轴。
2）阶梯轴的直径应该是中间大、两端小，以便于轴上零件的拆装。
3）轴端、轴颈与轴肩（或轴环）的过渡部位应有倒角或过渡圆角，如图 5-15 中 a 处，并应尽可能使倒角大小一致、圆角半径相同，以便于加工。
4）轴上需要切制螺纹或进行磨削时，应有螺纹退刀槽或砂轮越程槽。
5）当轴上有两个以上的键槽时，槽宽应尽可能统一，并布置在同母线上，以便于加工，如图 5-15 中 f 处。
6）为方便轴承拆卸，台阶高度应小于轴承内圈厚度，如图 5-15 中 e 处。

4. 提高轴的疲劳强度的措施

轴大多在变应力下工作，因此轴的破坏大多为疲劳破坏。提高轴的疲劳强度的关键是减少应力集中，提高轴的表面质量。轴截面尺寸突变处会造成应力集中，所以对阶梯轴，相邻两段轴径变化不宜过大，在轴径变化处的过渡圆角半径不宜过小。尽量不在轴面上切制螺纹和凹槽，以免引起应力集中，尽量使用圆盘铣刀。此外，提高轴的表面质量，降低表面粗糙度值，采用表面滚压、喷丸和渗碳淬火等表面强化方法，均可提高轴的疲劳强度。

5. 轴的直径和长度的确定

开始设计轴时，轴上零件的位置及支点情况未知，无法确定轴的受力情况，只有待轴的结构设计基本完成后，才能对轴进行受力分析及强度计算。因此，一般在进行轴的结构设计前先按纯扭转受力情况对轴的直径进行估算，计算出的轴径一般作为轴最细处的直径；然后按轴上零件及工艺要求进行轴的结构设计；最后进行轴的强度校核计算。

（1）轴的基本直径估算　由力学知识可知，轴在转矩 T 的作用下，产生切应力 τ。对于圆截面的实心轴，其抗扭强度条件为

$$\tau = \frac{T}{W_P} = \frac{9.55 \times 10^6 \frac{P}{n}}{0.2d^3} \leq [\tau]$$

故轴的设计公式为

$$d \geq \sqrt[3]{\frac{5 \times 9.55 \times 10^6 P}{[\tau]n}} = C\sqrt[3]{\frac{P}{n}}$$

式中，$[\tau]$ 为轴的许用扭转切应力（MPa）；P 为轴所传递的功率（kW）；n 为轴的转速（r/min）；d 为轴的直径（mm）；C 为由轴的材料和承载情况确定的常数，可按表 5-1 确定。

由上式求出的直径值，需圆整成标准直径。如果轴上开有一个键槽，轴径值应增大 3%～5%；如果开有两个键槽，轴径应增大 7%～10%。

表 5-1　常用材料的 C 值

轴的材料	Q235A, 20	35	45	40Cr, 35SiMn
$[\tau]$/MPa	12～20	20～30	30～40	40～52
C	135～160	118～135	107～118	98～107

（2）确定轴的各段直径和长度 轴的最小直径确定后，在初步考虑确定轴的阶梯外形结构的基础上，即可根据轴上零件的安装和定位要求，从轴的两端分别向中间逐段增大，定出轴上各段的直径。同时根据轴上零件的轴向尺寸（如齿轮轮毂长度、轴承宽度等）、各零件的相互位置关系，确定轴的各段长度。这里需要注意以下几点：

1）与滚动轴承相配合的轴段直径，必须符合滚动轴承的内径系列；与传动零件配合的直径，应取标准值。

2）非配合直径，允许采用非标准值，但应尽量取成整数。

3）仅为了装配方便和区分不同的加工表面时，两相邻剖面的轴径差应尽可能小，以避免轴径过大和热处理时产生过大的应力集中。

4）轴与轮毂配合部分的长度应比轮毂长度短 2~3mm，以保证轴上零件的轴向定位可靠。

5.1.3 汽车典型轴零件（半轴、传动轴及活塞销）

1. 半轴

半轴又称驱动轴，是将差速器与驱动轮连接起来的轴，如图 5-16 所示。半轴是变速器、减速器与驱动轮之间传递转矩的轴，其内外端各有一个万向节，分别通过万向节上的花键与减速器齿轮及轮毂轴承内圈连接。现代汽车常用的半轴，根据其支承形式不同，有全浮式和半浮式两种。普通非断开式驱动桥的半轴，可根据外端支承形式不同分为全浮式、3/4 浮式和半浮式三种。

图 5-16 半轴总成

（1）全浮式半轴 工作时仅承受转矩，两端不承受任何力和弯矩的半轴称为全浮式半轴。半轴的外端凸缘用螺栓紧固到轮毂上，轮毂又通过两个相距较远的轴承装在半轴套管上。结构上全浮式半轴的内端有花键，外端有凸缘，凸缘上有若干孔，因其工作可靠广泛应用在商用车上。全浮式半轴易于拆装，只需拧下半轴突缘上的螺栓即可抽出半轴，而车轮与桥壳照样能支持汽车，从而给汽车维护带来方便。

（2）3/4 浮式半轴 除承受全部转矩外，还要承受一部分弯矩。3/4 浮式半轴最突出的结构特点是半轴外端仅有一个轴承，轴承支承着车轮轮毂。由于一个轴承的支承刚度较差，因此，这种半轴除承受转矩外，还要承受因车轮与路面间的垂直力、驱动力和侧向力所引发的弯矩作用。3/4 浮式半轴在汽车上应用很少。

（3）半浮式半轴 半浮式半轴以靠近外端的轴颈直接支承在位于桥壳外端内孔中的轴承上，半轴端部以具有锥面的轴颈及键与轮毂固定连接，或用凸缘直接与车轮轮盘及制动毂相连接。因此，半浮式半轴除传递转矩外，还要承受车轮传来的垂直力、驱动力和侧向力引起的弯矩。半浮式半轴结构简单、质量小、造价低，因而被广泛用于反力弯矩较小的各类轿车上。但这种半轴支承拆取麻烦，且汽车行驶中若半轴折断则易造成车轮飞脱的危险。

2. 传动轴

传动轴（图 5-17）是汽车传动系统中传递动力的重要部件，它的作用是与变速器、驱动桥一起将发动机的动力传递给车轮，使汽车产生驱动力。

图 5-17　汽车传动轴

（1）传动轴的结构　传动轴由万向节、伸缩套、轴套组成。万向节能保证变速器输出轴与驱动桥输入轴两轴线夹角的变化，并实现两轴的等角速传动。伸缩套能自动调节变速器与驱动桥之间距离的变化。一般用轻而抗扭性佳的合金钢管制成。

1）万向节。万向节是汽车传动轴上的关键部件。汽车是一个运动的物体。在后驱汽车上，发动机、离合器与变速器作为一个整体安装在车架上，而驱动桥通过弹性悬架与车架连接，两者之间有一段距离，需要进行连接。

① 万向节的作用。一般万向节由十字轴、十字轴承和凸缘叉等组成。万向节是汽车传动轴上的关键部件。在前置发动机后轮驱动的车辆上，万向节传动轴安装在变速器输出轴与驱动桥主减速器输入轴之间；而前置发动机前轮驱动的车辆省略了传动轴，万向节安装在既负责驱动又负责转向的前桥半轴与车轮之间。车辆在运行中因路面不平易产生跳动，负荷变化或者两个总成安装位置差异，都会使得变速器输出轴与驱动桥主减速器输入轴之间的夹角和距离发生变化，因此要用一个"以变应变"的装置来解决这一个问题，因此就有了万向节。

② 万向节的传动特点。在发动机前置后轮驱动（或全轮驱动）的汽车上，由于汽车在行驶过程中悬架变形，驱动轴主减速器输入轴与变速器（或分动箱）输出轴间经常有相对运动，此外，为有效避开某些机构或装置（无法实现直线传递），必须有一种装置来实现动力的正常传递，于是就出现了万向节传动。万向节传动必须具备以下特点：

a）保证所连接两轴的相对位置在预计范围内变动时，能可靠地传递动力。

b）保证所连接两轴能均匀运转。由于万向节夹角而产生的附加载荷、振动和噪声应在允许范围内。

c）传动效率要高，使用寿命长，结构简单，制造方便，维修容易。对汽车而言，由于十字轴万向节的输出轴相对于输入轴（有一定的夹角）是不等速旋转的，为此必须采用双万向节（或多万向节）传动，并把同传动轴相连的两个万向节叉布置在同一平面，且使两万向节的夹角相等。在设计时应尽量减小万向节的夹角。

2）伸缩套。传统结构的传动轴伸缩套是将花键套与凸缘叉焊接在一起，将花键轴焊在传动轴管上。新型的传动轴是将花键套与传动轴管焊接成一体，将花键轴与凸缘叉制成一体，并将矩形齿花键改成大压力角渐开线短齿花键。这样既增加了强度又便于挤压成形，以适应大转矩工况的需要。在伸缩套管和花键轴的齿表面整体涂浸了一层尼龙材料，不仅增加了耐磨性和自润滑性，而且减少了冲击负荷对传动轴的损害，提高了缓冲能力。

此种传动轴在凸缘花键轴外增加了一个管形密封保护套，在该保护套端部设置了两道聚氨酯橡胶油封,在伸缩套内形成一个完全密封的空间,使伸缩花键轴不受外界沙尘的侵蚀,不仅防尘而且防锈。因此在装配时在花键轴与套内一次性涂抹润滑脂,就完全可以满足使用要求,不需要装油嘴润滑,减少了保养项目。

3) 轴套。轴套是为了减少轴运动时的摩擦与磨损而设计出来的,基本用途与轴承无异,而且相对轴承成本较低,但摩擦阻力较大,所以只适用于部分部件上。轴套大多都以铜制成,但也有塑胶制的轴套。轴套多放置于轴与承托结构中,而且非常紧贴承托结构,只有轴能在轴套上转动。在装配轴与轴套时,两者间会加入润滑剂以减少其转动时产生的摩擦力。

(2) 传动轴的用途 专用汽车传动轴主要用在油罐车、加油车、洒水车、吸污车、吸粪车、消防车、高压清洗车、道路清障车、高空作业车、垃圾车等车型上。

(3) 传动轴的类型

1) 按弹性分类。传动轴按万向节的不同,可有不同的分类。如果按万向节在扭转的方向是否有明显的弹性可分为刚性万向节传动轴和挠性万向节传动轴。

① 刚性万向节:靠零件的铰链式连接传递动力。

② 挠性万向节:靠弹性零件传递动力,并具有缓冲、减振的作用。

2) 按角速度分类。刚性万向节又可分为不等速万向节(如十字轴式万向节)、准等速万向节(如双联式万向节、三销轴式万向节)和等速万向节(如球笼式万向节、球叉式万向节)。等速与不等速是指从动轴在随着主动轴转动时,两者的转动角速度是否相等,主动轴和从动轴的平均转速是相等的。

① 等速万向节。主、从动轴的角速度在两轴之间的夹角变动时仍然相等的万向节,称为等速万向节或等角速万向节。它们主要用于转向驱动桥、断开式驱动桥等车轮传动装置中,主要用于轿车中的动力传递。

② 不等速万向节。主、从动轴的角速度在两轴之间的夹角变动时不相等的万向节,称为不等速万向节,也叫作十字轴式万向节。

十字轴式刚性万向节传动轴在汽车传动系统中用得最广泛,历史也最悠久。当轿车为后轮驱动时,常采用十字轴式万向节传动轴,对部分高档轿车,也有采用等速球头的;当轿车为前轮驱动时,则常采用等速万向节。等速万向节也是一种传动轴。传动轴一般指的就是十字轴式刚性万向节传动轴。十字轴式刚性万向节主要用于传递角度的变化,一般由突缘叉、十字轴带滚针轴承总成、万向节叉或滑动叉、中间连接叉或花键轴叉、滚针轴承的轴向固定件等组成。

突缘叉是一个带法兰的叉形零件,一般采用中碳钢或中碳合金钢的锻造件,也有采用球墨铸铁的砂型铸造件和中碳钢或中碳优质合金钢的精密铸造件。突缘叉一般带一个平法兰,也有带一个端面梯形齿法兰的。十字轴带滚针轴承总成一般包括四个滚针轴承、一个十字轴、一个滑脂嘴。滚针轴承一般由若干个滚针、一个轴承碗、一个多刃口橡胶油封(部分带骨架)组成。在某些滚针轴承中,还有一个带油槽的圆形垫片,有尼龙的,也有采用铜片或其他材料的,主要用于减小万向节轴向间隙,提高传动轴动平衡品质。万向节叉是一个叉形零件,一般采用中碳钢或中碳合金钢的锻造件,也有采用中碳钢的精密铸造件。滚针轴承的轴向固定件一般是孔(或轴)用弹性挡圈(内外卡式),或轴承压板、锁片、螺栓等。

3) 按传递转矩分类。汽车传动轴还可根据传递转矩分为微型车传动轴、轻型车传动轴、中型车传动轴、重型车传动轴和工程车传动轴等。

(4)使用保养 为了确保传动轴的正常工作,延长其使用寿命,在使用中应注意以下问题:

1)严禁汽车用高速档起步。

2)严禁猛抬离合器踏板。

3)严禁汽车超载、超速行驶。

4)应经常检查传动轴工作状况。

5)应经常检查传动轴吊架紧固情况,支承橡胶是否损坏,传动轴各连接部位是否松旷,传动轴是否变形。

6)为了保证传动轴的动平衡,应经常注意平衡焊片是否脱焊。新传动轴组件是配套提供的,在新传动轴装车时应注意伸缩套的装配标记,应保证凸缘叉在一个平面内。在维修拆卸传动轴时,应在伸缩套与凸缘轴上打印装配标记,以备重新装配时保持原装配关系不变。

7)应经常为万向节十字轴承加注润滑脂,夏季应注入 3 号锂基润滑脂,冬季注入 2 号锂基润滑脂。

5.2 汽车上的轴承

汽车上的轴承种类繁多,如果按照摩擦方式的不同,可分为滑动轴承和滚动轴承两大类。

5.2.1 汽车用滑动轴承

滑动轴承是在滑动摩擦条件下工作的轴承。滑动轴承工作平稳、可靠、无噪声。在液体润滑条件下,滑动表面被润滑油分开而不发生直接接触,还可以大大减小摩擦损失和表面磨损,油膜还具有一定的吸振能力,但起动摩擦阻力较大。轴被轴承支承的部分称为轴颈,与轴颈相配的零件称为轴瓦。为了改善轴瓦表面的摩擦性质而在其内表面上浇注的减摩材料层称为轴承衬。轴瓦和轴承衬的材料统称为滑动轴承材料。滑动轴承一般用于高速、轻载工况条件下。

滑动轴承的轴瓦有整体式与剖分式(又称对开式)两种,如图 5-18 所示。

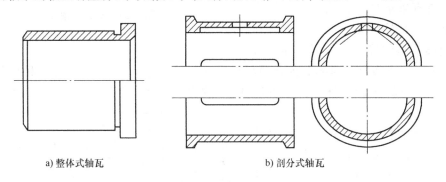

a) 整体式轴瓦　　　　　　b) 剖分式轴瓦

图 5-18　轴瓦的结构

滑动轴承优越的自润滑性能在汽车行业已经得到了充分的体现。例如汽车门铰链系统中采用了 CSB – EP3 增强型系列塑料滑动轴承;汽车减振系统使用了 CSB – 40 复合轴承(DP4

材料);汽车转向系统中采用 CSB – RPM4 的支承套;汽车制动系统中采用高性能聚合物 CSB – EP4 塑料轴承;汽车 CVT 变速系统中采用 CSB – EP 系列工程塑料轴承;汽车座椅调节系统中采用 CSB – EP 系列工程塑料滑动轴承等。

汽车上常用的轴承可分为剖分式轴承(如凸轮轴与缸盖的连接、曲轴与活塞连杆的连接)和整体式轴承(在汽车上的典型应用就是支承凸轮轴轴颈及活塞与连杆的连接所用的活塞销),如图 5-19 所示。

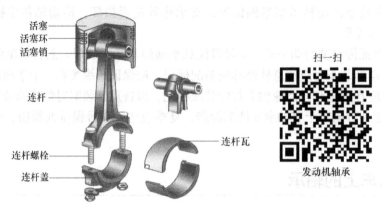

图 5-19 活塞连杆组上的滑动轴承

1. 曲轴主轴承

(1) 曲轴主轴承概述 曲轴主轴承是一种典型的剖分式滑动轴承,是一种衬瓦式薄壁轴承,形似瓦片俗称轴瓦,又称为轴套。剖分式轴瓦分为上轴瓦和下轴瓦(图 5-18b),轴瓦两端有凸肩用作轴向定位,并能承受一定的轴向力。

为改善轴瓦的摩擦性能及节省贵重的合金材料,常在轴瓦的内表面浇注或轧制一层减摩材料(如轴承合金),称为轴承衬,其厚度为 0.5~5mm。通常情况下,轴承合金衬层越薄,其疲劳强度越高。这种具有轴承衬的轴瓦结构又称为双金属轴瓦,如图 5-20 所示。为综合利用各种金属材料的特性,还可在轴承衬

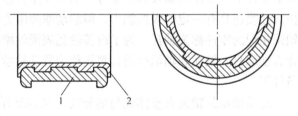

图 5-20 双金属轴瓦
1—轴瓦 2—轴承衬

表面再镀上一层或多层薄薄的其他金属材料(如银、铟等),称为三金属轴瓦或多金属轴瓦。这类轴瓦与单金属轴瓦相比,其减摩性、疲劳强度、磨合性和嵌藏性等都得到了很大的提高。

为使润滑油能顺利地流入轴瓦的整个工作表面,轴瓦上要制出进油孔和油沟用于输送润滑油。对于宽径比 B/d 较小的轴承,开设油孔即可;对于宽径比较大、可靠性要求高的轴承,还应开设油沟。常用

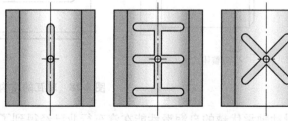

图 5-21 常用的油沟形式

的油沟形式如图 5-21 所示。

剖分式轴瓦有厚壁轴瓦和薄壁轴瓦之分。厚壁轴瓦用铸造方法制造，内表面可附有轴承衬，常将轴承合金用离心铸造法浇注在铸铁、钢或青铜轴瓦的内表面上。为使轴承合金和轴瓦贴附得好，常在轴瓦内表面上制出各种形式的榫头、凹沟或螺纹。

薄壁轴瓦由于能用双金属板连续轧制等新工艺进行大量生产，故质量稳定、成本低，但轴瓦刚性小，装配时不再修刮轴瓦内圆表面，轴瓦受力后，其形状完全取决于轴承座的形状，因此，轴瓦和轴承座均需精密加工。薄壁轴瓦在汽车发动机、柴油机上得到了广泛的应用。

轴瓦和轴承座不允许有相对移动。为了防止轴瓦移动，可将其两端做出凸缘来作轴向定位，也可以用紧定螺钉或销钉将其固定在轴承座上，或在轴瓦剖分面上冲出定位唇以供定位用。对开式轴瓦如图 5-22 所示。

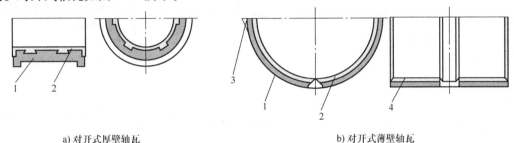

a) 对开式厚壁轴瓦　　　　　　　　　　b) 对开式薄壁轴瓦

图 5-22　对开式轴瓦

1—轴瓦　2—轴承衬　3—定位唇　4—减摩层

（2）曲轴主轴承的材料　滑动轴承工作时，轴瓦（轴承衬）与轴颈构成摩擦副，即使是液体摩擦轴承，在起动、停车、换向、载荷或转速变化时，也可能出现摩擦表面的直接接触。因此，轴瓦的主要失效形式是磨损和胶合（俗称烧瓦）。在变载荷作用下，也会出现疲劳点蚀。所以，对轴瓦材料的基本要求是：有良好的减摩性、耐磨性、抗胶合性；良好的顺应性、嵌入性和磨合性；良好的导热性、热稳定性；具有足够的强度；对润滑油有较强的吸附能力、耐腐蚀和便于加工等。

常用的轴瓦材料分为金属材料、粉末冶金材料和非金属材料。常用轴瓦材料的性能及应用见表 5-2。

表 5-2　常用轴瓦材料的性能及应用

轴承材料		最大许用值①			最高工作温度 $t/℃$	轴颈硬度 HBW	性能比较②					特性及用途
		$[p]$/MPa	$[v]$/(m/s)	$[pv]$/(MPa·m/s)			抗胶合性	顺应性	嵌入性	耐蚀性	疲劳强度	
轴承合金	ZSnSb11Cu6	平稳载荷			150	150	1	1	1	1	5	用于高速、重载下工作的重要轴承，变载荷下易疲劳，价格高
		25	80	20								
		冲击载荷										
		20	60	15								
	ZPbSb16Sn16Cu2	15	12	10	150	150	1	1	3	1	5	用于中速、中等载荷，不宜受显著冲击。可作为锡锑轴承合金的代用品

（续）

| 轴承材料 | | 最大许用值① | | | 最高工作温度 $t/℃$ | 轴颈硬度 HBW | 性能比较② | | | | 特性及用途 |
		$[p]$/MPa	$[v]$/(m/s)	$[pv]$/(MPa·m/s)			抗胶合性	顺应性	嵌入性	耐蚀性	疲劳强度	
锡青铜	ZCuSn10P1	15	10	15	280	300~400	3	5	1	1		用于中速、重载及承受变载荷的轴承
	ZCuSn5Pb5Zn5	8	3	15								用于中速、中载轴承
铝青铜	ZCuAl10Fe3	15	4	12	280	300	5	5	5	2		宜用于润滑充分的低速、重载轴承
黄铜	ZCuZn16Si4	12	2	10	200	200	5	5	1	1		用于低速、中载轴承
铝基轴承合金	2%铝锡合金	28~35	14	—	140	300	4	3	1	2		用于高速、中载轴承。强度高、耐腐蚀、表面性能好。也可用于增压强化柴油机轴承
三元电镀合金	铝-硅-镉镀层	14~35	—	—	170	200~300	1	2	2	2		镀铝锡青铜作中间层，再镀10~30μm三元减摩层，疲劳强度高，嵌入性好
银	镀层	28~35	—	—	180	300~400	2	3	1	1		镀银，上附薄层铅，再镀铟，常用于飞机发动机、柴油机轴承
耐磨铸铁	HT300	0.1~6	3~0.75	0.3~4.5	150	<150	4	5	1	1		宜用于低速、轻载的不重要轴承，价廉

| 轴承材料 | | 最大许用值① | | | 最高工作温度 $t/℃$ | 特性及用途 |
		$[p]$/MPa	$[v]$/(m/s)	$[pv]$/(MPa·m/s)		
粉末冶金	多孔铁（Fe95%，Cu2%，石墨和其他3%）	55（低速，间歇） 21（0.013m/s） 4.8（0.51~0.76m/s） 2.1（0.76~1m/s）	7.6	1.8	125	具有成本低、含油量多、耐磨性好等特点，应用很广。常用于制作磨粉机轴套、机床油泵衬套、内燃机凸轮轴衬套等
	多孔青铜（Cu90%，Sn10%）	27（低速，间歇） 14（0.013m/s） 3.4（0.51~0.76m/s） 1.8（0.76~1m/s）	4	1.6	125	

第5章 汽车中常用的机械零部件

(续)

轴承材料		最大许用值[1]			最高工作温度 $t/℃$	特性及用途
		$[p]$/MPa	$[v]$/(m/s)	$[pv]$/(MPa·m/s)		
非金属材料	酚醛树脂	41	13	0.18	120	孔隙度大的多用于高速、轻载轴承,孔隙度小的多用于摆动或往复运动的轴承。长期运转而不补充润滑剂的应降低$[pv]$值。高温或连续工作的应定期补充润滑剂。常用于制作电唱机、电风扇、纺织机械及汽车发动机的轴承
	尼龙	14	3	0.10 (0.55m/s) 0.09 (0.5m/s) <0.09 (5m/s)	90	由棉织物、石棉等填料经酚醛树脂粘结而成。抗胶合性好,强度、抗振性也较好,能耐酸碱,导热性差,重载时需用水或油充分润滑,易膨胀,轴承间隙宜取大些
	碳-石墨	4	13	0.5 (干) 5.25 (润滑)	400	有自润滑性及高的导磁性和导电性,耐蚀能力强,常用于水泵和风动设备中的轴套
	橡胶	0.34	5	0.53	65	橡胶能隔振、降低噪声、减小动载、补偿误差。导热性差,需加强冷却,温度高易老化。常用于有水、泥浆等的工业设备中

① $[pv]$为非液体润滑下的许用值。
② 性能比较:1~5 依次由佳到差。

1) 轴承合金。轴承合金又称巴氏合金或白合金,它主要由锡、铅、锑、铜等元素组成,分为锡基轴承合金和铅基轴承合金两类。锡基轴承合金的摩擦因数小,抗胶合能力好,对润滑油的吸附性强,耐蚀性好,易磨合,它适用于高速、重载的场合。铅基轴承合金的性能较前者脆,不宜承受冲击载荷,适用于中速、中载的场合。这两类轴承合金的机械强度和熔点都较低,仅适用于低于150℃的工况,且价格高,一般只用作轴承衬的材料。轴承合金的弹性模量和弹性极限都很低,在所有轴承材料中,它的嵌入性及摩擦顺应性最好,很容易与轴颈磨合。

2) 铜基合金。铜基合金有锡青铜、铝青铜和铅青铜三种。青铜的疲劳强度优于轴承合金,耐磨性与减摩性较好,能在较高温度下工作,但可塑性差,不易磨合,宜用于中速重载、中速中载及低速重载发动机。铜铅合金轴瓦主要用于柴油机上。

3) 铝基合金。铝基合金主要由铝、锡、硅组成，分为低锡、中锡和高锡三种。铝合金强度高，耐磨性、耐蚀性和导热性好，但要求轴颈有较高的硬度和较小的表面粗糙度值，轴承的间隙也要稍大些。此类合金价格较便宜，适用于中速中载、低速重载的场合。例如用20高锡铝基合金（锡质量分数为20%，铜质量分数为1%，其余为铝）与钢制成的双金属轴瓦，成本低，耐磨性好，且有较高的承载能力，已获得广泛应用。

2. 活塞销

活塞销是装在活塞裙部的圆柱形销子。它的中部穿过连杆小头孔，用来连接活塞和连杆，其作用是把活塞承受的气体作用力传给连杆，或使连杆小头带动活塞一起运动。为了减轻重量，活塞销一般用优质合金钢制造，并做成空心，如图5-23所示。

活塞销在高温条件下能承受很大的周期性冲击载荷，且由于活塞销在销孔内摆动角度不大，难以形成润滑油膜，因此润滑条件较差。为此活塞销必须有足够的刚度、强度和耐磨性，质量尽可能小，销与销孔应该有适当的配合间隙和良好的表面质量。一般情况下，活塞销的刚度尤为重要，如果活塞销发生弯曲变形，可能使活塞销座损坏。由于活塞销工作时承受压比大，无法形成油膜，变形不协调，因此其设计要求具有足够高的机械强度和耐磨性，同时还要有较高的疲劳强度。

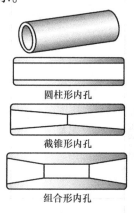

图5-23 活塞销

（1）活塞销的材料及结构 活塞销的材料一般为低碳钢或低碳合金钢。在负荷不高的发动机中常用15、20、15Cr、20Cr和20Mn2钢。在强化发动机中，采用高级合金钢，如12CrNi3A、18CrMnTi2及20SiMnVB等，有时也可用45中碳钢。

为使活塞销外层坚硬并耐磨，需要对活塞销进行热处理。对于低碳钢材料的活塞销外表面进行渗碳和淬火。根据活塞销的尺寸大小，渗碳层的深度一般为0.5~2mm。对于45钢活塞销则应进行表面淬火，淬火层的深度为1~1.5mm。注意：淬火时不能将活塞销淬透，否则活塞销将变脆。

活塞销的结构形状很简单，基本上是一个厚壁空心圆柱体。活塞销内孔形状有圆柱形、两段截锥形和组合形（图5-23）。圆柱形内孔加工容易，但活塞销的质量较大；两段截锥形内孔的活塞销质量较小，且因为活塞销所受的弯矩在其中部最大，所以接近于等强度梁，但锥孔加工较困难。

（2）活塞销的固定方式 活塞销的固定方式有三种：

1) 采用浮式销，浮式销在活塞销座和连杆小头中都可以转动。

2) 活塞销固定于活塞销座上，在连杆小头中可以转动。

3) 活塞销固定于连杆小头上，在活塞销座中可以转动。

浮式销获得了广泛的应用，因为浮式销工作时在活塞销座和连杆小头中都可以转动，它与第二种、第三种固定方式（半浮式销）相比，其工作表面相对滑动速度较小，摩擦产生的热量也相应减小，磨损较小且均匀，延长了浮式销的寿命。此外，浮式销还具有运转中不易被卡住、装配方便等优点。半浮式活塞销的应用现在已经较少。

5.2.2 汽车用滚动轴承

1. 滚动轴承概述

（1）滚动轴承的结构　滚动轴承一般由内圈、外圈、滚动体和保持架四部分组成，如图 5-24 所示。轴承内圈的作用是与轴相配合并与轴一起旋转；外圈的作用是与轴承座相配合，起支承作用；滚动体借助于保持架均匀地分布在内圈和外圈之间。

（2）滚动轴承的材料　滚动轴承的内、外圈一般用含铬的轴承钢制造，如 GCr9、GCr15、GCr15SiMn 等，热处理后硬度一般不低于 60 ~ 65HRC，工作表面需磨削。保持架一般用软钢冲压制成，也有用铜或塑料制作的。

（3）滚动轴承的特点　滚动轴承具有摩擦阻力小、易起动、结构紧凑、轴向尺寸小、磨损小、使用寿命长等优点；缺点是噪声大、抗冲击能力差、轴承座的结构比较复杂、成本较高。

（4）滚动轴承的类型　滚动轴承按滚动体不同可分为球轴承和滚子轴承；按滚动体的列数有单列和多列轴承；按滚动体所受载荷的不同可分为向心轴承、推力轴承、向心推力轴承等。滚动体的类型如图 5-25 所示。

扫一扫

动压过程演示

扫一扫

静压过程演示

扫一扫

滚动轴承的结构

图 5-24　滚动轴承的结构
1—外圈　2—滚动体　3—内圈　4—保持架

图 5-25　滚动体的类型

（5）滚动轴承的代号　按照国家标准 GB/T 272—1993 中规定，轴承代号用字母加数字表示，即由基本代号、前置代号和后置代号三部分构成。轴承代号一般刻印在轴承外圈的端面上，具体含义可查阅相关国家标准。

1）基本代号。基本代号表示轴承的基本类型、结构和尺寸，是轴承代号的基础。

2）前置代号。用数字或字母表示不同类型的轴承，表示成套轴承分部件。常用的几类滚动轴承，一般无前置代号。

3）后置代号。后置代号表示轴承的结构、形状、材料、公差等级等。

滚动轴承的代号含义如下：

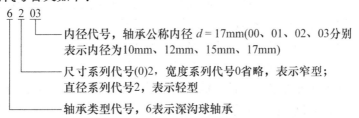

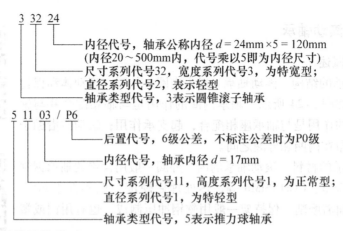

2. 汽车用滚动轴承的类型

汽车用滚动轴承泛指汽车各部位使用的各种通用和专用滚动轴承。由于汽车上对轴承的运用比较多，所以人们习惯上把汽车上所用的轴承按所在车辆部位来区分。汽车轴承按在车辆上安装的部位不同，可分为发动机轴承、传动系统轴承、转向系统轴承及空调轴承等，继而可进一步细分至上述系统的各个部件乃至轴承的具体安装部位。例如发动机轴承主要有曲轴轴承、电动机轴承、水泵轴承等；传动系统轴承有离合器分离轴承、变速器轴承、传动轴支承轴承、差速器轴承等；转向系统轴承主要有转向轴轴承、转向节轴承等；空调轴承有压缩机轴承、电磁离合器轴承等。

轴承的配置

（1）深沟球轴承　汽车上深沟球轴承应用非常广泛，如空调所用的密封深沟球轴承、变速器中间轴轴承、张紧轮轴承、水泵轴承等。深沟球轴承如图5-26所示。

深沟球轴承

图5-26　深沟球轴承

1）深沟球轴承的基本参数。深沟球轴承是滚动轴承中最为普通的一种类型。基本型的深沟球轴承由一个外圈、一个内圈、一组钢球和一组保持架构成。深沟球轴承有单列和双列两种，钢球的结构还分为密封和开式两种，开式是指轴承不带密封结构。密封型钢球分为防尘密封和防油密封。防尘密封盖由钢板冲压制成，只起到简单的防止灰尘进入轴承滚道的作用。防油密封为接触式油封，能有效地阻止轴承内的润滑脂外溢。

单列深沟球轴承的类型代号为6，双列深沟球轴承的类型代号为4。深沟球轴承结构简单，使用方便，是生产中最普遍、应用最广泛的一类轴承。

2）深沟球轴承的工作原理及特性。深沟球轴承主要承受径向载荷，也可同时承受径向载荷和轴向载荷。当其仅承受径向载荷时，接触角为零。当深沟球轴承具有较大的径向游隙时，具有角接触轴承的性能，可承受较大的轴向载荷，深沟球轴承的摩擦因数很小，极限转速也很高。

深沟球轴承是最具代表性的滚动轴承，用途广泛，适用于高转速甚至极高转速的运行，而且非常耐用，无须经常维护。该类轴承摩擦因数小，极限转速高，结构简单，制造成本低，易达到较高的制造精度；尺寸范围与形式变化多样，应用在精密仪表、低噪声电动机、汽车、摩托车及一般机械等行业，是机械工业中广泛应用的一类轴承。

3）深沟球轴承的安装方法。

① 压入配合法。轴承内圈与轴是紧配合，轴承外圈与轴承座孔是较松配合时，可用压力机将轴承先压装在轴上，然后将轴连同轴承一起装入轴承座孔内。压装时在轴承内圈端面上，垫一软金属材料做的装配套管（铜或软钢）。轴承外圈与轴承座孔是紧配合，轴承内圈与轴为较松配合时，可将轴承先压入轴承座孔内，这时装配套管的外径应略小于座孔的直径。如果轴承内圈和外圈与轴及座孔都是紧配合时，安装时内圈和外圈要同时压入轴和座孔，装配套管的结构应能同时压紧轴承内圈和外圈的端面。

② 加热配合法。这是通过加热轴承或轴承座，利用热膨胀将紧配合转变为松配合，是一种常用和省力的安装方法。此法适于过盈量较大的轴承的安装，热装前把轴承或可分离型轴承的套圈放入油箱中均匀加热 80～100℃，然后从油中取出尽快装到轴上，为防止冷却后内圈端面和轴肩贴合不紧，轴承冷却后可以再进行轴向紧固。轴承外圈与轻金属制的轴承座紧配合时，采用加热轴承座的热装方法，可以避免配合面受到擦伤。用油箱加热轴承时，在距箱底一定距离处应有一网栅，或者用钩子吊着轴承，轴承不能放到箱底上，以防杂质进入轴承内或不均匀加热。油箱中必须有温度计，严格控制油温不得超过 100℃，以防止发生回火效应，使套圈的硬度降低。

4）深沟球轴承的失效形式。

① 疲劳破坏：工作过程中，滚动体相对内、外圈不断转动，因此滚动体和滚道接触表面受脉动循环变应力，产生疲劳点蚀。

② 塑性变形：当轴承转速很低或间歇摆动时，不会产生疲劳损坏，但在很大的静载荷或冲击载荷作用下，会使滚道和滚动体产生永久变形，从而使轴承在运转过程中产生剧烈振动和噪声而失效。

③ 由于操作、维护保养不当而造成早期磨损、胶合、内外圈和保持架破裂、锈蚀等失效形式。

（2）圆柱滚子轴承　圆柱滚子轴承（图 5-27）是汽车上用得比较多的另一种轴承，如空调压缩机上用带专用滚道的推力滚针轴承、变速器中间轴及输出轴上经常用到轴向承载能力很高的圆柱滚子轴承、差速器小齿轮轴支承用的长寿命圆柱滚子轴承、传动轴及万向节所用的长寿命滚针轴承等。

圆柱滚子轴承是滚动体为圆柱滚子的向心滚动轴承。圆柱滚子轴承内部结构采用呈平行排列的滚子，滚子之间装有间隔保持器或者隔离块，可以防止滚子的倾斜或滚子之间相互摩擦，有效地防止了旋转扭矩的增加。

图 5-27　圆柱滚子轴承

1)圆柱滚子轴承的基本参数。圆柱滚子与滚道为线接触,负荷能力大,主要承受径向负荷。滚动体与套圈挡边摩擦小,适于高速旋转。根据套圈有无挡边,可以分为 NU、NJ、NUP、N、NF 等单列圆柱滚子轴承,及 NNU、NN 等双列圆柱滚子轴承。该轴承是内圈、外圈可分离的结构。内圈或外圈无挡边的圆柱滚子轴承,其内圈和外圈可以向轴向做相对移动,所以可以作为自由端轴承使用。在内圈和外圈的某一侧有双挡边,另一侧的套圈有单个挡边的圆柱滚子轴承,可以承受一定程度的轴向负荷。一般使用钢板冲压保持架,或铜合金车制实体保持架,但也有一部分使用聚酰胺成形保持架。

2)圆柱滚子轴承的特点。

① 圆柱滚子与滚道为线接触,径向承载能力大,适用于承受重载荷与冲击载荷。

② 摩擦因数小,适合高速工况,极限转速接近深沟球轴承。

③ N 型及 NU 型可轴向移动,能适应因热膨胀或安装误差引起的轴与外壳相对位置的变化,可作为自由端支承使用。

④ 对轴或座孔的加工要求较高,轴承安装后外圈轴线相对偏斜要严加控制,以免造成接触应力集中。

⑤ 内圈或外圈可分离,便于安装和拆卸。

3)圆柱滚子轴承的结构分类。

① 外圈无挡边 N0000 型和内圈无挡边 NU0000 型圆柱滚子轴承。此种轴承可承受较大的径向载荷,极限转速高,不束缚轴或外壳的轴向位移,不能承受轴向载荷。

② 内、外圈均带挡边的圆柱滚子轴承。NJ0000 型、NF0000 型轴承可束缚轴或外壳一个方向的轴向位移,并能承受较小的单向轴向载荷。NU0000 + HJ0000 型、NJ0000 + HJ0000 型、NUP0000 型轴承,可在进口轴承的轴向间隙领域内束缚轴或外壳两个方向的轴向位移,并能接受较小的双向轴向载荷。

4)圆柱滚子轴承的类别。圆柱滚子轴承根据装用滚动体的列数不同,可以分为单列、双列和多列圆柱滚子轴承等,不同结构的轴承还表现在挡边的位置设计方面。其中常用的圆柱滚子轴承有以下几种形式:

① 单列圆柱滚子轴承(图 5-28)。单列圆柱滚子轴承是可分离轴承,便于安装和拆卸,两个套圈都可以采用紧配合,修正的滚子和滚道之间的接触线可以减小应力集中。

② 双列圆柱滚子轴承(图 5-29)。双列圆柱滚子轴承属于游动轴承,其可分离性使安装和拆卸很方便。两个套圈均可以采用紧配合。双列圆柱滚子轴承几乎不允许有倾斜角。

图 5-28 单列圆柱滚子轴承

图 5-29 双列圆柱滚子轴承

5) 圆柱滚子轴承的公差等级。圆柱滚子轴承根据公差等级可分 P0、P6、P6x、P5、P4、P2，公差等级从低依次到高排序。

6) 圆柱滚子轴承的径向间隙调整方法是：

① 对圆筒形和椭圆形轴瓦的侧隙，可采用手工研刮或轴承中分面加垫车削后修刮的方法调整。②对圆筒形和椭圆形轴瓦的顶隙，可采用手工研刮或情况允许时对轴承中分面加垫的方法调整。

7) 圆柱滚子轴承径向间隙的调整方法：①对圆筒形和椭圆形轴瓦的侧隙，可采用手工研刮或轴承中分面加垫、车削后修刮的方法调整。②对圆筒形和椭圆形轴瓦的顶隙，可采用手工研刮或情况允许时对轴承中分面加垫的方法调整。③对多油楔固定式轴瓦，原则上不允许修刮和调整轴瓦间隙，间隙不合适时应更换新瓦。④对多油楔可倾式轴瓦，不允许修刮瓦块，间隙不合适时应更换新瓦块。对厚度可调的瓦块，可通过在瓦背后调整块下加不锈钢垫，或减薄调整块厚度的方法调整瓦量。注意对多油楔可倾式轴瓦，同组瓦块间厚度误差应小于 0.01mm。

(3) 圆锥滚子轴承　圆锥滚子轴承（图 5-30）是汽车变速器及差速器上不可或缺的一种轴承。例如汽车变速器输出轴所用的圆锥滚子轴承、差速器输入轴上所用的圆锥滚子轴承等。

圆锥滚子轴承属于分离型轴承，轴承的内、外圈均具有锥形滚道。该类轴承按所装滚子的列数分为单列、双列和四列圆锥滚子轴承等不同的结构形式。单列圆锥滚子轴承可以承受径向载荷和单一方向的轴向载荷。当轴承承受径向载荷时，将会产生一个轴向分力，所以需要另一个可承受反方向轴向力的轴承来加以平衡。

图 5-30　圆锥滚子轴承

单列圆锥滚子轴承承受轴向载荷的能力取决于接触角，即外圈滚道角度，角度越大，轴向负荷能力也越大。圆锥滚子轴承中用量最多的是单列圆锥滚子轴承。在轿车的前轮轮毂中，用上了小尺寸的双列圆锥滚子轴承。

1) 结构特点。圆锥滚子轴承的类型代号为 30000，圆锥滚子轴承为分离型轴承。一般情况下，尤其是在 GB/T 307.1—2005《滚动轴承　向心轴承　公差》中所涉及的尺寸范围内的圆锥滚子轴承外圈与内组件之间是可以互换使用的。

标准中规定了圆锥滚子轴承外圈的角度、外滚道直径尺寸和外形尺寸，不允许在设计制造时更改。因此圆锥滚子轴承的外圈与内组件可以通用互换。

圆锥滚子轴承主要用于承受以径向载荷为主的径向与轴向联合载荷。与角接触球轴承相比，承载能力大、极限转速低。圆锥滚子轴承能够承受一个方向的轴向载荷，能够限制轴或外壳在一个方向的轴向位移。

2) 类别。常见圆锥滚子轴承有单列圆锥滚子轴承、双列圆锥滚子轴承和四列圆锥滚子轴承等。

单列圆锥滚子轴承有一个外圈，其内圈和一组锥形滚子由筐形保持架包罗成一个内圈组件。外圈可以和内圈组件分离，按照 ISO 圆锥滚子轴承外形尺寸标准的规定，任何一个标准型号的圆锥滚子轴承外圈或内圈组件应能和同型号外圈或内圈组件实现国际性互换，即同型号的外圈除外部尺寸、公差需符合 ISO492（GB/T 307）规定外，内圈组件的圆锥角、组件锥体直径等也必须符合互换的有关规定。

通常，单列圆锥滚子轴承外圈滚道的圆锥角为 10°~19°，能够同时承受轴向载荷和径向载荷的联合作用。锥角越大，承受轴向载荷的能力也越大。大圆锥角的轴承，后置代号加 B，锥角在 25°~29°之间，它可承受较大的轴向载荷。另外，单列圆锥滚子轴承可以在安装过程中调整游隙的大小。

双列圆锥滚子轴承的外圈（或内圈）是一个整体。两个内圈（或外圈）小端面相近，中间有隔圈，游隙是靠隔圈的厚薄来调整的，也可用隔圈的厚薄来调整双列圆锥滚子轴承的预过盈。

四列圆锥滚子轴承的性能与双列圆锥滚子轴承基本相同，但比双列圆锥滚子轴承承受的径向载荷更大，极限转速稍低，主要用于重型机械。

3）调整安装。对于圆锥滚子轴承的安装，轴向游隙可用轴颈上的调整螺母、调整垫片和轴承座孔内的螺纹，或用预紧弹簧等进行调整。轴向游隙的大小与轴承安装时的布置、轴承间的距离、轴与轴承座的材料有关，可根据工作条件确定。

ZWZ 单列圆锥滚子轴承仅在安装后才有游隙，并在另一个以相反方向定位的轴承进行调节后才能确定。

对于高载荷、高转速的圆锥滚子轴承，调整游隙时，必须考虑温升对轴向游隙的影响，将温升引起的游隙减小量估算在内，即轴向游隙要适当地调大一点。

对于低转速和承受振动的轴承，应采取无游隙安装，或施加预载荷安装。其目的是使圆锥滚子轴承的滚子和滚道产生良好接触，载荷均匀分布，防止滚子和滚道受振动冲击遭到破坏。调整后，轴向游隙的大小用千分表检验。

5.2.3 汽车用轴承的润滑与密封

1. 轴承润滑的目的

1）防止轴承内部滚动和滑动表面的直接接触，减少摩擦、磨损。

2）延长轴承的寿命。

3）采用不同的供油润滑方法可以排出轴承由摩擦产生的热量和冷却外部传递的热，防止轴承过热。

4）防止外部异物入侵轴承内部，防止轴承锈蚀。

2. 滚动轴承润滑的方法

汽车滚动轴承，特别是主轴轴承，不仅要求转速高而且要求轴承工作时保持温度稳定，以减少因温度变化而产生的热变形。轴承的摩擦发热主要决定于载荷的大小、旋转速度的高低、润滑剂和润滑方法等。通常在汽车上采用的润滑方法有脂润滑和油润滑两种。脂润滑方法较简单，可简化机械结构，成本低，能抵抗外部异物的入侵，如加上密封能防止润滑脂的泄漏。采用不同的润滑脂可以满足轴承在较宽的工作温度范围、高载荷、高速条件下工作。在脂润滑不能满足要求时常采用油润滑，它的优点是能带走大量由轴承运转产生的热量和外部传递的热量，降低了轴承的工作温度，延长了轴承的寿命。油润滑有多种润滑方式，但润滑系统较复杂，成本较高。

(1) 润滑脂润滑

1) 常用润滑脂的要求。机床主轴用润滑脂要求有很好的润滑性能、高的承载能力、好的转速特性、较宽的工作温度范围、良好的机械稳定性和化学稳定性及高的抗氧化能力等。

一般机床主轴轴承用润滑脂的基础油是矿物油，稠化剂是锂皂。它的黏附力强，具有优良的润滑性能，使用温度为 $-10℃ \sim +110℃$。

在高转速条件下使用的机床主轴轴承润滑脂，应具备低温升和长寿命的特性。因此应用合成油、双脂油或双脂油+矿物油为基油，稠度为2号的润滑脂。

在润滑脂中如改变它的成分和配比，可满足在特殊工况条件下工作的主轴轴承的要求。例如在高载荷条件下，为提高油脂的基础油黏度，加入适当的抗极压添加剂；在高温时采用聚脲作为稠化剂；在高速时采用低黏度的基础油等。因此，用户在选用润滑脂时一定要依据油脂公司提供的技术参数，结合机床的工作特点认真选用。

2) 润滑脂的填充量。轴承的润滑脂填充量不宜太多，特别是高速主轴轴承，过多的润滑脂会在初期运转时造成异常温升，导致润滑脂的变质和劣化。因此建议润滑脂的填充量为轴承空间体积的10%~20%。在加润滑脂后不应立即运转，还必须按一定程序进行磨合运转，以防止上述问题的发生。

3) 润滑脂的寿命和再润滑周期。润滑脂的寿命取决于润滑脂的类型、加脂量、轴承类型、工作温度、安装、操作和环境条件等。

4) 润滑脂的填充和再润滑。无论轴承是在安装时，还是在润滑时，填充润滑脂都是一项十分严谨而细致的工作。首先应将轴承和与轴承安装相关的零件都清洗干净，待干燥后方能进行填充。轴承应按规定的填脂量使用专用工具充脂，使之均匀地分布在滚道、滚动体和保持架的表面，需要特别注意的是要保证滚动体和保持架之间有足够的润滑脂。在上述操作过程中轴承和润滑脂不得受到外来物质的污染。同样在安装过程中所用的工具应洁净，不得有异物进入轴承，因为大多数机床轴承本身是没有密封的。另外要特别注意的是，在轴承的安装或拆卸时，均不能损伤轴承的滚道、滚动体和保持架。

(2) 润滑油润滑　为了保证轴承的长寿命，选用油润滑法比选用脂润滑法更可靠，只要油品选择恰当，经过很好的过滤，供油适量，定期检验并及时更换，便可达到目标。例如汽车发动机曲轴轴瓦的润滑，就是利用高压油膜把轴与瓦尽量分离开来，形成流体摩擦或边界摩擦，从而减轻轴与瓦的磨损。

3. 密封装置

轴承的密封就是要保持内部良好的润滑状态，并阻止冷却水、氧化铁皮、杂质进入工作表面，延长轴承的使用寿命。由于轧机轴承密封问题，轴承损坏最多的就是靠近辊身侧的部位，轴承经常因为润滑脂污染、流失，使零件工作表面磨损、剥落甚至碎裂，特别是冷带轧机的乳化液渗入，使润滑脂失效更快。

轴承的密封分为自带密封和外部密封两种。外部密封主要采用迷宫式和接触式相结合的设计。迷宫的级越多（不低于两级），间隙越小，密封的效果越好。迷宫的间隙根据轴承尺寸的大小选取，径向单侧为0.6~1.5mm，轴向为4~6mm。

接触式骨架油封在轧机上应用比较广泛，为了增加密封效果，可以两三个并列使用。油封有方向性，不能装反。热轧机一般装有两个油封，两个油封唇口都要向轴承座外，以阻止外界污物进入。冷带轧机一般装有三个油封，靠近轴承的一个油封唇口要向内，用于防止因润滑脂溢出而影响轧材质量。使用油封时要小心，避免装辊时撞坏唇口，影响密封效果。

RBR 型密封环是一种轧机轴承专用的橡胶唇式密封环，近年来被广泛应用。RBR 型密封环采用轴向密封的方式，其唇口贴在压盖的基面上，不受轧辊跳动的影响，轴承内部的旧脂可以溢出，外部的冷却水、氧化铁皮、杂质被唇口阻止进入，有较好的密封效果，而且使用方便，换辊时轧辊装入轴承座不受任何影响。

轴承的支承密封是指在轴承外部，如轴承的壳体部位、轴径部位及端盖部位所附加的密封装置。在选择轴承支承密封装置时，应考虑轴承的润滑剂种类（脂或油）、密封接触表面的圆周速度、支承安装误差等诸多因素。对于密封要求不高、轴承转速较高而轴的安装误差又偏大时，可选用非接触式密封装置。非接触式密封装置可分为利用间隙和利用离心力密封两大类。如果要增强密封效果，可以在非接触式密封装置中附加离心片或滞流片，利用离心力控制润滑脂的排出量以达到密封效果。如果工作环境恶劣，有水分渗入的可能或轴承用油润滑时，支承部位可选用接触式密封装置。接触式密封装置一般有油密封、脂密封、机械密封等。

5.3 汽车联轴器、离合器和制动器

5.3.1 汽车联轴器

联轴器是用来连接不同机构中的两根轴（主动轴和从动轴），使之共同旋转以传递转矩的机械零件。在高速、重载的动力传动中，有些联轴器还有缓冲、减振和提高轴系统动态性能的作用。联轴器由两半部分组成，分别与主动轴和从动轴连接。

1. 结构分类

联轴器种类繁多，按照被连接两轴的相对位置和位置的变动情况，可以分为以下两种：

（1）固定式联轴器　固定式联轴器主要用于两轴要求严格对中，并在工作中不发生相对位移的地方，结构一般较简单，容易制造，且两轴瞬时转速相同，主要有凸缘联轴器、套筒联轴器、夹壳联轴器等。

（2）可移式联轴器　可移式联轴器主要用于两轴有偏斜或在工作中有相对位移的地方，根据补偿位移的方法又可分为刚性可移式联轴器和弹性可移式联轴器。刚性可移式联轴器利用联轴器工作零件间构成的动连接有某一方向或几个方向的活动度来补偿，如牙嵌联轴器（允许轴向位移）、十字沟槽联轴器（用来连接平行位移或角位移很小的两根轴）、万向联轴器（用于两轴有较大偏斜角或在工作中有较大角位移的地方）、齿轮联轴器（允许综合位移）、链条联轴器（允许有径向位移）等。弹性可移式联轴器（简称弹性联轴器）利用弹性元件的弹性变形来补偿两轴的偏斜和位移，同时弹性元件也具有缓冲和减振的性能，如蛇形弹簧联轴器、径向多层板簧联轴器、弹性圈栓销联轴器、尼龙栓销联轴器、橡胶套筒联轴器等。有些联轴器已经标准化，选择时先应根据工作要求选定合适的类型，然后按照轴的直径计算转矩和转速，再从有关手册中查出适用的型号，最后对某些关键零件做必要的验算。

2. 常用联轴器

（1）膜片联轴器　膜片联轴器由几组膜片（不锈钢薄板）用螺栓交错地与两半联轴器连接，每组膜片由数片叠集而成，膜片分为连杆式和不同形状的整片式。膜片联轴器靠膜片的弹性变形来补偿所连两轴的相对位移，是一种高性能的金属弹性元件挠性联轴器，不用润

滑，结构较紧凑，强度高，使用寿命长，无旋转间隙，不受温度和油污的影响，具有耐酸、耐碱、耐腐蚀的特点，适用于高温、高速、有腐蚀介质工况环境的轴系传动，广泛用于各种机械装置的轴系传动，如水泵（尤其是大功率、化工泵）、风机（高速）、压缩机、液压机械、石油机械、印刷机械、纺织机械、化工机械、矿山机械、冶金机械、航空（直升机）、舰艇高速动力传动系统、汽轮机、活塞式动力机械传动系统、履带式车辆，以及发电机组高速、大功率机械传动系统，经动平衡后应用于高速传动轴系已比较普遍。

膜片联轴器与齿式联轴器相比，没有相对滑动，不需要润滑、密封，无噪声，基本不用维修，制造比较方便，可部分代替齿式联轴器。

（2）齿式联轴器 齿式联轴器是由齿数相同的内齿圈和带外齿的凸缘半联轴器等零件组成的。外齿分为直齿和鼓形齿两种，所谓鼓形齿即将外齿制成球面，球面中心在齿轮轴线上，齿侧间隙较一般齿轮大，鼓形齿联轴器可允许较大的角位移（相对于直齿联轴器），可改善齿的接触条件，提高传递转矩的能力，延长使用寿命。图 5-31 所示为齿式联轴器。

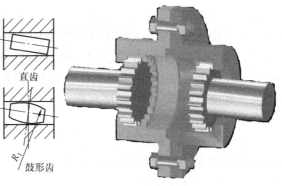

图 5-31 齿式联轴器

齿式联轴器在工作时两轴产生相对角位移，内外齿的齿面周期性做轴向相对滑动，必然形成齿面磨损和功率损耗，因此，齿式联轴器需在有良好的润滑和密封条件下工作。齿式联轴器径向尺寸小，承载能力大，常用于低速重载工况条件下的轴系传动；高精度并经过动平衡的齿式联轴器可用于高速传动，如燃气轮机的轴系传动。由于鼓形齿联轴器角向补偿量大于直齿联轴器，国内外广泛采用鼓形齿联轴器，直齿联轴器属于被淘汰的产品，应尽量不选用。

（3）弹性柱销联轴器 弹性柱销联轴器是利用若干非金属弹性材料制成的柱销（图 5-32），置于两半联轴器凸缘孔中，通过柱销实现两半联轴器连接。该联轴器结构简单，容易制造，装拆、更换弹性元件比较方便，不用移动两半联轴器。弹性元件（柱销）的材料一般选用尼龙，有微量补偿两轴线偏移的能力，弹性件工作时受剪切，工作可靠性极差，

图 5-32 弹性柱销联轴器

仅适用于要求很低的中速传动轴系，不适用于工作可靠性要求较高的工况。例如，起重机械的提升机构的传动轴系绝对不能选用，也不宜用于低速、重载、具有强烈冲击和振动较大的传动轴系。对于径向和角向偏移较大的工况以及安装精度较低的传动轴系也不应选用。

弹性柱销联轴器中的柱销在工作时处于剪切和挤压状态，其强度条件是计算弹性柱销联轴器横截面上的剪切强度和柱销与销孔壁的挤压强度。

(4) 弹性套柱销联轴器　弹性套柱销联轴器的结构比较简单，制造容易，不用润滑，不需要与金属硫化粘结，更换弹性套方便，不用移动半联轴器，具有一定的补偿两轴相对偏移和减振缓冲的功能。弹性套工作时受压缩变形，由于弹性套的厚度较薄、体积小、弹性变形有限，所以弹性套柱销联轴器虽有弹性和补偿轴线位移，但弹性较弱，轴线位移许用补偿量较少。弹性套柱销联轴器是依靠柱销组的锁紧力而产生于接触面的摩擦力矩，并压缩橡胶弹性套来传递转矩，适用于安装底座刚性好、对中精度较高、冲击载荷不大、对减振要求不高的中小功率轴系传动。

扫一扫
柱销联轴器

(5) 十字轴式万向联轴器　十字轴式万向联轴器是用量较大的万向联轴器（图5-33、图5-34），轴承是十字轴式万向联轴器的易损件。

几种大型十字轴式万向联轴器的主要区别在于轴承座和十字接头的变化，形成不同结构形式，为保证主、从动轴的同步性，实际应用中均采用双联形式，

图5-33　十字轴式万向联轴器

扫一扫
万向联轴器

双联的连接方式不外乎焊接或法兰盘通过螺栓连接，中间长短的变化可有多种形式。

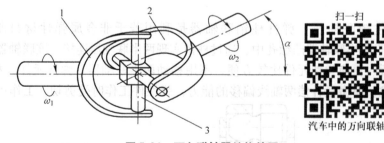

图5-34　万向联轴器结构简图
1、2—叉形接头　3—十字接头

重型和小型十字轴式万向联轴器均为通用型，汽车行业不同车型有各自专用的十字轴式万向联轴器或其他品种万向联轴器。例如，轿车选用球笼式万向联轴器，此外农业机械、工业机械等运动机械产品也均有专用的万向联轴器，其中大多数采用十字轴式万向联轴器。

(6) 夹壳联轴器　夹壳联轴器是利用两个沿轴向剖分的夹壳，用螺栓夹紧以实现两轴连接，靠两半联轴器表面间的摩擦力传递转矩，利用平键作辅助连接。

夹壳联轴器装配和拆卸时，轴不需要轴向移动，所以拆卸很方便，夹壳联轴器的缺点是两轴轴线对中精度低，结构和形状较复杂，制造及平衡精度较低，只适用于低速和载荷平稳

的场合，通常最大外缘的线速度不大于5m/s，当线速度超过5m/s时需进行平衡校验。为了改善平衡状况，螺栓应正、倒相间安装。夹壳联轴器不具备轴向、径向和角向补偿性能。

3. 联轴器的选用

（1）动力简介　在选择联轴器时应根据选用者各自的实际情况和要求，综合考虑各种因素，从现有标准联轴器中选取适合自己需要的联轴器品种、形式和规格。一般情况下，现有的标准联轴器基本可以满足不同工况的需要。

由于动力机的驱动转矩及工作机的负载载矩不稳定，以及由传动零件制造误差引起的冲击和零件不平衡离心惯性力引起的动载荷，使得传动轴系在变载荷（周期性变载荷及非周期性冲击载荷）下传动产生机械振动。这将影响机械的使用寿命和性能，破坏仪器、仪表的正常工作条件，并对轴系零件造成附加动应力，当总应力或交变应力分别超过允许值时，会使零件产生破坏或疲劳破坏。在设计或选用传递转矩和运动用的联轴器时，应进行扭振分析和计算，其目的在于求轴系的固有频率，以确定动力机的各阶临界转速，从而算出扭振使轴系及传动装置产生的附加载荷和应力，必要时采用减振缓冲措施。减振缓冲的基本原理是合理地匹配系统的质量、刚度、阻尼及干扰力的大小和频率，使传动装置不在共振区的转速范围内运转，或在运转速度范围内不出现强烈的共振现象。另一个行之有效的方法是在轴系中采用高柔度的弹性联轴器，简称高弹（性）联轴器，以降低轴系的固有频率，并利用其阻尼特性减小扭振振幅。

（2）选用因素　联轴器的品种、形式、规格很多，在正确理解品种、形式、规格概念的基础上，根据传动系统的需要选择联轴器。首先选择标准中规定的联轴器，这些标准联轴器绝大多数是通用联轴器，每一种联轴器都有各自的特点和适用范围，基本上能够满足多种工况的需要。一般情况下，只有在现有标准联轴器不能满足需要时才需自行设计联轴器。标准联轴器选购方便，价格比自行设计的非标准联轴器要便宜很多。在众多的标准联轴器中，选择适合自己需要的最佳联轴器关系到机械产品轴系传动的工作性能、可靠性、使用寿命、振动、噪声、节能、传动效率、传动精度、经济性等一系列问题，也关系到机械产品的质量。

4. 常见问题

（1）平衡问题　联轴器由于种种原因使其质心或惯性主轴与其运转轴线不重合，在运转时将产生不平衡离心惯性力、离心惯性力偶和动挠度（振型）的现象，称为转子的不平衡现象，这种不平衡现象必然引起轴系的振动，从而影响机器的正常工作和使用寿命，因而必须对其加以重视。不平衡的程度（不平衡量 U）通常用转子的质量 m 和质心到转子回转轴线的距离 r 的乘积 mr 来表示，称为质径积。也有用单位质量的质径积来表达的，称为偏心距 e（不是几何意义上的偏心）。质径积 mr 是一个与转子质量有关的相对量，而偏心距 e 是一个与转子质量无关的绝对量。前者比较直观，常用于具体给定转子的平衡操作，后者用于衡量转子平衡的优劣或检测平衡精度，联轴器的平衡等级标准即按 e 来评定。对于挠性转子则用振型偏心距（第 n 阶振型）$e_n = U_n/m_n$，U_n、m_n 分别为第 n 阶振型和阶模态质量。

为了纠正或最大限度地减少联轴器的不平衡量，应根据需要选择适当的平衡等级，并在产品制造完成及在机器上安装完成后，在联轴器指定的平衡（校正）平面上，通过适当增加或减少质量的方法，使之达到平衡等级要求。这个工艺过程称为平衡校正，简称平衡。

(2) 平衡等级

1) 任意一个联轴器组件的平衡等级是根据联轴器的惯性主轴线与旋转轴线之间重心位置偏心量的最大可能值的平方和方根值而决定的,其不平衡量以 μm 表示。

2) 联轴器平衡等级的标准分级见表 5-3,在平衡面位置上惯性主轴线对旋转轴线所产生的最大偏移以最大均方根微米表示,其数值是按 AGMA 方法计算的联轴器平衡标准等级。

表 5-3 联轴器平衡等级的标准分级

联轴器平衡等级	惯性主轴线在平衡面上的最大位移（均方根）	联轴器平衡等级	惯性主轴线在平衡面上的最大位移（均方根）
4	>800	9	50
5	800	10	25
6	400	11	12
7	200	12	6
8	100		

(3) 相对位移 联轴器所连两轴由于制造误差、安装误差、轴受载而产生的变形、基座变形、轴承磨损、温度变化（热胀、冷缩）、部件之间的相对运动等多种因素而产生相对位移。刚性联轴器不具备补偿性能,应用范围受到限制,因此用量很少。

5.3.2 汽车离合器

汽车离合器安装在发动机与变速器之间,是汽车传动系统中直接与发动机相联系的总成。通常离合器与发动机曲轴的飞轮组安装在一起,是发动机与汽车传动系统之间切断和传递动力的部件。汽车从起步到正常行驶的整个过程中,驾驶人可根据需要操纵离合器,使发动机和传动系统暂时分离或逐渐接合,以切断或传递发动机向传动系统输出的动力。离合器的作用是使发动机与变速器之间能逐渐接合,从而保证汽车平稳起步;暂时切断发动机与变速器之间的联系,以便于换档和减少换档时的冲击;当汽车紧急制动时能起分离作用,防止变速器等传动系统过载,从而起到一定的保护作用。

离合器类似于开关,具有接合或断开动力传递的作用。离合器机构的主动部分与从动部分可以暂时分离,又可以逐渐接合,并且在传动过程中还有可能相对转动。离合器的主动件与从动件之间不可采用刚性连接。任何形式的汽车都有离合装置,只是形式不同而已。

1. 离合器的分类

根据《中国离合器制造行业产销需求与投资预测分析报告前瞻》分析,离合器分为电磁离合器、磁粉离合器、摩擦式离合器和液力离合器四种。

(1) 电磁离合器 电磁离合器是靠线圈的通断电来控制离合器的接合与分离。电磁离合器如图 5-35 所示。

电磁离合器可分为干式单片电磁离合器、干式多片电磁离合器、湿式多片电磁离合器、磁粉式电磁离合器和转差式电磁离合器等。

电磁离合器按工作方式又可分为通电结合和断电结合离合器。

干式单片电磁离合器的线圈通电时产生磁力,吸合衔铁,离合器处于接合状态;线圈断电时衔铁弹回，离合器处于分离状态。

干式多片、湿式多片电磁离合器的原理同干式单片电磁离合器相同，另外增加几个摩擦副，同等体积转矩比干式单片电磁离合器大，湿式多片电磁离合器工作时必须有油液或其他冷却液冷却。

转差式电磁离合器 工作时，主、从部分必须存在某一转速差才有转矩传递。转矩大小取决于磁场强度和转速差。励磁电流保持不变，转速随转矩增加而剧烈下降；转矩保持不变，励磁电流减少，转速减少得更加严重。

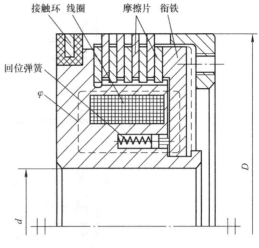

图 5-35 电磁离合器

转差式电磁离合器由于主、从动部件间无任何机械连接，无磨损消耗，无磁粉泄漏，无冲击，调整励磁电流可以改变转速，可作无级变速器使用，这是它的优点。该离合器的主要缺点是转子中的涡流会产生热量，该热量与转速差成正比。低速运转时的效率很低，效率值为主、从动轴的转速比。

转差式电磁离合器适用于高频动作的机械传动系统，可在主动部分运转的情况下，使从动部分与主动部分结合或分离。

电磁离合器的主动件与从动件之间处于分离状态时，主动件转动，从动件静止；主动件与从动件之间处于接合状态时，主动件带动从动件转动。

电磁离合器广泛适用于机床、包装、印刷、纺织、轻工及办公设备中。

电磁离合器一般用于环境温度为 -20~50℃，湿度小于85%，无爆炸危险的介质中，其线圈电压波动不超过额定电压的 ±5%。

（2）磁粉离合器 在主动件与从动件之间放置磁粉，不通电时磁粉处于松散状态，通电时磁粉结合，主动件与从动件同时转动。它的优点是可通过调节电流来调节转矩，允许较大滑差；缺点是有较大滑差时，温升较大，相对价格高。

（3）摩擦式离合器 摩擦式离合器是应用广泛也是历史悠久的一类离合器，它基本上是由主动部分、从动部分、压紧机构和操纵机构四部分组成。主、从动部分和压紧机构是保证离合器处于接合状态并能传递动力的基本结构，而离合器的操纵机构主要是使离合器分离的装置。在分离过程中，踩下离合器踏板，在自由行程内首先消除离合器的自由间隙，然后在工作行程内产生分离间隙，离合器分离。在接合过程中，逐渐松开离合器踏板，压盘在压紧弹簧的作用下向前移动，首先消除分离间隙，并在压盘、从动盘和飞轮工作表面上作用足够的压紧力；之后分离轴承在复位弹簧的作用下向后移动，产生自由间隙，离合器接合。摩擦式离合器如图 5-36 所示。

（4）液力离合器 液力离合器用流体（一般用油）作传动介质，与机械式离合器相比，除传动特性有各种变化以外，还主要吸收因主动轴和从动轴转动而产生的振动和冲击。

液力离合器的结构包括：一个输入轴，具有一个增速齿轮系；一个工作液流腔，由一个叶轮、一个从动轮和一个叶轮壳构成；一个输出轴，带有从动轮，并且从动轮与叶轮可以操作组合在一起。一般叶轮壳和叶轮由具有小比重和大应力承受范围的材料构成，以减小离心

汽车机械基础

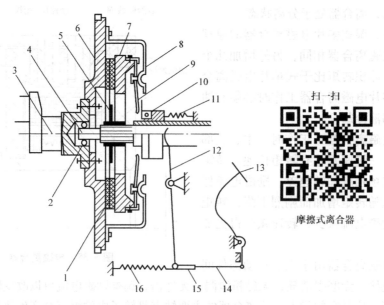

图 5-36 摩擦式离合器
1—从动盘摩擦片 2—轴承 3—曲轴 4—从动轴 5—从动盘 6—飞轮 7—压盘 8—离合器盖 9—膜片弹簧 10—分离轴承和分离套筒 11、16—回位弹簧 12—分离叉 13—离合器踏板 14—分离拉杆 15—调节叉

应力。

2. 离合器的工作原理

对于手动档的车型而言，离合器是汽车动力系统的重要部件，它担负着将动力与发动机之间进行切断与连接的工作。在城市道路或者复杂路段驾驶时，离合器是使用最频繁的部件之一，离合器顾名思义就是利用"离"与"合"来传递适量的动力。离合器由摩擦片、弹簧片、压盘以及动力输出轴组成。它位于发动机与变速器之间，用来将发动机飞轮上储存的转矩传递给变速器，以保证车辆在不同的行驶状况下传递给驱动轮适量的驱动力和转矩，属于动力总成的范畴。在半联动时，离合器的动力输入端与动力输出端允许有转速差，即通过其转速差来传递适量的动力。

离合器分为三个工作状态，即踩下离合器的不连动、不踩下离合器的全连动以及部分踩下离合器的半联动。当车辆起步时，驾驶人踩下离合器，离合器踏板的运动拉动压盘向后靠，即压盘与摩擦片分离，此时压盘与飞轮完全不接触，也就不存在相对摩擦。当车辆正常行驶时，压盘是紧紧挤靠在飞轮的摩擦片上的，此时压盘与摩擦片之间的摩擦力最大，输入轴和输出轴之间保持相对静摩擦，二者转速相同。离合器处于半联动状态时，压盘与摩擦片的摩擦力小于全连动。此时，离合器压盘与飞轮上的摩擦片之间是滑动摩擦，飞轮的转速大于输出轴的转速，从飞轮传输出来的动力部分传递给变速器。

一般来说，离合器在车辆起步和换档时发挥作用，此时变速器的一轴和二轴之间存在转速差，必须将发动机的动力与一轴切开以后，同步器才能很好地将一轴的转速保持与二轴同步。档位挂进以后，再通过离合器将一轴与发动机动力结合，使动力继续得以传输。在离合器中，还有一个不可或缺的缓冲装置，它由两个类似于飞轮的圆盘对在一起，在圆盘上打有矩形凹槽，在凹槽内布置弹簧，在遇到激烈的冲击时，两个圆盘之间的弹簧相互发生弹性作用，缓冲外界刺激，有效地保护了发动机和离合器。

在离合器的各个配件中，压盘弹簧的强度、摩擦片的摩擦因数、离合器的直径、摩擦片的位置以及离合器的数目是决定离合器性能的关键因素。弹簧的刚度越大，摩擦片的摩擦因数越高，离合器的直径越大，离合器性能也就越好。

3. 膜片弹簧式离合器的工作

膜片弹簧式离合器的工作可分为工作、分离、接合三个过程。

（1）工作过程　利用膜片式弹簧装入离合器盖与压盘之间，使之产生预压缩变形，所形成的对压盘的压力使离合器的主、从动部分压紧，即离合器处于接合状态。发动机动力通过与曲轴连为一体的飞轮、离合器盖和压盘传递给从动盘，随后又经从动盘花键轴套输送给变速器的输入轴。此过程的工作特点是离合器主、从动部分传递的转矩、转速相同，主、从动部分之间没有转速差，没有滑磨。

（2）分离过程　驾驶人踩下离合器踏板，踏板左移，推杆左移，通过主缸、工作缸推动膜片式弹簧使分离板左移。受此影响膜片式弹簧又以固定在离合器盖上的支承销为支点使大端向右移动，同时经分离板的作用拉压盘右移，最终达到从动盘与飞轮、压盘之间各存有一间隙，离合器实现分离。至此离合器分离过程结束。

分离过程离合器的工作特点是：分离后发动机的动力与运动不能传递给从动盘。主动部分仍然与发动机转速保持同步，而从动部分则迅速降低。

（3）接合过程　驾驶人松开离合器踏板在回位弹簧作用下踏板恢复到原位，同时带动推杆和分离轴承回位。即接合过程操纵机构的移动是分离过程的逆过程。当分离轴承与膜片式弹簧分离板之间出现预留间隙和膜片式弹簧重新将压盘压紧在从动盘上之后，接合过程结束，离合器恢复传递动力功能。

4. 离合器的作用

（1）保证汽车平稳起步　在汽车起步前，要先起动发动机，而汽车起步时，是从完全静止的状态逐步加速的。如果传动系统（它联系着整个汽车）与发动机刚性地连接，则变速器一挂上档，汽车将突然向前冲一下，但并不能起步。这是因为汽车从静止到前冲时，具有很大的惯性，对发动机造成很大的阻力矩。在惯性阻力矩的作用下，发动机转速急剧下降到最低稳定转速（一般300~500r/min）以下，发动机即熄火而不能工作，当然汽车也不能起步。此时就需要离合器的帮助。在发动机起动后，汽车起步之前，驾驶人先踩下离合器踏板，将离合器分离，使发动机和传动系统脱开，再将变速器挂上档，然后逐渐松开离合器踏板，使离合器逐渐接合。在接合过程中，发动机所受阻力矩逐渐增大，故应同时逐渐踩下加速踏板，即逐步增加对发动机的燃料供给量，使发动机的转速始终保持在最低稳定转速而不致熄火。同时，由于离合器的接合紧密程度逐渐增大，发动机经传动系统传递给驱动车轮的转矩逐渐增加，到驱动力足以克服起步阻力时，汽车即从静止开始运动并逐步加速。

（2）实现平顺的换档　在汽车行驶过程中，为适应不断变化的行驶条件，传动系统经常要更换不同的档位来进行工作。齿轮式变速器的换档，一般是拨动齿轮或其他挂档机构，使原用档位的某一齿轮副推出传动，再使另一档位的齿轮副进入工作。在换档前，必须踩下离合器踏板，中断动力传动，便于使原档位的啮合副脱开，同时使新档位啮合副的啮合部位的速度逐步趋向同步，这样进入啮合时的冲击可以大大减小，从而实现平顺的换档。

（3）防止传动系统过载　当汽车进行紧急制动时，若没有离合器，则发动机将因和传动系统刚性连接而急剧降低转速,因而其中所有运动件将产生很大的惯性力矩(其数值可能大大超过发动机正常工作时所发出的最大转矩),超过传动系统能承载的载荷,而使机件损坏。有了离合器后,便可以依靠离合器主动部分和从动部分之间可能产生的相对运动来消除这一危险。因此,我们需要离合器来限制传动系统所承受的最大转矩,从而保证安全。

5. 离合器的注意事项和调整

(1) 离合器使用时的注意事项

1)离合器安装前必须清洗干净,去除防锈脂及杂物。

2)离合器可同轴安装,也可以分轴安装,轴向必须固定,主动部分与从动部分均不允许有轴向窜动,分轴安装时,主动部分与从动部分轴之间的同轴度应不大于0.1mm。

3)湿式电磁离合器工作时,必须在摩擦片间加润滑油,润滑方式有三种:浇油润滑;油浴润滑,其浸入油中的部分约为离合器体积的5倍;轴心供油润滑,在高速和高频动作时应采用轴心供油方法。

4)牙嵌式电磁离合器安装时,必须保证端面齿之间有一定的间隙,使空转时无磨齿现象,但不得大于δ值。

5)电磁离合器及制动器为B级绝缘,正常温升40℃。极限热平衡时的工作温度不允许超速100℃,否则线圈与摩擦部分容易发生破坏。

6)电源及控制线路的离合器电源为直流24V(特殊情况除外)。它由三相或单相交流电压经降压和全波整流(或桥式整流)得到,无稳压及平波要求功率要足够大,不允许用半波整流电源。

7)汽车传动系统对离合器的要求。根据离合器的使用,它应满足下列主要要求:接合平顺柔和,以保证汽车平稳起步,分离迅速彻底,便于换挡和发动机起动;具有合适的储备能力,既能保证传递发动机最大转矩又能防止传动系统过载;从动部分的转动惯量应尽量小,以减少换挡时的冲击;具有良好的散热能力,汽车在行驶过程中,当需要频繁操纵离合器时,会使离合器主、从动部分相对滑转,产生摩擦热,热量如不及时散出,会严重影响其工作可靠性和使用寿命;操纵轻便,以减轻驾驶人的疲劳。

(2) 离合器的调整 离合器在使用过程中,从动盘会因磨损而变薄,使自由间隙变小,最终影响离合器的正常接合,所以离合器使用一段时间后需要调整,如图5-37所示。离合器调整的目的是保证合适的自由间隙,离合器调整的部位和方法依具体车型而定。

5.3.3 汽车制动器

汽车制动器是指产生阻碍车辆运动或运动趋势的力(制动力)的部件,其中也包括辅助制动系统中的缓速装置。

目前,汽车所用的制动器几乎都是摩擦式的,可分为鼓式和盘式两大类。鼓式制动器摩擦副中的旋转元件为制动鼓,其工作表面为圆柱面;盘式制动器的旋转元件则为旋转的制动盘,以端面为工作表面。鼓式制动器根据其结构不同,又分为双向自增力蹄式制动器、双领蹄式制动器、领从蹄式制动器、双从蹄式制动器。其制动效能依次降低,最低的是盘式制动器;但制动效能稳定性却依次增高,盘式制动器最高。因此,盘式制动器被普遍使用。但为了提高盘式制动器的制动效能,必须加制动增力系统,因此造价较高,故低端车一般还是使用前盘后鼓式制动器。

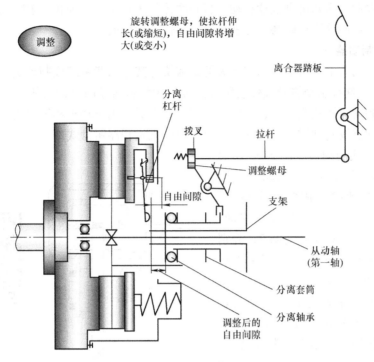

图 5-37 离合器的调整

1. 盘式制动器

（1）盘式制动器的结构及应用　盘式制动器摩擦副中的旋转元件是以端面工作的金属圆盘，称为制动盘。摩擦元件从两侧夹紧制动盘而产生制动。固定元件则有多种结构形式，大体上可将盘式制动器分为钳盘式和全盘式两类。

盘式制动器一般为液压型的，由液压控制，主要零部件有制动盘、分泵、制动钳、油管等。盘式制动器散热快、重量轻、构造简单、调整方便，特别是高负载时，耐高温性能好，制动效果稳定，而且不怕泥水侵袭。在冬季和恶劣路况下行车，很多轿车采用的盘式制动器有平面式制动盘、打孔式制动盘以及划线式制动盘，其中划线式制动盘的制动效果和通风散热能力均比较好。

盘式制动器沿制动盘向施力，制动轴不受弯矩作用，径向尺寸小。

盘式制动器已广泛应用于轿车，但除了在一些高性能轿车上用于全部车轮外，大都只用作前轮制动器，与后轮的鼓式制动器配合，以使汽车有较高的制动方向稳定性。目前，盘式制动器在新车型及高端车型中也逐渐被采用。

（2）盘式制动器的工作原理　制动时，油液被压入内、外两轮缸中，轮缸活塞在液压的作用下将两制动块压紧制动盘，产生摩擦力矩而制动。此时，轮缸槽中的矩形橡胶密封圈的刃边在活塞摩擦力的作用下产生微量的弹性变形。放松制动时，活塞和制动块依靠密封圈的弹力和弹簧的弹力回位。由于矩形密封圈刃边变形量很微小，在不制动时，摩擦片与盘之间的间隙每边只有 0.1mm 左右，它足以保证制动的解除。又因制动盘受热膨胀时，其厚度只有微量的变化，故不会发生"拖滞"现象。矩形橡胶密封圈除起密封作用外，同时还起到活塞回位和自动调整间隙的作用。如果制动块的摩擦片与盘的间隙磨损加大，制动时密封圈变形达到极限后，活塞仍可继续移动，直到摩擦片压紧制动盘为止。解除制动后，矩形橡胶密封圈将活塞推回的距离同磨损之前相同，仍保持标准值。

2. 钳盘式制动器

在钳盘式制动器中，由工作面积不大的摩擦块与其金属背板组成制动块，每个制动器中一般有2~4块。这些制动块及其促动装置都装在横跨制动盘两侧的夹钳形支架中，称为制动钳。钳盘式制动器散热能力强，热稳定性好，故广泛应用于轿车和轻型货车上。

钳盘式制动器按制动钳的结构形式可分为定钳盘式和浮钳盘式两种。

（1）定钳盘式制动器　图5-38所示为定钳盘式制动器的结构。制动盘1固定在轮毂上，制动钳5固定在车桥上，既不能旋转也不能沿制动盘轴向移动。制动钳内装有两个制动轮缸活塞2，分别压住制动盘两侧的制动块3。当驾驶人踩下制动踏板使汽车制动时，来自制动主缸的制动液被压入制动轮缸，制动轮缸的液压上升，两轮缸活塞在液压作用下移向制动盘，将制动块压靠到制动盘上，制动块夹紧制动盘，产生阻止车轮转动的摩擦力矩，实现制动。

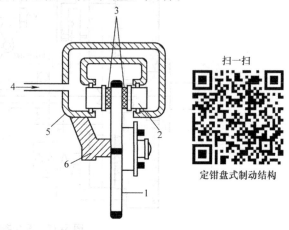

图5-38　定钳盘式制动器的结构
1—制动盘　2—轮缸活塞　3—制动块
4—液压力　5—制动钳　6—车桥

（2）浮钳盘式制动器　浮钳盘式制动器的制动钳是浮动的，可以相对于制动盘轴向移动。图5-39所示为浮钳盘式制动器的结构。

制动钳1一般设计成可以相对于制动盘4轴向移动的形式。在制动盘的内侧设有液压缸9，外侧的固定制动块5附装在钳体上。制动时，制动液被压入液压缸中，在液压作用下活塞向左移动，推动活动制动块也向左移动并压靠到制动盘上，于是制动盘给活塞一个向右的反作用力，使活塞连同制动钳体整体沿导向销2向右移动，直到制动盘左侧的固定制动块5也压到制动盘上。这时两侧制动块都压在制动盘上，制动块夹紧制动盘，产生阻止车轮转动的摩擦力矩，实现制动。

3. 全盘式制动器

在重型载货汽车上，要求有更大的制动力，为此采用全盘式制动器。全盘式制动器摩擦副的固定元件和旋转元件都是圆盘形的，分别称为固定盘和旋转盘。制动盘的全部工作面可同时与摩擦片接触，其结构原理与摩擦离合器相似。

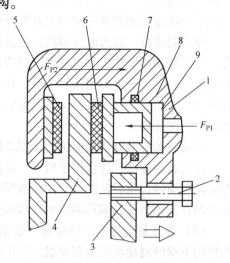

图5-39　浮钳盘式制动器的结构
1—制动钳　2—导向销　3—制动钳支架
4—制动盘　5—固定制动块　6—活动制动块
7—活塞密封圈　8—活塞　9—液压缸

4. 驻车制动器

驻车制动器通常是指机动车辆安装的手制动器，简称手刹，在车辆停稳后用于稳定车辆，避免车辆在斜坡路面停车时由于溜车造成事故。常见的驻车制动器操纵杆一般置于驾驶人右手下垂位置，便于使用。目前市场上的部分自动档车型均在驾驶人左脚外侧设计了功能与驻车制动器相同的脚踩式制动器，个别先进车型也加装了电子驻车制动系统。

对装备有自动变速器的汽车而言，一定要先施加驻车制动，再将变速杆移动到"P"（停车）位置。在倾斜地面停车时，如果先换档到"P"位置，然后才进行驻车制动，车身的重量将使驾驶人在准备开动汽车时难于从"P"（停车）档换出来。

在准备开动汽车时，应在松开驻车制动器之前先将变速杆从"P"（停车）档换出来。不得在开动汽车时拉紧驻车制动器，否则会因过热，使后制动作用下降、制动器寿命缩短或产生永久性制动器损坏。

5. 车防抱死制动系统（ABS）

汽车防抱死制动系统（ABS）是我国发展比较迅速的电子制动系统之一，ABS 分为气动 ABS 和液压 ABS 两种，气动 ABS 主要适用于气制动的商用车，液压 ABS 主要适用于液压制动的乘用车。

5.4 汽车用弹簧

5.4.1 弹簧的作用和种类

弹簧是机械和电子行业中广泛使用的一种弹性元件（图 5-40）。弹簧在受载时能产生较大的弹性变形，把机械功或动能转化为变形能，而卸载后弹簧的变形消失并恢复原状，将变形能转化为机械功或动能。汽车上，人们对弹簧的应用就是基于弹簧在发生弹性形变的过程中能实现功或能量的转换。

1. 弹簧的主要作用

1）控制机械的运动，如发动机气门弹簧、离合器中的控制弹簧等。

2）吸收振动和冲击能量，起缓冲作用，如汽车减振弹簧、联轴器中的吸振弹簧等，都是利用弹簧的弹性来减缓车辆的颠簸。

3）紧压功能，如汽车刷水器弹簧就是利用弹簧的紧压功能。

图 5-40 弹簧

4）复位功能，弹簧在外力作用下发生形变，撤去外力后，弹簧就能恢复原来的形状。很多工具和设备都是利用弹簧的这一性质来复位的。例如，汽车车门门锁、把手，人从把手拉开车门，把手在弹簧弹力作用下自动复位，关闭车门时，锁舌能够自动复位。

5）储存及输出能量作为动力，起带动作用，如钟表弹簧、枪械中的弹簧等。

6）测量功能，如测力器、弹簧秤中的弹簧等。

7）振动发声功能，如口琴、手风琴，当空气从簧孔中流动时，冲击簧片，簧片振动发出声音。

8）缓冲功能，在汽车车架与车轮之间装有弹簧，利用弹簧的弹性来减缓车辆的颠簸。

2. 弹簧的种类

弹簧的种类很多，按照其所承受的载荷性质，弹簧可分为拉伸弹簧、压缩弹簧、扭转弹簧和弯曲弹簧四种；按照弹簧形状又可分为螺旋弹簧、碟形弹簧、板弹簧、盘簧等。

5.4.2 汽车用弹簧的类型、特点及应用

汽车上所用的弹簧根据作用原理及材料不同，可分为螺旋弹簧、钢板弹簧、扭杆弹簧和空气弹簧等。

1. 螺旋弹簧

用弹簧钢丝绕制成的螺旋状弹簧，是汽车上常见的弹簧，如汽车减振簧（图 5-41）、离合器弹簧（图 5-42）、气门弹簧等。

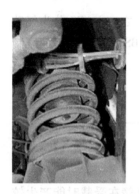

图 5-41 汽车减振簧

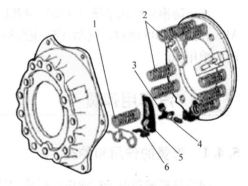

图 5-42 离合器弹簧
1—压紧弹簧 2—螺旋弹簧 3—滚子
4—环头螺栓 5—杠杆 6—支承片

（1）螺旋弹簧的类型　螺旋弹簧按外形可分为普通圆柱螺旋弹簧和变径螺旋弹簧；按螺旋线的方向可分为左旋弹簧和右旋弹簧。

圆柱形螺旋弹簧结构简单、制造方便、应用广泛，其特性线为直线，可作压缩弹簧、拉伸弹簧和扭转弹簧。当载荷大而径向尺寸又有限制时，可将两个直径不同的压缩弹簧套在一起使用，称为组合弹簧。

（2）圆柱螺旋弹簧的主要参数　图 5-43 所示为圆柱螺旋弹簧的主要参数。

1）弹簧丝直径 d：缠绕弹簧的钢丝直径。

2）弹簧外径 D_2：弹簧的外圈直径。

3）弹簧内径 D_1：弹簧的内圈直径。

4）弹簧中径 D：弹簧内径和外径的平均值，计算式为

$$D = \frac{D_1 + D_2}{2} = D_1 + d = D_2 - d$$

5）节距 t：除支承圈外，弹簧相邻两圈对应点在中径上的轴向距离称为节距，用 t 表示。

6）有效圈数 n：弹簧能保持相同节距的圈数。

7）支承圈数 n_2：为了使弹簧在工作时受力均匀，保证轴线垂直端面，制造时，常将弹簧两端并紧，并紧的圈数仅起支承作用，称为支承圈数。一般有 $1.5d$、$2d$、$2.5d$，常用的是 $2d$。

8）总圈数 n_1：有效圈数与支承圈数的和，即 $n_1 = n + n_2$。

9）自由高度 H_0：弹簧在未受外力作用下的高度。由下式计算：
$$H_0 = nt + (n_2 - 0.5)d = nt + 1.5d$$

10）弹簧展开长度 L：绕制弹簧时所需钢丝的长度 $L \approx \pi D n_1$。

11）螺旋方向：有左、右旋之分，常用右旋，图样未注明的一般用右旋。

12）弹簧旋绕比：中径 D 与钢丝直径 d 之比。

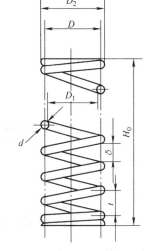

图 5-43　圆柱螺旋弹簧主要参数

2. 钢板弹簧

钢板弹簧是汽车悬架中应用广泛的一种弹性元件（图 5-44、图 5-45），它是由若干片等宽但不等长（厚度可以相等，也可以不相等）的合金弹簧片组合而成的一根近似等强度的弹性梁。

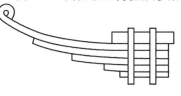

图 5-44　钢板弹簧

（1）工作原理　当钢板弹簧安装在汽车悬架中，所承受的垂直载荷为正向时，各弹簧片都受力变形，有向上拱弯的趋势。这时，车桥和车架便相互靠近。当车桥与车架互相远离时，钢板弹簧所受的正向垂直载荷和变形便逐渐减小，有时甚至会反向。

主片卷耳受力严重，是薄弱处。为改善主片卷耳的受力情况，常将第二片末端也弯成卷耳，包在主片卷耳的外面，称为包耳。为了在弹性变形时各片有相对滑动的可能，在主片卷耳与第二片包耳之间留有较大的空隙。有些悬架中的钢板弹簧两端不做成卷耳，而采用其他的支承连接方式，如橡胶支承垫。

扁平长方形的钢板呈弯曲形，以数片叠成的底盘用弹簧，一端以销子安装在吊架上，另一端使用吊耳连接到大梁上，使弹簧能伸缩。目前，适用于一些非承载车身的越野车及客车、货车上。

（2）优缺点　钢板弹簧的优点是结构简单、工作可靠、成本低廉、维修方便。它既是悬架的弹性元件，又是悬架的导向装置。它的一端与车架铰接，可以传递各种力和力矩，并决定车轮的跳动轨迹。同时，它本身也有一定的摩擦减振作用，所以广泛用于非独立悬架上。

钢板弹簧的缺点是只能用于非独立悬架、重量较重、刚度大、舒适性差、纵向尺寸较长，不利于缩短汽车的前悬和后悬，与车架连接处的钢板弹簧销容易磨损等。尽管有这些缺点，但钢板弹簧至今仍在各种汽车上大量使用。为了改进钢板弹簧的性能，减轻重量，延长寿命，出现了变截面钢板弹簧、单片弹簧等。

3. 扭杆弹簧

扭杆弹簧是由合金弹簧钢加工成的一根具有弹性的扭杆，一端固定在车架上，一端固定

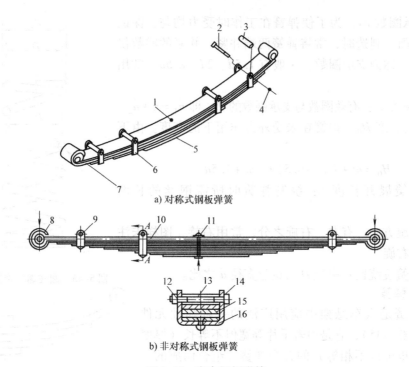

图 5-45 汽车钢板弹簧
1、11—中心螺栓 2、14—螺栓 3、13—套管 4、12—螺母
5、10、15—钢板弹簧 6、9、16—弹簧夹 7、8—卷耳

在悬架上。车轮跳动时,弹跳的力量传给扭杆,扭杆发生变形,吸收能量。图 5-46 所示为利用扭杆弹簧控制的前悬架结构示意图。

扭杆弹簧实际上能比钢板弹簧乃至螺旋弹簧吸收更多的能量,同时结构非常紧凑,不需要额外润滑。但是扭杆的缺点也很明显,即成本高、加工困难,因此始终没有在目前的量产乘用车上得到普及,只有少量车型上应用了此种弹簧。

4. 空气弹簧

空气弹簧(包括油气弹簧)是在柔性密闭容器中加入压力空气,利用空气的可压缩性实现弹性作用的一种非金属弹簧,可大致分为囊式和膜式两种。油气弹簧以氮气等惰性气体作为介质,并

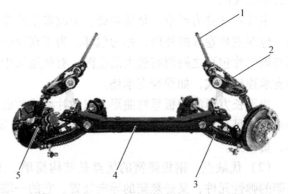

图 5-46 利用扭杆弹簧控制的前悬架结构示意图
1—扭杆弹簧 2—上摆臂 3—下摆臂 4—副车架 5—转向节

加入油液,内部还有液压缸,结构更为复杂,目前应用更多的是空气弹簧。空气弹簧具有优良的弹性,用在高档车辆的悬架装置中可以大大改善车辆的平顺性,从而提高车辆运行的舒适性,所以空气弹簧在汽车、铁路机车上得到了广泛的应用。囊式空气弹簧减振器如图5-47所示。

空气弹簧由于弹性介质为空气,弹跳比较小,这也让它容易实现较高的舒适性,空气弹

第5章 汽车中常用的机械零部件

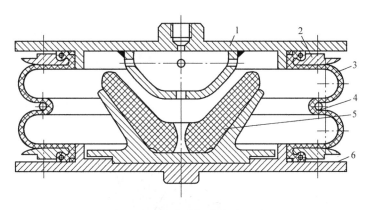

图 5-47 囊式空气弹簧减振器
1—上盖板 2—压环 3—橡胶囊 4—腰环 5—橡胶垫 6—下盖板

簧不但应用在一些高端车型上，在不少商用车上也有应用，尤其是特种运输车辆和客车，减小了运载物品的振动或者提升了乘坐的舒适性。此外，空气弹簧还可以调节内部压力，实现车身高度的变化，这对于一些SUV和特种车辆很有用。

5.5 汽车零件的检验与分类

5.5.1 概述

1. 汽车零件的检验

汽车零件常用的检验方法有检视法、测量法及探伤法。

（1）检视法 检视法是指由检验人员通过直观感觉（视觉、听觉和触觉）掌握零件的损伤情况，并根据经验判断零件是否可用。这种方法简便、费用低，但不能进行定量检验，不能用来检验精度要求较高的零件，且要求检验人员具有较丰富的经验。

1）视觉检验法。零件的许多失效现象，如断裂和宏观裂纹，明显的弯曲、扭曲、翘曲变形，表面烧蚀、擦伤，严重磨损等，都可以直接观察鉴别出来。在汽车修理中，对各种壳体、车身、车架、发动机气缸筒以及各种摩擦片、摩擦盘、齿轮齿面等的失效情况，均可以用这种方法检验出来，借助放大镜、内窥镜来检查，则效果更佳。

2）听觉检验法。听觉检验是凭借操作者的听觉能力来检验零件缺陷的一种方法。检验时，对工件进行敲击，根据声响判断零件有无缺陷。敲击无缺陷的壳体、轴类等零件时，声响很清脆；内部有裂纹时，声音较嘶哑；内部有缩孔时，声响很低沉。

3）触觉检验法。用手触摸零件的表面，可以感觉它的表面状况；摇动配合件，可以感觉它们的配合情况；用手触摸有相对运动的零件，可以感知其发热情况，从而判断其有无异常现象。

（2）测量法 测量法是指利用测量器具或测量仪器测出零件现有尺寸及几何公差值，与技术标准所规定的容许使用值进行对比，确定零件能否继续使用。根据仪器、工具的工作原理、种类不同，可以分为通用量具、专用量具、机械仪器和仪表、光学仪器、电子仪器等。常用的测量仪器有游标卡尺、螺旋测微器、百分表、塞尺等，如图5-48所示。

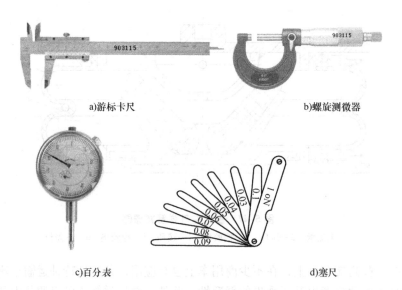

a)游标卡尺　　　　b)螺旋测微器

c)百分表　　　　d)塞尺

图 5-48　常用测量仪器

（3）探伤法　探伤法是指对零件表面的细微裂纹及内部隐伤进行检验。零件的隐伤是用眼睛不易直接看到的隐蔽缺陷。在汽车修理中，对于重要零件，必须检验其隐伤，如疲劳裂纹等。如果不能及时发现零件隐伤，有可能引起突然断裂，造成严重事故。生产中常用的探伤法有磁力探伤、渗透法探伤、超声波探伤、荧光探伤、水压试验、浸油敲击法等，这些方法都属于无损伤检验。

1）磁力探伤。

① 磁力探伤的原理。当磁力线通过被检验零件时，零件被磁化，如图 5-49 所示。如果零件表面有裂纹（或气孔、砂眼等），在裂纹部位的磁力线会因不导磁或磁阻大而被中断，因而形成局部磁场和磁极。若在磁化零件表面撒以铁粉或铁粉液，则铁粉就会被局部磁极吸住，使此处明显地区别于没有缺陷的部位，从而使缺陷的位置和大小清晰地显现出来。

② 零件的磁化。中小型轴类零件的磁化和检测都是在磁力探伤机（图 5-50）上进行的，但当零件过大或形状复杂而无法在探伤机上进行时，可用以下方法：

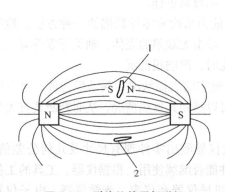

图 5-49　裂纹处的局部磁场
1—横向裂纹　2—纵向裂纹

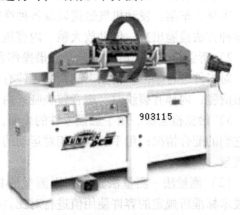

图 5-50　磁力探伤机

a. 磁轭法。将两个极性不同的电磁铁跨放在被测部位的两侧，此时若零件中有图 5-51 所示方向的裂纹时，则此处将聚集磁粉。改变两磁极相对位置，即可测得任意方向的缺陷。

b. 触头通电法。若用低电压电源触头取代图 5-51 中的磁轭，则两触头之间有电流通过，电流产生感应磁场，其方向与磁轭法的磁场方向相垂直，由此可测得与两触头连线方向相一致的缺陷。

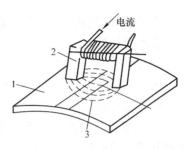

图 5-51 大型零件的磁轭法磁化
1—零件　2—磁轭　3—磁力线

③ 磁粉的使用。磁粉有普通磁粉和荧光磁粉两类。一般使用普通磁粉，只有在有荧光设备的条件下和检验暗色零件时才使用荧光磁粉。普通磁粉为氧化铁粉，其颜色有棕红和灰黑两种。磁粉的使用方法分为干磁粉法和磁粉液法两种。小型手提式磁粉探伤仪一般用干磁粉法，大型探伤机上多采用磁粉液法。

④ 退磁。用交流探伤仪退磁时，只需将零件置于最大磁化电流的条件下逐步降低电流至零，即可完成退磁。直流探伤仪有专门的退磁换向开关，接通退磁换向开关，即可自动退磁。

注意：交流退磁仅对零件表面退磁有效，对直流磁化的零件，必须应用直流电退磁。

2）渗透法探伤。渗透法探伤常用来检验与零件表面相通的微观缺陷。渗透法探伤不受被检验零件材料性能的限制，方法简单、可靠。该法包括渗透液法、气雾剂法两种。

① 渗透液法探伤。其工艺过程、工作原理如下：

渗透液法探伤是将一种含有染料的着色或荧光渗透剂涂覆在零件表面上，在毛细作用下，渗透剂渗入表面开口缺陷中去，然后去除掉零件表面上多余的渗透剂，再在零件表面涂上一薄层显像剂，缺陷中的渗透剂在毛细作用下重新被吸附到零件表面上来而形成放大了的缺陷图像，在黑光灯（荧光检验法）或白光灯（着色检验法）下观察缺陷显示。渗透液法探伤过程如图 5-52 所示。

渗透探伤的基本流程是：渗透→清洗→吸附→显像。

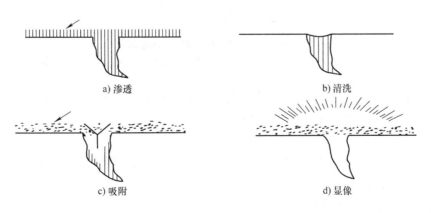

图 5-52 渗透液法探伤过程

②气雾剂法探伤。探伤气雾剂由渗透气雾剂、清洗气雾剂和显像气雾剂三部分组成，分装在不同的罐内。

a. 工作原理。当渗透气雾剂喷射在被检验零件上时，如果零件有表面缺陷，渗透药物便会渗入到缺陷里，然后用清洗剂洗去表面多余的药物，最后喷射显像气雾剂，缺陷中的渗透剂便会被吸出，在显像药物中显出缺陷的轮廓。

b. 气雾探伤的流程包括：清理处理、渗透处理、除去表面药剂和显像处理。操作时应注意气雾剂喷孔距零件表面以 20~30cm 为宜。

3）超声波探伤。超声波探伤是一种利用超声波通过不同介质的界面会产生反射和折射现象，从而发现零件内部隐蔽缺陷的方法。

用于零件探伤的超声波，其频率为 0.25~25MHz，具有良好的指向性，并遵循光学的反射和折射原理。

当超声波在被检验的零件内部传播中遇到缺陷时，在缺陷与零件材料之间的界面引起反射，使原来单方向传播的超声能量有一部分被反射回去，而通过此界面的能量就相应减少。这时在反射方向可以接收到此缺陷处的反射波，而在反射方向对面所接收到的超声能量就会小于正常值。

探伤用的超声波是利用声电换能器（也称为探头）将电信号转变为超声波的。探伤仪器中使用的是由压电晶体制成的换能器。将电信号转变为超声波的探头称为发射探头；反之，将超声波信号转变为电信号的探头称为接收探头。

超声波探伤常用的方法是反射法探伤。反射法探伤是一种利用超声波反射时间不同来检验零件内部缺陷的方法。反射式探伤器的工作原理如图 5-53 所示。

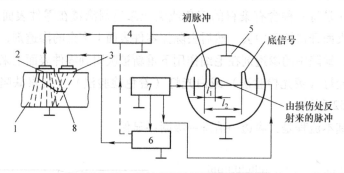

图 5-53 反射式探伤器的工作原理
1—零件 2—接收探头 3—发射探头 4—放大器 5—示波器 6—振荡器 7—发生器 8—裂纹

4）水压试验探伤。对于气缸体、气缸盖和进排气歧管等空腔铸件裂纹的检验，一般是在专门的装置上进行水压试验，如图 5-54 所示。

5）浸油敲击探伤。将零件浸入煤油或柴油中片刻，取出后擦干表面，并撒上一层白垩粉，然后用小锤轻敲零件，若有裂纹，在裂纹处即会有油痕出现。此法常用来检验转向节、半轴的表面疲劳裂纹。

2. 汽车零件的检验及分类

对清洗后的汽车零件，应按技术要求对其进行检验，将其确定为可用零件、需修复零件及报废零件三类，此项工序称为零件的检验及分类。

第 5 章 汽车中常用的机械零部件

1）可用零件是指虽有一定的损伤，但其尺寸及几何误差均在允许范围内，符合大修技术标准，仍可继续使用的零件。

2）需修复零件是指通过修理能达到大修技术标准，且保证使用寿命又符合经济要求的零件。

3）需修零件和报废零件是指损伤已超出允许范围，不符合大修技术标准，不能继续使用的非可用零件。

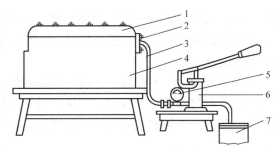

图 5-54 气缸体、气缸盖的水压试验
1—气缸盖 2—盖板 3—水管 4—气缸体
5—水压表 6—水压机 7—储水槽

5.5.2 汽车零件常用的检验方法

零件检验工作的根本目的是要保证零件的质量。在对汽车零件进行检验时，应注意：严格掌握零件的技术标准；按零件的技术要求正确选用相应的检验设备及工具；提高检验操作技术水平；为防止检验中出现误差，应建立合理的检验规章制度。

汽车零件常用的检验方法有：零件几何误差的检验、零件隐伤的检验、零件与组合件平衡的检验。

1. 零件几何误差的检验

零件几何误差的检验是汽车修理技术检验中的重要项目，关系到汽车的维修质量和使用寿命，必须认真做好。

（1）圆度与圆柱度误差的检验　以同一横截面上测得的最大与最小直径差的一半作为圆度误差值。在汽车维修中常以沿轴线长度上任意方位和任意截面测得的最大与最小直径差的一半作为圆柱度误差值。圆度和圆柱度的检验通常用于孔类和轴类零件，如发动机的气缸承孔或气缸的磨损的检测、曲轴轴径磨损的检测、凸轮轴轴径磨损的检测等，如图 5-55 所示。

（2）轴线直线度误差的检验　轴线的直线度是指轴线中心要素的形状误差。在实际的检测中，轴线的直线度误差常用简单的径向圆跳动来代替，这样获得的检测结果是近似的，但是在汽车维修检测中，已经能够满足技术要求的精确度。

直线度的检测多用于轴类或孔类零件的检测，特别是在工作时受力易于产生弯曲变形的零件。例如，发动机的曲轴弯曲变形、凸轮轴的弯曲变形、气缸体的曲轴轴承孔的轴线变形、底盘传动轴的弯曲变形等。传动轴直线度误差的检测如图 5-56 所示。

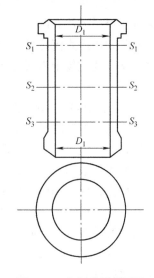

图 5-55 气缸磨损的测量

（3）平面度误差的检验　零件的平面度表示实际平面的不平程度，是零件表面的形状公差。在汽车维修过程中，平面度误差检验一般采用直尺和塞尺法。

如图 5-57 所示，利用等于或大于被检测平面全长的直尺，按图示的 AA、A_1A_1、BB、B_1B_1、CC、C_1C_1 方向用塞尺在直尺和被检测平面之间测出每隔 50mm 处的间隙值，所有方向间隙的最大值为平面全长上的平面度，各个方向上相邻两点间隙差的最大值为 50mm×50mm 范围内的平面度误差。

（4）平行度误差的检验　一般是检测零件的轴线间的平行度误差，采取加装测量心轴，然后利用测量心轴的外轮廓线代替被检验零件的轴线的方式来进行测量。

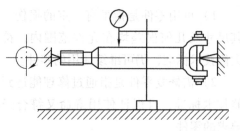

图 5-56　传动轴直线度误差的检测

2. 零件隐伤的检验

检验零件隐伤的方法有磁力探伤、荧光探伤和水压试验等。

（1）磁力探伤　磁力探伤是利用电磁原理来检验金属零件的隐蔽缺陷，适用于能被磁化的金属零件隐伤的检验。磁力探伤的原理是当磁通量通过被检零件时，若零件内部有裂纹，则在裂纹

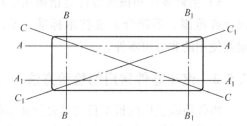

图 5-57　气缸盖平面度误差的检测

部位会由于磁力线的外泄形成局部磁极，产生一对有 S、N 极的局部磁场，若在零件表面上喷洒磁性铁粉，或将铁粉与油的混合液通过零件表面，铁粉就被磁化并吸附在裂纹处，从而显现出裂纹的位置、大小和方向。

用磁力探伤法检查零件时，根据裂纹可能产生的位置和方向，可采用纵向磁化法及周向磁化法和联合磁化法。

零件经磁化检验后，必须进行退磁，否则，会因有磁性吸附铁屑，导致零件在使用中产生磨损。退磁方法有两种，即直流退磁法和交流退磁法。直流退磁法适用于直流磁化的零件，它是利用原直流磁场不断改变其磁场方向，并逐渐将磁化电流降低到零。交流退磁法是将零件从交变磁场中慢慢退出或者将零件放在交变磁场中，逐渐减少磁场电流，直至电流为零。

（2）荧光探伤　荧光探伤是利用渗透到缺陷内的荧光物质在紫外线激发后发出可见光，将零件表面上的缺陷显示出来。荧光探伤适用于从表面开始的裂纹，不但能检验能被磁化的金属零件，还能检验不能被磁化的其他金属零件以及非金属零件。

检验零件表面缺陷时，在零件表面涂一层渗透性好的荧光剂，它能渗透到零件表面细微的裂纹中去，保持 10~20min，再经过 20~40℃ 的水冲洗，然后在 85℃ 快速烘干 1~2min 后，在零件表面上均匀地撒上一层氧化镁干粉，10~15min 后，用压缩空气吹掉多余的粉末，再用紫外线灯进行照射，就可以显现裂纹的部位、大小和方向。

（3）水压试验　发动机气缸体、气缸盖和散热器等零件的裂纹的检验，通常采用水压试验。水压试验的方法是：将气缸盖及气缸衬垫装在气缸体上，将水压机的出水管接头与气缸前端水泵入口处连接好，堵住其他水道口，然后将水压入水套，在 300~400kPa 的压力下，保持 5min，观察气缸体和气缸盖有无渗漏。如果发现气缸体、气缸盖由里向外有水珠渗出，表明该处有裂纹。

3. 零件与组合件平衡的检验

造成零件和组合件不平衡的原因有：零件的尺寸误差大；零件的材料质量不均匀；装配误差，使零件的旋转中心或轴线发生偏移；零件磨损或加工使同轴度误差加大；使用不当，

导致零件弯曲、凹陷或破裂等。

(1) 零件静不平衡及检验　对于汽车上那些旋转直径大于长度的零件，如飞轮、离合器从动盘、制动盘等盘类零件，其静不平衡状态如图 5-58 所示。零件的静不平衡检验在一个专门的检验台架上进行。

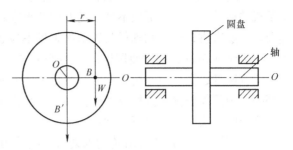

图 5-58　零件静不平衡示意图

一般消除不平衡的方法有两种：一种是在与不平衡质量相对称的另一边附加一定的质量（称为加平衡质量，俗称配平衡重）；另一种是在不平衡质量这边的适当位置去除一定的质量（称为去平衡质量，俗称去平衡重）。

(2) 零件动不平衡及检验　经过静不平衡检验的零件，还可能是动不平衡的。如处于静平衡状态的零件，在旋转运动过程中，可能产生动不平衡，多发生在直径小于长度的轴类零件上，如曲轴、传动轴等。动不平衡检验在动平衡机上进行。

5.5.3　零件的修复方法

零件磨损、划伤以及尺寸超差约占机械零件失效的 70%。设备部件大多数为金属材质，由于其强度高、硬度大，部件在生产运行过程中受到振动冲击和其他复合力的作用，经常导致金属部件产生"硬对硬"关系，随着时间的延长，部分冲击变形成为永久变形，恢复应力下降，形成间隙，无法满足运行要求的配合，导致硬度相对较低的部件磨损。

对金属零件而言，传统的修复方法有堆焊、热喷涂、电刷镀等工艺。那些对温度特别敏感的金属零部件，会使零件表面达到很高的温度，造成零件变形或产生裂纹，影响零件的尺寸精度和正常使用，严重时还会导致轴的断裂。电刷镀虽无热影响，但镀层厚度不能太厚；因其污染严重，应用也受到了极大的限制。

采用高分子聚合物材料进行修复，其产品所具有的综合性能及在任何时间内可机械加工的优越性，不但完全满足修复后的使用要求及精度，还可以降低设备在运行中承受的冲击振动，延长使用寿命。因材料是"变量"关系，当外力冲击材料时，材料会变形吸收外力，并随着轴承或其他部件的胀缩而胀缩，始终和部件保持紧配合，降低磨损的概率，这称为"缩固效应"。针对大型设备的磨损，也可采用"模具"或"配合部件"针对损坏的设备进行现场修复，避免设备的整体拆卸，还可以最大限度地保证部件的配合尺寸，满足设备的生产运行要求，延长设备的使用寿命，确保企业的安全连续生产。

在汽车的后期维护上，零件的修复方法有刮研、调校、补焊、镶轴套、打麻点等。

5.5.4　典型汽车零件的检验及修复

1. 汽车传动轴的故障维修

(1) 磨损问题　传动轴机件的损坏、磨损、变形以及失去动平衡，都会造成汽车在行驶中产生异响和振动，严重时会导致相关部件的损坏。汽车行驶中，在起步或急加速时发出

"咯噔"的声响,而且明显有机件松旷的感觉,如果不是驱动桥传动齿轮松旷,则显然是传动轴机件松旷。松旷的部位不外乎是万向节十字轴承或钢碗与凸缘叉、伸缩套的花键轴与花键套。一般来讲,十字轴轴径与轴承松旷量不应超过0.13mm,伸缩花键轴与花键套啮合间隙不应大于0.3mm,超过使用极限应当修复或更换。汽车行驶中若底盘发生"嗡嗡"声,而且运行速度越高,声音越大,这一般是由于万向节十字轴与轴承磨损松旷、传动轴中间轴承磨损、中间橡胶支承损坏或吊架松动,或是由于吊架固定的位置不正确所致。

磨损的解决方法有以下两种:

1) 传统方法。国内针对传动轴磨损一般采用补焊、镶轴套、打麻点等方法,但当轴的材质为 45 钢(调质处理)时,如果仅采用堆焊处理,则会产生焊接内应力,在重载荷或高速运转的情况下,可能在轴肩处出现裂纹乃至断裂的现象,如果采用去应力退火,则难以操作,加工周期长,检修费用高;当轴的材质为 HT200 时,采用铸铁焊也不理想,一些维修技术水平较高的企业会采用电刷镀、激光焊、微弧焊甚至冷焊等,这些维修技术往往需要较高的要求及高昂的费用。

2) 新维修方法。目前,很多国家采用高分子复合材料技术和纳米技术。高分子复合材料技术可以现场操作,有效地提升了维修效率,且降低了维修费用和维修强度。相比传统技术,高分子复合材料既具有金属所要求的强度和硬度,又具有金属所不具备的退让性(变量关系),通过"模具修复""部件对应关系""机械加工"等工艺,可以最大限度地确保修复部位和配合部件的尺寸配合;同时,利用复合材料本身所具有的抗压、抗弯曲、延展率等综合优势,可以有效地吸收外力的冲击,极大地化解和抵消轴承对轴的径向冲击力,并避免了间隙出现的可能性,也就避免了设备因间隙增大而造成的二次磨损。

(2) 平衡问题 6×4 汽车在重负荷时,特别在行驶颠簸中偶尔发出敲击声,应注意检查中后桥平衡轴是否变位而与传动轴发生干涉。汽车运行中若随着车速的增高而噪声增大,并且伴随有抖动,这一般是由于传动轴失去平衡所致。这种振动在驾驶室内感觉最为明显。传动轴动平衡的不平衡量应小于 100g·cm。

传动轴动平衡失效严重会导致相关部件的损坏。最常见的是离合器壳裂纹和中间橡胶支承的疲劳损坏。

传动轴不平衡的解决方法是:将车前轮用垫木塞紧,用千斤顶顶起车一侧的中、后驱动桥,将发动机起动,挂上高速档,观察传动轴摆振情况。转速下降时,若摆振明显增大,说明传动轴弯曲或凸缘歪斜。

传动轴弯曲都是轴管弯曲,大部分是由于汽车超载造成的。运煤车辆由于超载、超挂、传动轴弯曲、断裂的故障发生较多。如有的车再加上挂车拉运 60t 以上煤炭,传动轴由于超载、超挂损坏严重,尽管加固了传动轴中间支承,又加强了凸缘叉的强度,但仍出现断裂损坏的故障。

更换传动轴部件,校直后,应进行平衡检查,不平衡量应合乎标准要求。万向节叉及传动轴吊架的技术状况也应做详细的检查,如因安装不合要求,十字轴及滚柱损坏引起松旷、振动,也会使传动轴失去平衡。

2. 活塞销异响的故障维修

发动机在使用中有的会出现活塞销异响的故障。如果活塞销异响严重,会损坏活塞销衬套,加大连杆轴瓦和曲轴连杆轴颈的磨损,磨损到最严重时,会拉断活塞销或连杆顶部,打坏气缸体。

(1) 活塞销异响故障的现象

1) 异响的部位在气缸的上部，声音就像两个钢球相撞而发出的"特特"声。

2) 发动机温度升高以后，响声一般没有太大的变化，个别的有时还会更明显些，这是与活塞敲缸异响的一个主要区别。

(2) 活塞销异响的判断方法

1) 逐缸进行断油试验，断油以后，声音明显减弱或消失，恢复供油以后，会更加明显。故障严重到一定程度时，会出现连续的连贯双响，断油以后，声音不但不减弱或消失，反而会加剧。

2) 进行发动机抖动节气门开度试验。急速的抖动节气门开度时，异响相当明显，声响的周期随着发动机转速的变化而变化。

(3) 发生活塞销异响的主要原因

1) 活塞销和连杆衬套过度磨损，配合严重松旷，其主要原因是润滑不佳。WD615系列发动机连杆上没有油孔，活塞销和衬套的润滑是靠喷油器向上喷油通过连杆小头的集油槽进行的，如果润滑油油压太低，喷射情况不好，会造成活塞销及连杆衬套的润滑不良，且由于喷射不好，活塞冷却不佳，也会加剧活塞销及连杆衬套的磨损。如果润滑油变质、变稀，也会造成磨损加剧。所以，一定要注意润滑油的质量，最好定期更换润滑油及其滤清器。

2) 连杆衬套在修理中，尺寸定位掌握不准，衬套和连杆的配合不好，也会出现活塞销异响。在维修中一定要按标准安装，使连杆衬套能在一定的压力下压入。

(4) 活塞销异响的处理措施

1) 如果活塞销异响轻微，可以继续行驶，但如果有修理条件，最好予以更换。

2) 活塞销异响严重时（在高速、正常温度下运转，声音十分明显），应立即修理更换。

3) 更换活塞销和连杆衬套要严格按标准进行，间隙配合要正确。

3. 制动器的故障诊断

(1) 气压表压力上升缓慢　气压表压力上升缓慢的原因有：管路漏气；气泵工作不正常；单向阀锈蚀、卡滞；油水分离器放油螺塞未关紧或调压阀漏气。

出现压力表压力上升缓慢的问题时，首先应检查管路是否漏气，如果漏气，应先排除；再检查气泵工作状态；最后再检查三通接头中的两个单向阀，单向阀卡滞会造成储气筒不能进气或进气缓慢。检查气泵时，将气泵出气管拆下，用大拇指压紧出气口，若排气压力低，说明气泵有故障。若气泵工作状态良好，再检查油水分离器放油螺塞或调压阀，避免旁通，通过检查排除故障。

(2) 制动力疲软、不足　制动力疲软、不足的原因有：制动器漏油；制动油路中有空气；轮毂油封破损，钳盘上有油污；制动严重磨损，摩擦面烧损；气路气压调整过低。

解决制动力疲软、不足的方法有：

1) 改变制动衬块材料。可换用稍软的制动衬块材料，使摩擦因数相对得到提高，制动力变大。

2) 清除制动衬块排屑槽中的异物。如果制动衬块的排屑槽被异物覆盖，制动时将失去排出尘土、刮去水分的作用，使制动力降低。

(3) 制动后跑偏　制动后跑偏的直接原因是两侧车轮的制动力矩不等。制动力矩不等的原因是：制动钳盘油污严重，摩擦因数严重下降，造成制动力矩不平衡，此时应清除制动钳盘上的油污；分泵活塞卡滞不能工作，车辆静止时踩制动，观察分泵工作情况，视情拆检。

(4) 制动发卡　装载机起步、行走吃力，停车后用手触摸钳盘，钳盘发热。造成此故障的主要原因是：

1）摩擦片磨耗变薄，防尘圈损坏进水，活塞锈蚀卡滞。

2）加力泵中的回位弹簧疲软或折断，高压油不能加流。

(5) 加力泵喷出制动液　踩制动时，有油雾喷出，其产生的原因是：

1）制动灯开关损坏，高压油从开关接口处喷出，更换开关即可解决。

2）加力泵活塞杆长度过大。这种情况在新换加力泵总成时有可能出现，其原因是：活塞杆调整过长，造成加力泵工作时的活塞行程过大，制动液从泄油孔回流至加力泵内并喷出。安装加力泵时，应测量活塞工作行程，以确定活塞杆的长度。

(6) 制动液问题　植物油型制动液无法满足盘式制动器的使用要求，因此必须使用高沸点的合成制动液。但是，合成制动液具有吸水特性，在某些使用条件中，沸点下降很快。为防止制动液沸点下降，一般常采取以下措施：

1）定期更换制动液。夏季每 3 个月或行驶 >5000km 更换一次制动液；冬季每 6 个月或行驶 >1000km 后，应更换制动液。

2）不同性质的制动液不可互换使用或混用。

3）密闭保存制动液。要限制制动液温度升高，应保证活塞能灵活地自动回位，避免因锈蚀、发卡使制动器打滑或发咬。当制动衬块磨耗过多时，传到制动液的热量也会迅速增加。因此，应及时更换磨耗了的制动衬块。

(7) 噪声问题　制动时，若有"嘎吱、嘎吱"的噪声，可采用下述方法排除：

1）在制动器钳体活塞和制动衬片之间，加防噪声片，使活塞上形成一定的倾斜度，从而保证制动时制动衬块和制动盘柔性接触，使制动衬块在正常磨损状态下无异常噪声出现。

2）选择材质软、密度小的制动衬块材料。

3）制动时，制动衬块向一侧移动，可能出现撞击声响。这是由于制动衬块和钳体之间的间隙过大所致，可用焊锡镀覆的方法消除间隙。但须注意，应使焊锡镀覆在与行驶方向相反的一侧，防止在制动力的作用下失效。

(8) 前轮轴承损坏　制动钳体一般装配在转向节后侧，这可使制动时相对地减轻前轮轴承的载荷。但是，有的车型把钳体装在轴的前方，加重了前轮轴承的合成载荷，容易造成前轮轴承的提前损坏。因此，对于采用这种结构的车轮，应适时地进行调整和检修。

前轮轴承的检修方法是：

1）用百分表检测制动盘的轴向圆跳动误差，应不大于 0.06mm。制动盘表面具有明显的磨损台阶及拉伤沟槽，可进行加工修复。

2）检查制动盘的磨损极限厚度为 8mm，厚度低于此标准时应该更换新配件。

检查制动蹄摩擦片厚度小于 7mm（包括底板）时，必须更换摩擦片，且左、右轮必须成套更换（4 片摩擦片、4 片弹簧片）。

检查制动钳体，若发现有漏油现象，应换用新的活塞密封圈。

第 5 章　汽车中常用的机械零部件

【本章小结】

本章主要介绍了汽车常用机械零部件的相关知识，包括轴、轴承、联轴器、离合器、制动器、弹簧等。

1. 轴

轴的主要功能是支承回转零件（如齿轮、带轮等），传递运动和动力。按照轴的功用和承载情况不同，轴可以分为心轴、传动轴和转轴三种类型。为了安装工作零件，轴通常做成阶梯形，轴上零件需要做轴向和周向固定。轴向固定的方法有轴肩、轴套、挡圈、圆螺母、紧定螺钉等；周向固定方法有键、销、过盈配合和紧定螺钉等。

汽车上典型的轴零件有半轴、传动轴及活塞销等。半轴又称驱动轴。现代汽车常用的半轴，根据其支承形式不同，有全浮式和半浮式两种。传动轴是汽车传动系统中传递动力的重要部件，它的作用是与变速器、驱动桥一起将发动机的动力传递给车轮，使汽车产生驱动力。

2. 轴承

轴承按照摩擦方式不同，可分为滑动轴承和滚动轴承两大类。滑动轴承有整体式与剖分式（又称对开式）两种。滚动轴承按照滚动体不同，可分为球轴承和滚子轴承；按照滚动体的列数有单列和多列轴承；按照滚动体所受载荷不同，可分为向心轴承、推力轴承、向心推力轴承等。在汽车上，典型的滑动轴承有活塞销、曲轴主轴承等；而汽车上常用的滚动轴承有深沟球轴承、圆柱滚子轴承、圆锥滚子轴承等。由于轴承工作环境复杂，所以要做好密封与润滑工作。常见轴承的润滑有脂润滑与油润滑两种情况。

3. 汽车用联轴器、离合器和制动器

联轴器用来连接不同机构中的两根轴（主动轴和从动轴），使之共同旋转以传递转矩。常用的联轴器有膜片联轴器、齿式联轴器、弹性柱销联轴器和十字轴式万向联轴器等。

汽车离合器安装在发动机与变速器之间，是汽车传动系统中直接与发动机相联系的总成。离合器的主动件与从动件之间不可采用刚性连接。离合器分为电磁离合器、磁粉离合器、摩擦式离合器和液力离合器四种。离合器的作用是保证汽车平稳起步、实现平顺的换档和防止传动系统过载。

汽车制动器是指产生阻碍车辆运动或运动趋势的力（制动力）的部件，其中也包括辅助制动系统中的缓速装置。目前，汽车所用的制动器几乎都是摩擦式的，可分为鼓式和盘式两大类。

4. 弹簧

弹簧的作用主要有：控制机械的运动；吸收振动和冲击能量；紧压功能；复位功能；缓冲功能；储存及输出能量作为动力等。

汽车上所用的弹簧，根据作用原理及材料不同，可分为螺旋弹簧、钢板弹簧、扭杆弹簧和空气弹簧等。

5. 汽车零件的检验与分类

汽车零件常用的检验方法有检视法、测量法及探伤法。

对清洗后的汽车零件，应按技术要求对其进行检验，将其确定为可用零件、需修复零件及报废零件三类,此项工序称为零件的检验及分类。

【课后练习题】

一、填空题

1. 工作时只承受弯曲载荷,而不传递转矩的轴称为_____。
2. 工作时既承受弯曲载荷,又传递转矩的轴称为_____。
3. 在强化发动机上,活塞销采用_____钢。
4. 主、从动轴的角速度在两轴之间的夹角变动时仍然相等的万向节,称为_____。
5. _____能自动调节变速器与驱动桥之间距离的变化。
6. 轴承代号由_____、_____和_____构成。
7. 汽车上的轴承按照摩擦方式不同,可分为_____和_____轴承两大类。
8. 深沟球轴承既可以用压入配合法安装,也可以用_____安装。
9. 单列深沟球轴承类型代号为_____,双列深沟球轴承代号为_____。
10. 轴承6203的公称内径 d = _____ mm。
11. 轴承51103/P6中的第一个1代表_____,6代表_____。
12. 离合器由_____部分、_____部分、_____装置、操纵装置组成。
13. 当受载较大、两轴较难对中时,应选用_____联轴器来连接;当原动机的转速高且发出动力较不稳定时,其输出轴与传动轴之间应选用_____联轴器来连接。
14. 传递两相交轴间运动而又要求轴间夹角经常变化时,可以采用_____联轴器。
15. 按工作原理,操纵式离合器主要分为_____、_____和_____三类。
16. 联轴器和离合器是用来_____的部件;制动器是用来_____的装置。
17. 用联轴器连接的两轴_____分开;而用离合器连接的两轴在机器工作时_____。
18. 挠性联轴器按其组成中是否具有弹性元件,可分为_____联轴器和_____联轴器两大类。
19. 弹簧在受载时能产生较大的弹性变形,把机械功或动能转化为_____,而卸载后弹簧的变形消失并恢复原状,将变形能转化为_____或_____。
20. 弹簧按照形状可分为_____弹簧、_____弹簧、_____弹簧、_____弹簧等。
21. 若按照弹簧的形状,离合器从动盘上的弹簧属于_____;若按照其所承受的载荷性质,离合器主动盘上的弹簧属于_____弹簧。
22. _____弹簧能比钢板弹簧甚至螺旋弹簧吸收更多的能量。
23. 螺旋弹簧按外形可分为_____弹簧和_____弹簧。

二、判断题

1. 常用的轴,按照它的外形可分为光轴和阶梯轴,应用最多的是阶梯轴。( )
2. 工作时只承受弯曲载荷,而不传递转矩的轴称为心轴。( )
3. 轴上零件的固定一定是沿周向的。( )
4. 轴的结构和形状应便于加工、装配和维修。( )

5. 半轴是变速器、减速器与驱动轮之间传递转矩的轴，其内外端各有一个万向节分别通过万向节上的花键与减速器齿轮及轮毂轴承内圈相连。（   ）

6. 活塞销工作时，其表面形成润滑油膜，能起到良好的润滑作用。（   ）

7. 低碳钢材料的活塞销外表面要进行渗碳和淬火处理。（   ）

8. 低碳钢材料的活塞销外表面淬火时，淬火层的深度为1～1.5mm。（   ）

9. 轴承33224的公称内径为120mm。（   ）

10. 离合器从动盘上的弹簧起减振功用。（   ）

11. 万向传动装置的功用是在任何一对有轴间夹角、相对位置经常变化的两转轴之间传递动力。（   ）

12. 在自动变速器中，离合器与制动器的主要区别是一个传动副的两元件有一个固定在壳体上为离合器，否则为制动器。（   ）

13. 弹簧的支承圈数就是其有效圈数。（   ）

14. 弹簧的支承圈数就是弹簧的总圈数。（   ）

15. 汽车上所用的扭杆弹簧一般是由合金弹簧钢加工制成的。（   ）

16. 空气弹簧容易实现较高的舒适性，在一些高端车型上得以广泛应用。（   ）

17. 空气弹簧大致分为囊式和膜式两种。（   ）

三、选择题

1. 变速器中输入轴、输出轴属于（   ）。
A. 转轴   B. 传动轴   C. 心轴   D. 均不对

2. 工作时只承受弯曲载荷，而不传递转矩的轴称为（   ）。
A. 转轴   B. 传动轴   C. 心轴   D. 均不对

3. 现代汽车常用的半轴，根据其支承形式不同，有（   ）和（   ）两种。
A. 全浮式   B. 半浮式   C. 整体式   D. 总成式

4. 滚针轴承的轴向固定件不能用（   ）。
A. 弹性挡圈   B. 轴承压板   C. 螺栓   D. 串联钢丝

5. 滚动轴承按其滚动体可分为（   ）两类。
A. 球轴承和滚子轴承   B. 滑动轴承和滚动轴承
C. 深沟球轴承和调心球轴承   D. 滚针轴承和滚子轴承

6. 轴承6205型号中的6表示（   ），其内径是（   ）。
A. 6表示深沟球轴承，其内径为20mm   B. 6表示角接触球轴承，其内径为15mm
C. 6表示深沟球轴承，其内径为25mm   D. 6表示调心球轴承，其内径为25mm

7. 低碳钢材料的活塞销外表面进行渗碳时，渗碳层的深度一般在（   ）范围内。
A. 1～2mm   B. 1.5～2mm   C. 0.5～2mm   D. 1～1.5mm

8. 对低速、刚性大的短轴，常选用的联轴器为（   ）。
A. 刚性固定式联轴器   B. 刚性可移式联轴器
C. 弹性联轴器   D. 安全联轴器

9. 在载荷具有冲击、振动，且轴的转速较高、刚度较小时，一般选用（   ）。
A. 刚性固定式联轴器   B. 刚性可移式联轴器
C. 弹性联轴器   D. 安全联轴器

10. 联轴器与离合器的主要作用是（　　）。
   A. 缓冲、减振　　　　　　　　　　B. 传递运动和转矩
   C. 防止机器发生过载　　　　　　　D. 补偿两轴的不同心或热膨胀
11. 金属弹性元件挠性联轴器中的弹性元件都具有（　　）的功能。
   A. 对中　　　　B. 减摩　　　　C. 缓冲和减振　　　　D. 装配很方便
12. （　　）离合器接合最不平稳。
   A. 电磁　　　　B. 摩擦式　　　　C. 磁粉　　　　D. 液力

四、简答题

1. 轴的合理结构应该满足哪些基本条件？
2. 提高轴的疲劳强度的措施有哪些？
3. 轴上零件的固定常采用哪些措施？
4. 如何提高轴的疲劳强度？
5. 万向节传动必须具备哪些特点？
6. 传动轴在使用时应注意哪些问题？传动轴保养时应做哪些工作？
7. 对轴承的保管、保养有什么要求？
8. 什么是轴承的基本代号？
9. 常用的轴瓦材料有哪些？
10. 活塞销的固定方法有哪些？
11. 如何调整圆柱滚子轴承的径向间隙？
12. 用压入配合法安装深沟球轴承的具体措施是什么？
13. 简述滚动轴承的失效形式。
14. 联轴器和离合器的功用有何相同点和不同点？
15. 制动器应满足哪些基本要求？
16. 弹簧有哪些用途？
17. 汽车钢板弹簧的工作原理是什么？

第6章

CHAPTER 6

汽车上的液压传动

【知识目标】

1. 掌握液压传动系统的组成及工作原理。
2. 掌握液压元件的结构组成。
3. 掌握主要液压元件的工作原理及图形符号。
4. 了解常用液压基本回路的组成及工作原理。
5. 了解液压传动在汽车中的应用。

【能力目标】

1. 能够合理选择及正确使用液压元件。
2. 能够识读液压基本回路和系统。
3. 能够对液压系统进行简单的维护。

6.1 液压传动概述

随着液压、气压与液力传动技术的不断发展，尤其是这些技术与微电子技术和机电液一体化技术的结合，组成了性能优异、自动化程度高的传动及控制系统。例如汽车液压助力转向系统、汽车防抱死制动系统、汽车电控液压悬架、汽车液压减振器、汽车电控液力自动变速器、汽车制动分配系统、自卸车举升系统等在汽车上的应用使汽车的各项性能有了很大的提高。

通过对本章的学习，学生能够掌握液压系统的组成、工作原理，掌握各种液压元件的结构和工作原理，能分析汽车常用液压系统。

6.1.1 液力变矩器

1. 液力变矩器概述

图 6-1 所示为液力变矩器的结构。目前轿车上广泛采用由泵轮、涡轮和导轮组成的液力变矩器。其泵轮和涡轮均为盆状；泵轮与变矩器外壳连为一体，是主动元件；涡轮悬浮在变

矩器内，中间通过花键与输出轴相连，是从动元件；导轮悬浮在泵轮和涡轮之间，通过单向离合器与导轮轴套固定在变速器外壳上。

液力变矩器的三个工作轮都装于密闭的变矩器壳体内，泵轮与涡轮相对安装，导轮装于泵轮与涡轮之间；三者装合后，其轴向断面构成环状空腔，称为循环圆，变矩器工作时工作油液即在此循环圆内做环流运动；三个工作轮之间都保持一定的间隙，相互之间没有机械联系；变矩器外壳由前外壳和后外壳两半组成，形成密闭空间，其中充满工作油液。

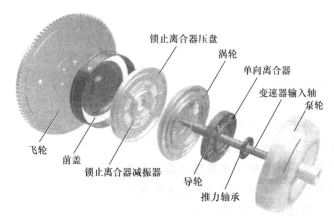

图 6-1 液力变矩器的结构

2. 液力变矩器的工作原理

如图 6-2 所示，用两台电风扇做模拟试验，一台电风扇接通电源就像变矩器中的泵轮，另一台电风扇不接电源就像涡轮。将两台电风扇对置，当接通电源的电风扇叶片旋转时，产生的气流可以吹动不接电源的电风扇叶片使其转动。这样两台电风扇就组成了耦合器，它能够传递转矩，但不能增大转矩。如果添加一个管道，空气就会从后面通过管道，从没有电源的电风扇回流到有电源的电风扇，这样会增加有电源电风扇吹出的气流。在液力变矩器中，导轮起到了这种空气管道的作用，增加由泵轮流出的油液的动能。

因而液力变矩器中的三个元件的功用如下：

泵轮——将发动机的机械能转变为油液的动能。

涡轮——将油液的动能转变为涡轮轴上的机械能。

导轮——改变油液的流动方向，从而达到增矩的作用。

当液力变矩器工作时，油液先从泵轮冲向涡轮，再从涡轮流入导轮，当流出导轮后方向会改变；油液从导轮流回泵轮时，其流动方向变得与泵轮运动方向相同，这就加强了泵轮的转动力矩，进而也就增大了输出转矩。这就是液力变矩器可以增大转矩的原理，如图 6-3 所示。

导轮对液体的作用是使液力变矩器输入转矩与输出转矩不相等。当传动比小时，输出转矩大，输出转速低；反之，输出转矩小而转速高。导轮可以随着负

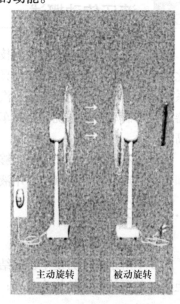

图 6-2 模拟试验

载的变化自动增大或减小输出转矩与转速。

单向离合器的作用如图 6-4 所示。

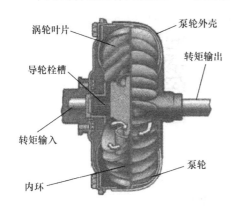

图 6-3　液力变矩器的工作原理

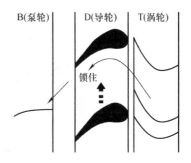

图 6-4　单向离合器的作用

3. 液力变矩器的效率

当液力变矩器的速比为零时,泵轮旋转而涡轮不转(此时,变矩器输出转矩最大,这正与汽车起步时需要大转矩工况相符合),最大转矩传递到涡轮,但因涡轮没有转动,故效率为零。当涡轮开始转动后,涡轮转矩成正比上升,故效率陡然上升,在耦合点稍前一点时达到最大值,而后开始下降(因为部分油液开始冲击导轮叶片的背面),导轮开始旋转后,可以防止效率进一步下降。

6.1.2　液压传动原理及参数

1. 液压传动的工作原理

液压传动是以液体作为传动介质来实现能量传递和控制的一种传动形式。图 6-5 所示为常见液压千斤顶的工作原理。大缸体 9 和大活塞 8 组成举升液压缸。杠杆手柄 1、小缸体 2、小活塞 3、单向阀 4 和 7 组成手动液压泵。如提起杠杆手柄 1 使小活塞 3 向上移动时,小活塞下端油腔容积增大,形成局部真空,单向阀 4 打开,通过吸油管 5 从油箱 12 中吸油;用力压下手柄,小活塞下移,小缸体下腔压力升高,单向阀 4 自动关闭,单向阀 7 打开,油液经管道 6 输入大缸体 9 的下腔,推动大活塞 8 向上移动,将重物向上顶起一段距离。再次提起手柄吸油时,举升液压缸下腔的液压油将力图倒流入手动泵内,但此时单向阀 7 自动关闭,使油液不能倒流,从而保证了重物不会自行下落。这样反复扳动手柄,就能不断地把油液压入举升液压缸下腔,使重物逐渐地升起。如果打开截止阀 11,举升液压缸下腔的油液通过管道 10、截止阀 11 流回油箱,重物就向下移动,回到原始位置。

从图 6-5 中可以看出,液压千斤顶是一种简单的液压传动装置,分析液压千斤顶的工作过程,可知液压传动是以液体作为工作介质来传动的,它依靠密闭容积的变化传递运动,依靠液体内部的压力(由外界负载所引起)传递动力。液压传动装置本质上是一种能量转换装置,它先将机械能转换成便于输送的液压能,随后又将液压能转换为机械能而做功。

2. 液压传动的基本参数

(1) 液压传动工作介质的性质　液压传动最常用的工作介质是液压油,此外,还有乳化型传动液和合成型传动液等,此处仅介绍几个常用的液压传动工作介质的性质。

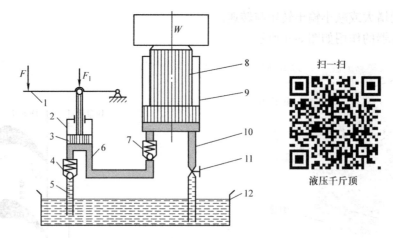

图6-5 常见液压千斤顶的工作原理
1—杠杆手柄 2—小缸体 3—小活塞 4、7—单向阀 5—吸油管 6、10—管道
8—大活塞 9—大缸体 11—截止阀 12—油箱

1）密度。单位体积液体的质量称为液体的密度。体积为 V、质量为 m 的液体的密度为

$$\rho = m/V$$

矿物油型液压油的密度随温度的上升而有所减小，随压力的提高而稍有增加，但变动值很小，可以认为是常值。我国采用20℃时的密度作为油液的标准密度，以 ρ_{20} 表示。

2）可压缩性。压力为 p_0、体积为 V_0 的液体，如压力增大 Δp 时，体积减小 ΔV，则此液体的可压缩性可用体积压缩系数 κ，即单位压力变化下的体积相对变化量来表示

$$\kappa = -\frac{1}{\Delta p}\frac{\Delta V}{V_0}$$

由于压力增大时液体的体积减小，因此上式右边须加负号，以使成为正值。液体体积压缩系数的倒数，称为体积弹性模量 K，简称体积模量，即 $K = 1/\kappa$。

（2）液体静压力及其特性

1）作用在液体上的力有两种类型：质量力和表面力。前者作用在液体的所有质点上，如重力、惯性力等，数值上等于加速度；后者作用在液体的表面上，如切向力和法向力。表面力可能是容器作用在液体上的外力，也可能是来自另一部分液体的内力。如果在液体的面积 A 上受均匀分布的作用力 F，则静压力可表示为

$$p = F/A$$

2）压力的传递（帕斯卡原理）：在密闭的容器内施加于静止液体上的压力，将等值传递到液体内的各点。这就是静压传递的基本原理，即帕斯卡原理。在一个较小的面积上作用较小的力可以在较大的面积上得到较大的作用力，如图6-6所示，外界负载由帕斯卡原理得

$$F/A_1 = G/A_2$$

即

$$F = (A_1/A_2)G$$

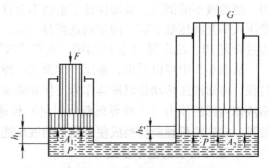

图6-6 帕斯卡原理应用实例

这说明液压系统中的压力取决于外界负载 G，这是液压传动中的重要概念。

3）流量和流速。流量和流速是描述液流的两个主要参数。通常将垂直于液体流动方向的截面称为过流截面（或通流截面）。

流量 Q 是单位时间内流过通流截面的液体体积，单位为 m^3/s 或 L/min。

流速 v 是液体流过某通流截面的平均速度。因为黏性的作用，流体流经某通流面积时在每一点上的速度不相等，平均速度只是一个假想的均流速度。

4）液体流动连续性原理。如图 6-7 所示，液体在密封管道内做恒定流动时，设液体不可压缩，则单位时间内流过任意截面的质量相等，即

$$P_1 v_1 A_1 = P_2 v_2 A_2$$

当忽略液体的可压缩性时，得

$$v_1 A_1 = v_2 A_2$$

图 6-7　液体流动连续性原理

上式是液体流动的连续性方程。它说明液体在管道中流动时，流过各个断面的流量是相等的，流速和过流断面积成反比。

6.1.3　液压传动系统的组成及图形符号

1. 液压传动系统的组成

液压传动是利用液体的压力能来传递力和能量的传递方式，系统必须有封闭的高压腔。液压传动系统一般由以下五部分组成：

（1）动力部分　动力部分主要由液压泵组成，其功用是把原动机所提供的机械能转换为油液的压力能，输出高压油液，图 6-8、图 6-9 所示为电动液压泵和手动液压泵。

图 6-8　电动液压泵　　　　　　　图 6-9　手动液压泵

（2）执行部分　执行部分由液压缸或液压马达等组成，其功用是把油液的压力能转变成机械能来驱动负载做功，实现往复直线运动、连续转动或摆动，图 6-10 所示为液压缸。

（3）控制部分　控制部分由各种液压控制阀组成，其功用是控制从液压泵到执行部分的油液的压力、流量和流动方向，从而控制执行部分的力、速度和方向。图 6-11 所示为单向阀。

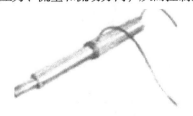 

图 6-10　液压缸　　　　　　　　图 6-11　单向阀

（4）辅助部分　辅助部分包括油箱、过滤器、蓄能器、油管、压力表等，其功用是存储、输送、净化和密封工作液体，并有散热作用。

（5）工作介质　液压系统中用量最大的工作介质是液压油。液压油不仅起传递能量和运动的作用，而且对元件及装置起润滑作用。

2. 液压系统的图形符号

液压系统图形符号见表6-1。

表6-1　液压系统图形符号

名称		符号	说明	名称	符号	说明
(1) 液压泵、液压马达和液压缸						
液压泵	液压泵		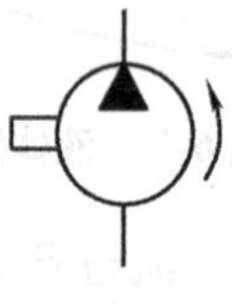 一般符号	液压马达	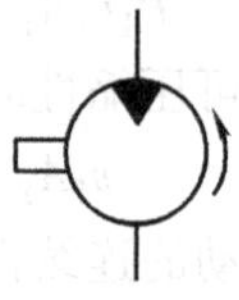	一般符号
	单向定量液压泵	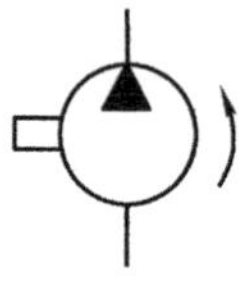	单向旋转、单向流动、定排量	单向定量液压马达	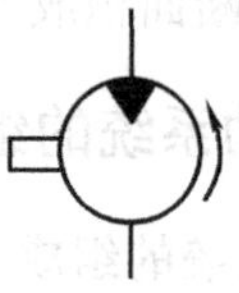	单向流动、单向旋转、定排量
	双向定量液压泵	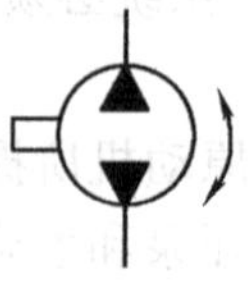	双向旋转、双向流动、定排量	双向定量液压马达	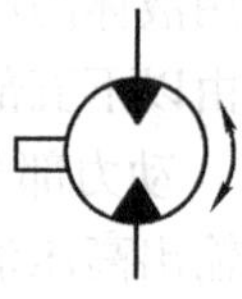	双向流动、双向旋转、定排量
	单向变量液压泵	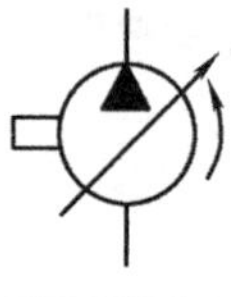	单向旋转、单向流动、变排量	液压马达	单向变量液压马达	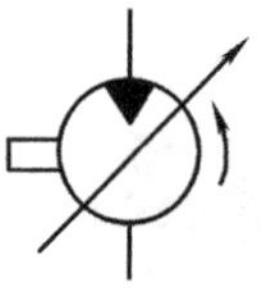	单向流动、单向旋转、变排量
	双向变量液压泵	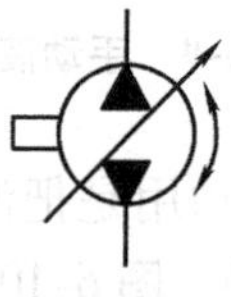	双向旋转、双向流动、变排量	双向变量液压马达	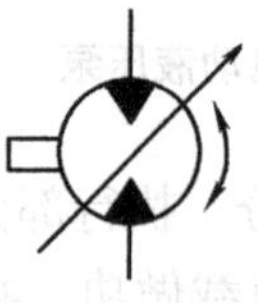	双向流动、双向旋转、变排量
泵-马达	定量液压泵-马达	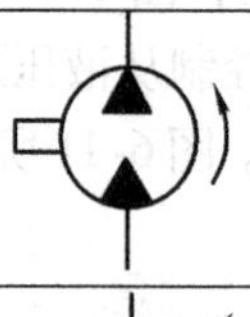	单向旋转、单向流动、定排量	摆动液压马达	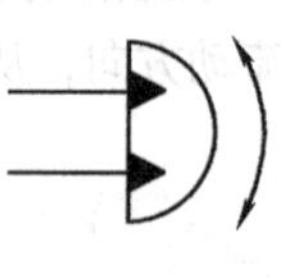	双向摆动、定角度
	变量液压泵-马达	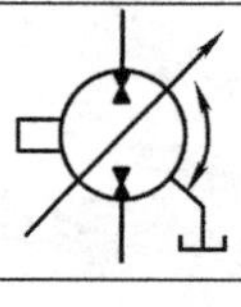	双向流动、双向旋转、变排量、外部泄油	双作用缸	双活塞杆液压缸		
	液压整体式传动装置	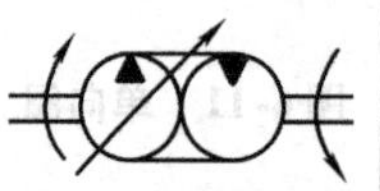	单向旋转，变排量泵，定排量马达 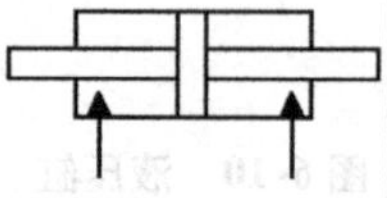			

（续）

名称	符号	说明	名称	符号	说明
（1）液压泵、液压马达和液压缸					
单作用缸 — 单活塞杆液压缸			不可调单向缓冲液压缸		
单作用缸 — 单活塞杆液压缸（带弹簧回位）		详细符号	可调单向缓冲液压缸		
单作用缸 — 柱塞式			双作用缸		
单作用缸 — 伸缩缸			不可调双向缓冲缸		
双作用缸 — 单活塞杆缸		详细符号	可调双向缓冲缸		

(续)

名称		符号	说明	名称		符号	说明
(1) 液压泵、液压马达和液压缸							
压力转换器	气－液转换器		单程作用	双作用缸	双活塞杆液压缸		
	气－液转换器		连续作用	辅助气瓶			
	增压器		单程作用	气罐			
			连续作用	能量源	液压源		一般符号
蓄能器	气体隔离式		一般符号		气压源		一般符号
	重锤式				电动机	M	
	弹簧式				原动机	M	电动机除外

第6章 汽车上的液压传动

(续)

名称		符号	说明	名称		符号	说明
(2) 压力控制阀							
溢流阀	溢流阀	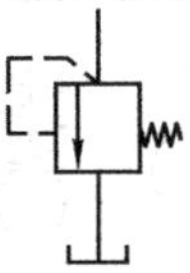	一般符号或直动式	溢流阀	先导式溢流阀	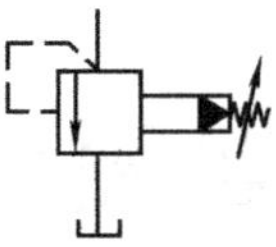	
	先导型电磁溢流阀	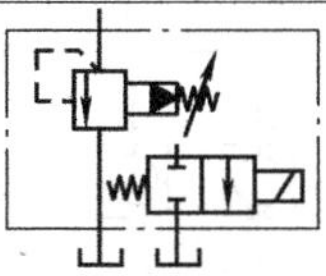	(常闭)		双向溢流阀	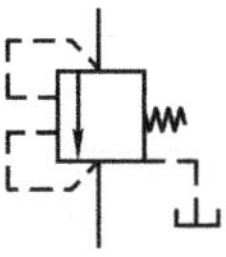	直动式，外部泄油
	直动比例溢流阀	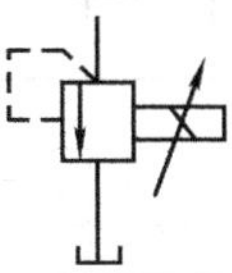		顺序阀	顺序阀	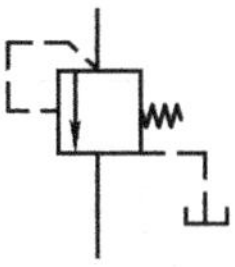	一般符号或直动型顺序阀
	先导比例溢流阀	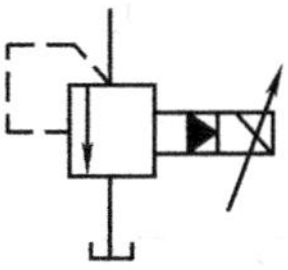			先导型顺序阀	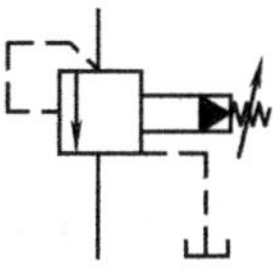	
	卸荷溢流阀	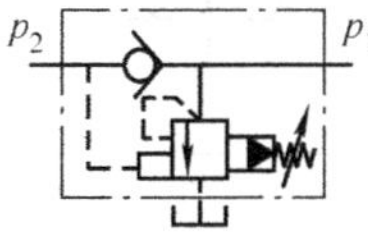	$p_2 > p_1$ 时卸荷		单向顺序阀（平衡阀）	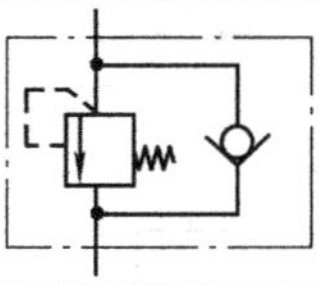	
减压阀	减压阀	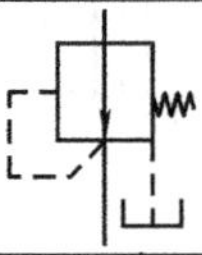	一般符号或直动型减压阀	减压阀	先导型减压阀	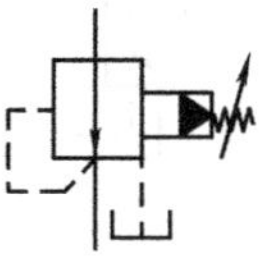	
卸荷阀	卸荷阀	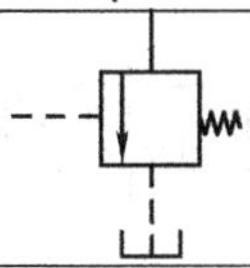	一般符号或直动型卸荷阀		溢流减压阀	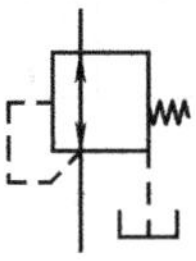	
	先导型电磁卸荷阀	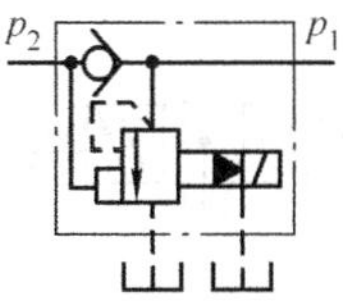	$p_1 > p_2$		先导型比例电磁式溢流减压阀	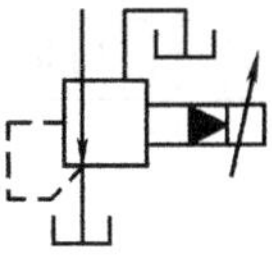	
制动阀	双溢流制动阀	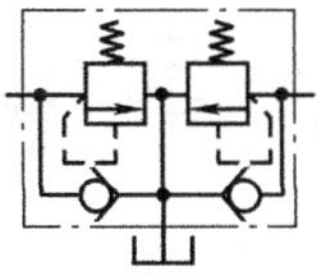			定比减压阀	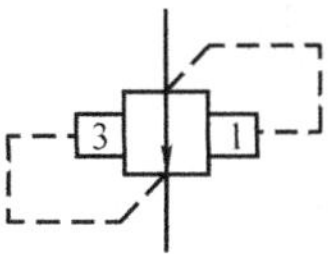	减压比1/3
	溢流油桥制动阀	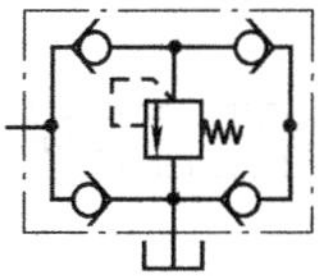			定差减压阀	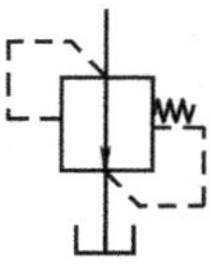	

187

(续)

名称	符号	说明	名称	符号	说明
(3) 方向控制阀					
单向阀	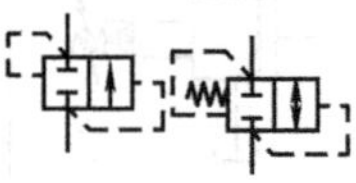	详细符号	单向阀	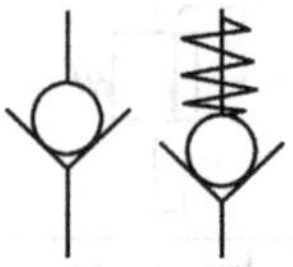	简化符号（弹簧可省略）
液压单向阀	液控单向阀	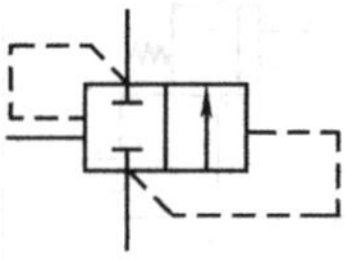	详细符号（控制压力关闭阀）	液压单控单向阀	双液控单向阀	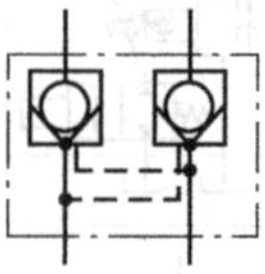
:::	:::	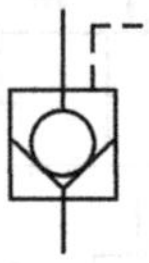	简化符号	梭阀	或门型	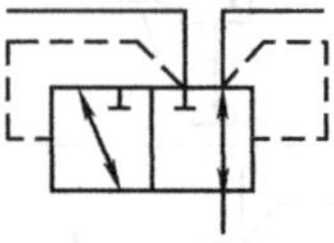	详细符号
:::	:::	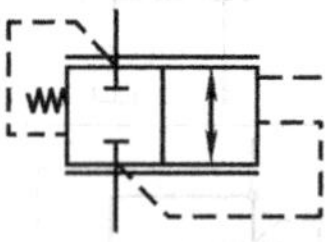	详细符号（控制压力打开阀）	:::	:::	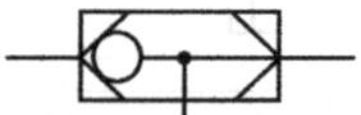	简化符号
:::	:::	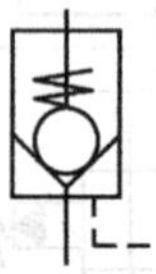	简化符号（弹簧可省略）	:::	二位五通液动阀	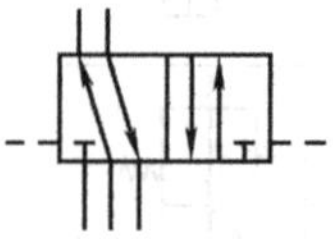	
换向阀	二位四通机动阀	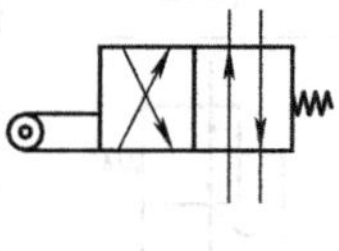		换向阀	三位六通手动阀	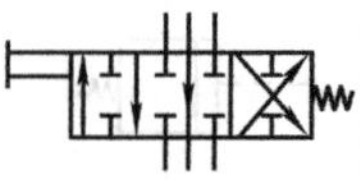	
:::	三位四通电磁阀	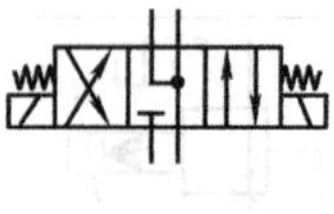		:::	三位五通电磁阀		
:::	三位四通电磁阀	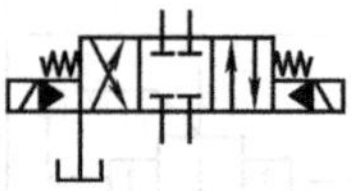	简化符号（内控外泄）	:::	三位四通电磁阀		外控内泄（带手动应急控制装置）
:::	二位二通电磁阀	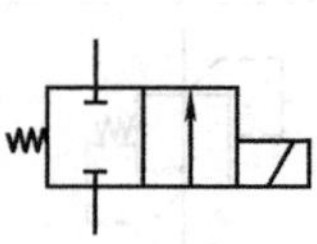	常断	:::	三位四通比例阀		节流型，中位正遮盖

188

（续）

名称		符号	说明	名称		符号	说明
（3）方向控制阀							
换向阀	二位二通电磁阀		常通	换向阀	三位四通比例阀		中位负遮盖
	二位三通电磁阀				二位四通电磁阀		
	二位三通电磁球阀				二位四通比例阀		
	四通伺服阀				四通电液伺服阀		带电反馈三级
	四通电液伺服阀		二级				
（4）流量控制阀							
节流阀	截止阀			同步阀	分流阀		
	滚轮控制节流阀（减速阀）				单向分流阀		
	可调节流阀		详细符号	调速阀	调速阀		详细符号

(续)

名称		符号	说明	名称	符号	说明
(4) 流量控制阀						
节流阀	可调节流阀	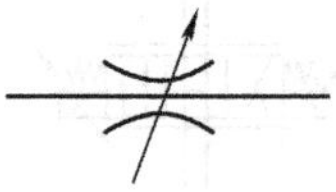	简化符号	调速阀		简化符号
	不可调节流阀	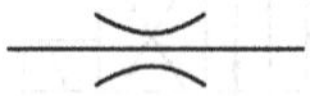	一般符号	旁通型调速阀	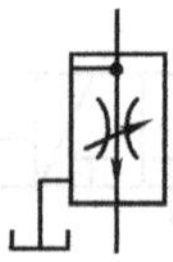	简化符号
	单向节流阀			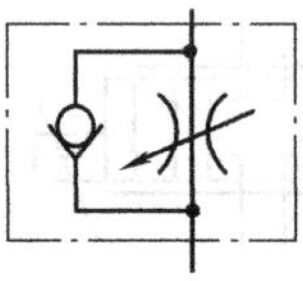 温度补偿型调速阀	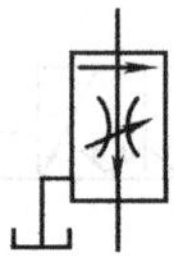	简化符号
	双单向节流阀			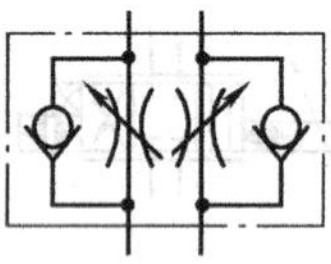 单向调速阀	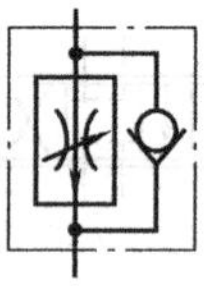	简化符号
调速阀	集流阀			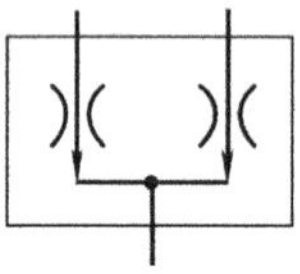 分流集流阀	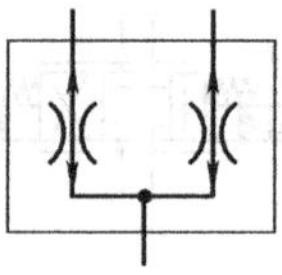	

6.1.4 液压传动的特点及应用

1. 液压传动的特点

(1) 液压传动的优点

1) 在相同的功率下,液压传动装置体积小、重量轻。

2) 执行元件工作平稳,换向时冲击较小,可频繁换向。

3) 方便实现过载保护,且液压油液能使液压元件实现自润滑,使用寿命长。

4) 液压传动容易实现无级调速,且转速范围大。

5) 操作简单,调节、控制方便,特别是与机、电、气联合使用时,易于实现复杂的自动工作循环。

6) 由于液压元件已实现了标准化、系列化和通用化,液压系统的设计、制造、维修已大大简化。

(2) 液压传动的缺点

1) 由于泄漏及流体的可压缩性,因此无法保证严格的传动比。

2) 当油温或载荷变化时,往往不易保持运动速度的稳定。

3）液压元件制造精度要求高，使用维护比较严格。
4）系统的故障原因有时不易查明。

2. 液压传动的应用

（1）液压传动在组合机床动力滑台上的应用　组合机床（图6-12）是适用于大批量生产的一种金属切削机床，它是由标准化、通用化的零部件和按零件形状、尺寸及加工工艺要求设计的专用部件组合而成的机床，具有专用、高效、自动化程度高的特点，广泛应用于机械制造业生产线和自动线中。组合机床的动力滑台是用来实现进给运动的通用部件。根据加工工艺要求，在动力滑台台面上装设动力箱、多轴箱及各种专用切削头等动力部件，可以完成钻、扩、铰、铣、镗和攻螺纹等加工工序，以及完成多种复杂的进给工作循环。由于液压动力滑台的机械结构简单，可与电器配合实现进给运动自动工作循环，又可以很方便地调节工进速度，因此它的应用比较广泛。液压动力滑台是利用液压缸将泵站所提供的液压能转变成滑台运动所需的机械能。它对液压系统性能的主要要求是速度换接平稳，进给速度稳定，功率利用合理，效率高，发热少。

（2）液压传动在万能外圆磨床上的应用　万能外圆磨床是一种可以磨削外圆，加上附件又可磨削内圆的机床。这种磨床具有砂轮旋转、工件旋转、工作台带动工件的往复运动和砂轮架的周期切入运动，此外砂轮架还可快速进退，尾架顶尖可以伸缩。在这些运动中，除了砂轮与工件的旋转由电动机驱动外，其余的运动均由液压传动来实现。在所有的运动中，以工作台往复运动要求最高，它不仅要保证机床有尽可能高的生产率，还应保证换向过程平稳，换向精度高。

液压传动和气压传动称为流体传动，是根据帕斯卡提出的液体静压力传动原理而发展起来的一门新兴技术，是工农业生产中广泛应用的一门技术。如今，流体传动技术水平的高低已成为一个国家工业发展水平的重要标志。

6.2　汽车用液压泵、液压马达和液压缸

现代汽车制动系统是按驾驶人意图减速或停车的装置。制动传动装置常采用液压式，现在常说的 ABS 系统（防抱死制动系统）装置中就液压制动装置。液压制动装置由液压泵、液压缸等组成。

6.2.1　汽车用液压泵

1. 液压泵的作用及原理

液压泵是液压系统的动力元件，将原动机输入的机械能转换为压力能输出，为执行元件提供液压油。单柱塞液压泵的工作原理如图6-12所示。

柱塞4安装在缸体3中形成一个密封腔 a，柱塞4在弹簧2的作用下始终紧抵在偏心轮5上。原动机驱动偏心轮5旋转时，柱塞4将做往复运动，使密封腔 a 的容积大小发生周期性的交替变化。当 a 由小变大时就形成部分真空，油箱中油液在大气压作用下，经吸油管顶开单向阀6进入 a 而实现吸油；反之，当 a 由大变小时，密封 a 腔中吸满的油液将顶开单向阀1流入系统而实现压油。原动机驱动偏心轮不断旋转，液压泵就不断地吸油和压油，这样液压泵就将原动机输入的机械能转换成液体的压力能输出。

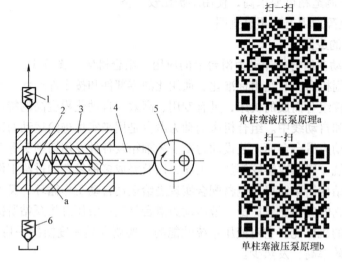

图 6-12 单柱塞液压泵的工作原理
1、6—单向阀　2—弹簧　3—缸体　4—柱塞　5—偏心轮

2. 液压泵的特点

从上述液压泵的工作过程可以看出，其基本特点是：

1）具有若干密封而又可以周期性变化的空间；液压泵的输出流量与此空间的容积变化量和单位时间内的变化次数成正比，与其他因素无关。

2）油箱内液体的绝对压力必须恒等于或大于大气压力；这是容积式液压泵能够吸入油液的外部条件。因此，为保证液压泵正常吸油，油箱必须与大气相通，或采用封闭的充压油箱。

3）具有相应的配流机构；将吸液腔和排液腔隔开，保证液压泵有规律地连续吸排液体。液压泵的结构原理不同，其配流机构也不相同。

3. 液压泵的主要性能参数

（1）工作压力　指液压泵出口处的实际压力值。工作压力值取决于液压泵输出到系统中的液体在流动过程中所受的阻力。

（2）额定压力　指液压泵在连续工作过程中允许达到的最高压力。额定压力值的大小由液压泵零部件的结构强度和密封性来决定。

（3）最高允许压力　指在超过额定压力的条件下，根据试验标准规定，允许液压泵短暂运行的最高压力值。

4. 液压泵的分类

液压泵按其在单位时间内所能输出的油液体积能否调节可分为定量泵和变量泵两类；按结构形式可以分为齿轮式、叶片式和柱塞式三大类。

（1）齿轮泵

1）齿轮泵是一种常用的液压泵，它的主要优点是结构简单，制造方便，价格低廉，体积小，重量轻，自吸性好，对油液污染不敏感，工作可靠；其主要缺点是流量和压力脉动大，噪声大，排量不可调。

齿轮泵被广泛地应用于采矿设备、冶金设备、建筑机械、工程机械和农林机械等各个行业。齿轮泵按照其啮合形式的不同,有外啮合和内啮合两种。外啮合齿轮泵应用较广,内啮合齿轮泵则多为辅助泵。

2)外啮合齿轮泵的工作原理。图 6-13 所示为外啮合齿轮泵的工作原理。由于齿轮端面与壳体端盖之间的缝隙很小,齿轮齿顶与壳体内表面的间隙也很小,因此可以看成将齿轮泵壳体内分隔成左、右两个密封容腔。当齿轮按图示方向旋转时,右侧的齿轮逐渐脱离啮合,因此这一侧的密封容腔的体积逐渐增大,形成局部真空,油箱中的油液在大气压力的作用下经泵的吸油口进入这个腔体,因此这个容腔称为吸油腔。随着齿轮的转动,每个齿间中的油液从右侧被带到了左侧。在左侧的密封容腔中,轮齿逐渐进入啮合,使左侧密封容腔的体积逐渐减小,把齿间的油液从压油口挤压输出的容腔称为压油腔。当齿轮泵不断地旋转时,齿轮泵的吸、压油口不断地吸油和压油,实现了向液压系统输送油液的过程。在齿轮泵中,吸油区和压油区由相互啮合的轮齿和泵体分隔开来,因此没有单独的配油机构。

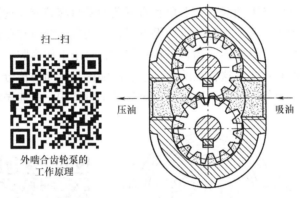

图 6-13 外啮合齿轮泵的工作原理

(2)叶片泵 叶片泵具有结构紧凑、流量均匀、噪声小、运转平稳等优点,因而被广泛用于中、低压液压系统中。但也存在着结构复杂、吸油能力差、对油液污染比较敏感等缺点。

叶片泵按结构可分为单作用式(完成一次吸、排油液)和双作用式(完成两次吸、排油液)两大类。单作用片泵多用于变量泵,双作用叶片泵均为定量泵。

1)单作用叶片泵的工作原理。图 6-14 所示为单作用叶片泵的工作原理。单作用叶片泵也是由转子、定子、叶片和配油盘(图中未画出)等零件组成的。与双作用叶片泵明显不同之处是,定子的内表面是圆形的,转子与定子之间有一偏心量 e,配油盘只开一个吸油窗口和一个压油窗口。当转子转动时,由于离心力的作用,叶片顶部始终压在定子内圆表面上。这样,两相邻叶片间就形成了密封容腔。显然,当转子按图示方向旋转时,图中右侧的容腔是吸油腔,左侧的容腔是压油腔,它们容积的变化分别对应着吸油和压油的过程。封油区如图 6-14 所示。由于在转子每转一周的过程中,每个密封容腔完成吸油、压油各一次,因此也称为单作用式叶片泵。单作用式叶片泵的转子受不平衡液压力的作用,故又被称为非卸荷式叶片泵。

2)双作用叶片泵的工作原理,如图 6-15 所示。转子和定子是同心的,定子内表面由八段曲面拼合而成:两段半径为 R 的大圆弧面、两段半径为 r 的小圆弧面以及连接圆弧面的四段过渡曲面。当转子沿图示方向转动时,叶片 3 在离心力和通往叶片底部液压油的作用下紧

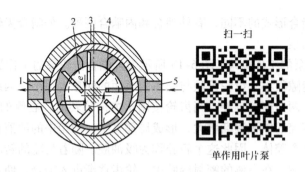

图 6-14 单作用叶片泵的工作原理

1—压油口 2—转子 3—定子 4—叶片 5—吸油口

贴在定子的内表面上,在相邻叶片之间形成密封容腔。显然,右上角和左下角的密封容腔容积逐渐变大,所在的区域是吸油区;左上角和右下角的密封容腔容积逐渐变小,所在的区域是压油区。在吸油区和压油区上,配油机构提供了相应的吸油窗口和压油窗口,并用封油区将吸油区和压油区隔开。可以看出,当转子转一周时,每个工作容腔完成吸油、压油动作各两次,所以称为双作用叶片泵。这种泵的两个吸、压油区是径向对称分布的,所以作用在转子上的液压力是径向平衡的。显然,这种泵的排量是不可调的,只能做成定量泵。

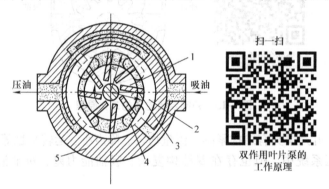

图 6-15 双作用叶片泵的工作原理

1—转子 2—定子 3—叶片 4—配流盘 5—泵体

(3)柱塞泵 柱塞泵是依靠柱塞在缸体中往复运动,使密封工作容腔的容积发生变化来实现吸油、压油。柱塞泵的特点是泄漏小、容积效率高,可以在高压下工作。柱塞泵按柱塞的排列和运动方向不同,可分为径向柱塞泵和轴向柱塞泵两大类。

1)径向柱塞泵的工作原理。图 6-16 是径向柱塞泵的工作原理。这种泵由柱塞、转子、衬套、定子和配油轴组成。定子和转子之间有一个偏心 e。衬套固定在转子孔内随之一起转动;配油轴固定不动;柱塞在转子(缸体)的径向孔内运动,形成了泵的密封工作容腔。显然,当转子按图示方向转动时,位于上半周的工作容腔处于吸油状态,油箱中的油液经配油轴的 a 孔进入 b 腔;位于下半周的工作容腔则处于压油状态,c 腔中的油将从配油轴的 d 孔向外输出。改变定子与转子偏心距 e 的大小和方向,就可以改变泵的输出流量和泵的吸油、压油方向。

2)轴向柱塞泵。轴向柱塞泵的工作原理如图 6-17 所示。轴向柱塞泵中的柱塞是轴向排

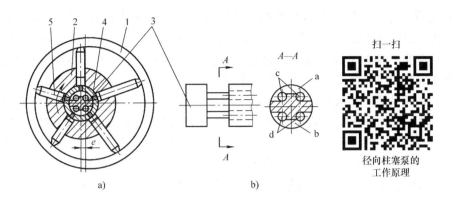

图 6-16 径向柱塞泵的工作原理
1—定子 2—转子 3—配流轴 4—衬套 5—柱塞

列的。当缸体轴线和传动轴轴线重合时,称为斜盘式轴向柱塞泵;当缸体轴线和传动轴轴线不在一条直线上,而成一个夹角 γ 时,称为斜轴式轴向柱塞泵。轴向柱塞泵具有结构紧凑、工作压力高、容易实现变量等优点。

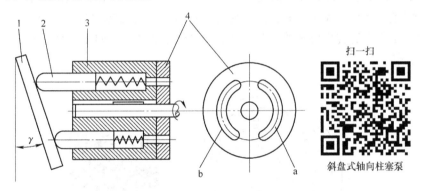

图 6-17 轴向柱塞泵的工作原理
1—斜盘 2—柱塞 3—缸体 4—配流盘

6.2.2 汽车用液压马达和液压缸

1. 液压马达

液压泵和液压马达都是液压传动系统中的能量转换装置,不同的是液压泵把驱动电动机的机械能转换成油液的压力能,是液压传动系统中的动力装置,而液压马达则是把油液的压力能转换成机械能,是液压传动系统中的执行装置。

但是,由于液压马达和液压泵的工作条件不同,对它们的性能要求也不一样,所以同类型的液压马达和液压泵之间,仍存在许多差别。首先液压马达应能够正、反转,因而要求其内部结构对称;液压马达的转速范围需要足够大,特别对它的最低稳定转速有一定的要求。因此,它通常都采用滚动轴承或静压滑动轴承;其次液压马达由于在输入液压油条件下工作,因而不必具备自吸能力,但需要一定的初始密封性,才能提供必要的起动转矩。由于存在着这些差别,液压马达和液压泵在结构上比较相似,但不能可逆工作。

（1）液压马达的类型　液压马达按其结构类型可以分为齿轮式、叶片式、柱塞式等。按液压马达的额定转速分为高速和低速两大类，额定转速高于 500r/min 的属于高速液压马达，额定转速低于 500r/min 的属于低速液压马达。高速液压马达的基本类型有齿轮式、螺杆式、叶片式和轴向柱塞式等。它们的主要特点是转速较高、转动惯量小，便于起动和制动，调节（调速及换向）灵敏度高。通常高速液压马达输出转矩不大，所以又称为高速小转矩液压马达。低速液压马达的基本类型径向柱塞式，此外在轴向柱塞式、叶片式和齿轮式中也有低速的结构形式。低速液压马达的主要特点是排量大、体积大、转速低（有时可达每分钟几转甚至零点几转），因此可直接与工作机构连接，不需要减速装置，使传动机构大为简化。通常低速液压马达输出转矩较大，所以又称为低速大转矩液压马达。

（2）液压马达的工作原理

1) 叶片式液压马达。常用叶片式液压马达为双作用式，双作用叶片式液压马达的工作原理如图 6-18 所示。当液压油从进油口 11 和 15 进入压力腔后，两相邻叶片间的密封容积充满液压油。叶片 2 和 6 处在压力腔两侧，均受液压油的作用，不产生转矩。叶片 1 和 3 的一侧受液压油作用，而另一侧处在回油腔，受低压油作用。由于叶片 3 的伸出长度大于叶片 1 的伸出长度，故叶片 3 的受力面积大于叶片 1 的受力面积，所以产生使转子逆时针方向旋转的转矩。同理，叶片 5 和 7 之间也产生使转子逆时针方向旋转的转矩。回油腔中油液压力低，对叶片作用产生的转矩可忽略不计。由图 6-18 可以看出，如果改变输油方向，叶片马达则顺时针旋转。

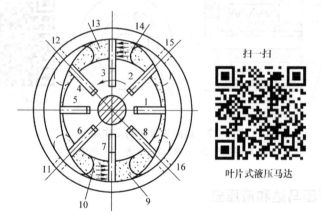

图 6-18　双作用叶片式液压马达的工作原理

1、2、3、4、5、6、7、8—叶片　9、13—回油腔　10、14—压力腔　11、15—进油口　12、16—回油口

2) 柱塞式液压马达。柱塞式液压马达应用较多的是轴向点接触柱塞式定量马达，其工作原理如图 6-19 所示。斜盘 1 和配油盘 4 固定不动，缸体 2 和马达轴 5 相连接一起转动。当液压油经配油盘 4 的进油窗口 6 进入缸体 2 上的柱塞孔时，液压油将孔中的柱塞 3 顶出，使之紧压在斜盘上。斜盘对柱塞的反作用力 F 垂直于斜盘表面，该力可分解为水平分力（轴向分力）F_x 和垂直分力 F_y。水平分力 F_x 与柱塞上的液压力相平衡，而垂直分力 F_y 则使柱塞对缸体中心产生一个转矩，带动缸体和马达轴逆时针方向旋转。如果改变马达液压油的输入方向，则马达轴做顺时针方向旋转。

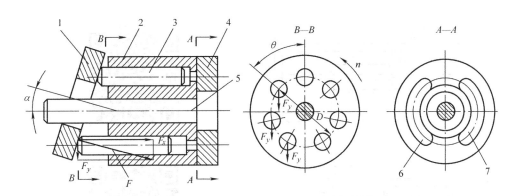

图6-19 轴向点接触柱塞式定量马达的工作原理图
1—斜盘 2—缸体 3—柱塞 4—配油盘 5—马达轴 6—进油窗口 7—回油窗口

（3）液压马达的选择　选择液压马达时，应根据液压传动系统的工作特点、液压马达的技术性能进行综合分析比较，最后确定。一般齿轮马达输出转矩小，泄漏大，但结构简单，价格低，可用于高速小转矩场合。叶片马达转动惯量小，动作灵敏，但容积效率不高，适用于高转速、小转矩和起动换向频繁的场合。轴向柱塞马达应用最为广泛，容积效率较高，调速范围较大，且最低稳定转速较低，但耐冲击和耐振动的性能差，对油的污染敏感，价格高，故常用在工程机械和船舶等要求低速、大转矩的场合。

2. 液压缸

（1）液压缸的作用　液压缸是将液压能转变为机械能的，且做直线往复运动或摆动运动的液压执行元件。输入量是流体的压力和流量，输出量是驱动力和速度。液压缸结构简单、工作可靠，用它来实现往复运动时，可免去减速装置，并且没有传动间隙，运动平稳，因此在各种机械的液压系统中得到了广泛应用。

液压缸按结构形式分为活塞式、柱塞式和摆动式三类。

（2）活塞式液压缸的结构　汽车动力转向系统中使用的液压缸分为单杆活塞式液压缸和双杆活塞式液压缸两种。单杆活塞式液压缸的结构主要由缸体、活塞和活塞杆组成。由于活塞一端有杆，而另一端无杆，所以活塞两端的有效作用面积不相等。当无杆腔进油时，因活塞有效面积大，所以速度小，推力大；当有杆腔进油时，因活塞有效面积小，所以速度大，推力小。

图6-20所示为双杆活塞式液压缸。活塞的两侧都有伸出杆。缸体两端设有进出油口，当液压油从进、出油口交替输入液压缸左、右工作腔时，液压油作用于活塞端面，驱动活塞（或缸体）运动，并通过活塞杆（或缸体）带动工作台做直线往复运动。不同固定方式工作台的移动范围不同，缸体固定时工作台的活动范围近似为活塞有效行程的三倍，而活塞杆固定时工作台的活动范围近似为活塞有效行程的两倍。

（3）柱塞式液压缸的结构和特点　柱塞式液压缸由缸体、柱塞、导向套、钢丝卡圈等零件组成，如图6-21所示。柱塞式液压缸的特点是：

1）它是一种单作用式液压缸，靠油液压力只能实现一个方向的运动，柱塞回程要靠其他外力或柱塞的自重实现。

2）柱塞只靠缸套支承而不与缸套接触，这样缸套极易加工，故适用于做长行程液压缸。

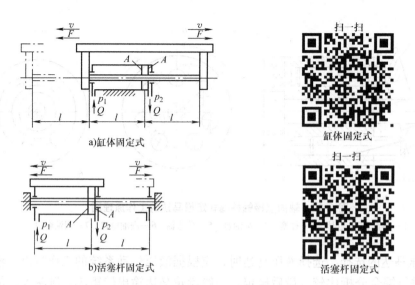

图 6-20 双杆活塞式液压缸

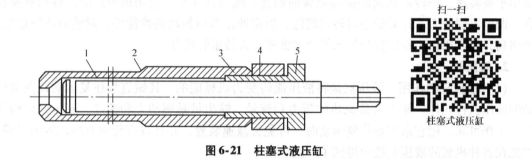

图 6-21 柱塞式液压缸
1—缸筒 2—柱塞 3—导向套 4—密封圈 5—缸盖

3）工作时柱塞总受压，因而它必须有足够的刚度。

4）柱塞重量往往较大，水平放置时容易因自重而下垂，造成密封件和导向单边磨损，故其垂直使用更有利。

（4）伸缩式液压缸 伸缩式液压缸具有二级或多级活塞，如图 6-22 所示。伸缩式液压缸中活塞伸出的顺序是从大到小，而空载缩回的顺序则一般是从小到大。伸缩缸可实现较长的行程，而缩回时长度较短，结构较为紧凑。此种液压缸常用于工程机械和农业机械上，例如自卸载重汽车、汽车起重机的伸缩臂就是用到了伸缩式液压缸。

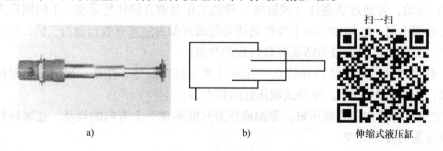

图 6-22 伸缩式液压缸

（5）液压缸的密封　液压缸的密封是指活塞、活塞杆和缸盖等处的密封。它是用来防止液压缸内部和外部的泄漏。液压缸中密封设计得好坏，对液压缸的性能有着重要影响。

1）活塞密封：它是指活塞外表面与缸筒内表面之间的密封，用来防止液压缸中高压容腔的油液向低压容腔中泄漏。

2）间隙密封。这是一种最简单的密封形式，常用在活塞直径较小、工作压力较低的液压缸中。在活塞上开出的若干道深 0.3~0.5mm 的环形槽，可以增大油液从高压腔向低压腔泄漏的阻力，从而减小泄漏。

3）活塞环密封。这种密封是通过在活塞外表面的环形槽中放置切了口的金属环来实现的。金属环依靠弹性变形紧贴在缸筒内表面上，在高温、高压和高速运动场合有很好的密封性能；缺点是制造工艺比较复杂。

4）橡胶圈密封。这是一种结构简单、磨损后能自动补偿，并且密封性能会随着压力的加大而提高的密封方式，在工程中得到了非常广泛的应用。

6.3　汽车上的液压控制阀

在液压系统中，液压控制阀用来控制油液的压力、流量和流动方向，从而控制液压执行元件的起动、停止、运动方向、速度、作用力等，满足液压设备对各工况的要求。

6.3.1　方向控制阀

方向控制阀是利用阀芯和阀体间相对位置的改变来实现阀内部某些油路的接通和断开，以满足液压系统中各换向功能的要求。方向控制阀一般分为单向阀和换向阀两类。

1. 单向阀

液压系统中常见的单向阀有普通单向阀和液控单向阀两种。

普通单向阀使油液只能沿一个方向流动，反向则阻止液体流动。如图 6-23a 所示为管式普通单向阀的结构。液压油从阀体左端的进油口 P_1 流入时，克服弹簧 3 作用在阀芯 2 上的力，使阀芯向右移动，打开阀口，并通过阀芯 2 上的径向孔 a、轴向孔 b 从阀体右端的通口流出。但是液压油从阀体右端的通口 P_2 流入时，它和弹簧力一起使阀芯锥面压紧在阀座上，使阀口关闭，油液无法通过。图 6-23b 所示为普通单向阀的图形符号。

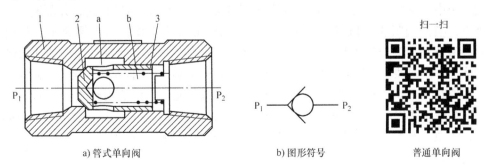

图 6-23　普通单向阀

1—阀体　2—阀芯　3—弹簧　a—径向孔　b—轴向孔

图 6-24a 所示为液控单向阀的结构。当控制口 K 处无液压油通入时，它的工作机制和普通单向阀一样；液压油只能从通口 P_1 流向通口 P_2，不能反向倒流。当控制口 K 有控制液压油时，因控制活塞 1 右侧 a 腔通泄油口，活塞 1 右移，推动顶杆 2 顶开阀芯 3，使通口 P_1 和 P_2 接通，油液就可在两个方向自由通流。图 6-28b 所示为液控单向阀的图形符号。

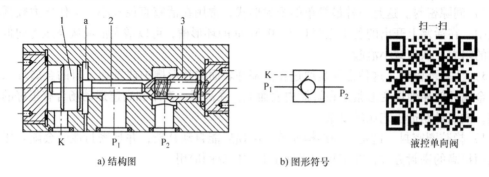

a) 结构图　　　　　　b) 图形符号

图 6-24　液控单向阀

1—活塞　2—顶杆　3—阀芯

2. 换向阀

换向阀利用阀芯相对于阀体的相对运动，使油路接通、关断，或变换油流的方向，从而使液压执行元件起动、停止或变换运动方向。对换向阀的主要性能要求有：油路导通时，压力损失要小；油路切断时，泄漏要少；阀体换位时，操纵力要小等。

换向阀可按换向阀的结构、操纵方式、位置数和通路数等分类，见表 6-2。

表 6-2　换向阀的分类

分类方式	类型
按阀的结构	转阀式、滑阀式
按阀的操纵方式	手动、机动（行程）、电磁、液动、电液动
按阀的位置数和通路数	二位二通、二位三通……三位四通、三位五通

图 6-25 所示为滑阀式换向阀的换向工作原理。换向阀有 3 个工作位置（滑阀在左端、中间和右端）和 4 个通路口（液压油口 P、回油口 T、通往执行元件两端的油口 A 和 B）。当滑阀处于中间位置时（图 6-25a），滑阀的两个凸肩将 A、B 油口封死，并隔断进、回油口 P 和 T，换向阀阻止向执行元件供液压油，执行元件不工作；当滑阀处于右位时（图 6-25b），液压油从 P 口进入阀体，经 A 口通向执行元件，而从执行元件流回的油液经 B 口进入阀体，并由回油口 T 流回油箱，执行元件在液压油的作用下向某一规定方向运动；当滑阀处于左位时（图 6-25c），液压油经 P、B 口通向执行元件，回油则经 A、T 口流回油箱，执行元件在液压油作用下反向运动。控制滑阀在阀体内做轴向移动，通过改变各油口间的连接关系，实现油液流动方向的改变，这就是滑阀式换向阀的工作原理。

换向阀图形符号的含义如下：

1）用方框表示换向阀的工作位置，有几个方框就表示有几位。

2）一个方框的上边和下边与外部连接的接口数即为通路数。

3）方框内的箭头表示此位置上油路的通断状态，但箭头的方向不一定代表油液实际流

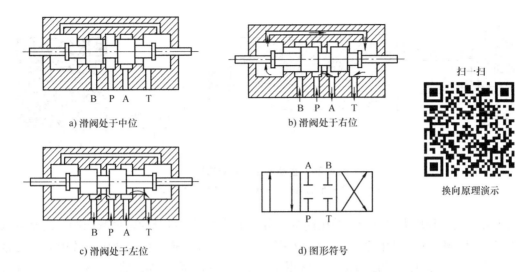

图 6-25 滑阀式换向阀的换向工作原理及图形符号

动的方向。

4)方框内的"T"表示此通路被阀芯封闭,即该路不通。

5)一般用 P 表示液压油口,T、O 表示回油口,A、B 等表示与执行元件连接的油口,K 表示控制油口。

6.3.2 压力控制阀

在液压系统中,用来控制液压油的压力和利用液压油的压力来控制其他液压元件动作的阀统称为压力控制阀。此类阀是利用作用在阀芯上的液压力和弹簧力相平衡的原理工作的,按其功能和用途不同可分为溢流阀、减压阀和顺序阀等。

1. 溢流阀

溢流阀是通过对油液的溢流,使液压系统的压力维持恒定,从而实现系统的稳压、调压和限压。几乎在所有的液压系统中都需要用到溢流阀,其性能好坏对整个液压系统的正常工作有很大影响。根据结构不同,溢流阀可分为直动式和先导式两类。

直动式溢流阀按其阀芯形式不同可分为球阀式、锥阀式、滑阀式等。现以锥阀式为例来说明直动式溢流阀的结构和工作原理。直动式溢流阀的结构如图 6-26 所示。阀芯在弹簧力的作用下压在阀座上,阀体上开有进油口 P 和回油口 T。油液的压力从进油口 P 作用在阀芯上。当液压力小于弹簧力时,阀芯压在阀座上不动,阀口关闭;当液压力超过弹簧力时,阀芯离开阀座,阀口打开,油液便从回油口 T 流回油箱,从而保证进口压力基本恒定。调节弹簧的预紧力,便可调整溢流压力。

直动式溢流阀的结构简单,灵敏度高,但其调定压力受溢流量影响较大,因为当溢流量的变化引起阀口开度即弹簧压缩量发生变化时,弹簧力变化较大,溢流阀进口压力也随之发生较大的变化,故直动式溢流阀调压稳定性较差。

2. 减压阀

减压阀是利用液体流过缝隙产生压降的原理,使出口压力(二次压力)低于进口压力

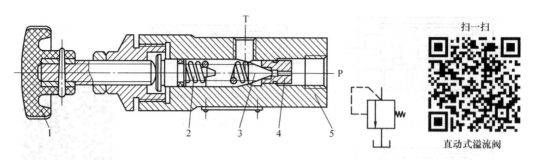

图 6-26 直动式溢流阀的结构

1—手轮 2—调压弹簧 3—阀芯 4—阀座 5—阀体

（一次压力）的一种压力控制阀。减压阀按调节要求的不同，可分为定值减压阀、定比减压阀和定差减压阀三种。其中定差减压阀应用较广，简称减压阀，它使液压系统中某一支路的压力低于系统压力且保持压力恒定，常用于夹紧、控制、润滑等油路中。根据结构不同，分为直动式和先导式两类，一般常用先导式减压阀。

先导式减压阀由先导阀和主阀两部分组成，图 6-27 所示为先导式减压阀的典型结构和图形符号，压力为 p_1 的液压油从阀的进油口 A 流入，经过缝隙 δ 减压后，压力降低为 p_2，再从出油口 B 流出。出口液压油经主阀芯（滑阀）内部阻尼小孔流到主阀芯的左腔和右腔，并作用在先导阀芯（锥阀）上。当出口压力 p_2 低于先导阀的调整压力时，先导阀关闭，主阀芯左、右两腔压力相等，主阀芯在弹簧力作用下处于最左端，减压阀口开度最大，阀处于非工作状态。当出口压力 p_2 大于先导阀的调整压力时，锥阀就被顶开，主滑阀右腔中的部分液压油便经锥阀开口及泄油孔 Y 流入油箱。此时由于主滑阀阀芯内部阻尼小孔的作用，滑阀右腔中的油压降低，阀芯失去平衡而向右移动，缝隙 δ 减小，减压作用增强，使出口压力 p_2 降低到调整的数值。由于进出油口均接液压油，所以泄油口要单独接回油箱。通过远控口来控制主阀芯上腔压力，可实现远程调压与多级调压。减压阀出口压力的稳定数值可以通过先导阀的调压螺钉来调节。

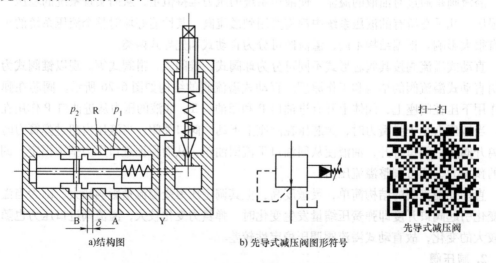

a) 结构图　　　b) 先导式减压阀图形符号

图 6-27 先导式减压阀的典型结构与图形符号

3. 顺序阀

顺序阀（图6-28）是用压力信号控制多个执行元件的顺序动作的一种压力阀。顺序阀也有直动式和先导式之分；根据控制压力来源不同，有内控式和外控式；如果出口与二次油路接通，泄油口 L 必须单独回油箱，成为外泄式。如果出口油液不工作（回油箱）时，泄油口 L 可以与 P_2 相通，称为内泄式。顺序阀的工作原理与溢流阀相同。对顺序阀的要求是不工作时密封性要好；工作时要畅通，压力损失小；从阀口不开（不工作）到阀口打开（工作）的过程防止二次压力冲击，阀口过流面积变化应均匀。

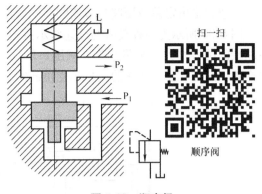

图6-28 顺序阀

6.3.3 流量控制阀

液压系统中执行元件运动速度的大小，由输入执行元件的油液流量的大小来确定。流量控制阀就是依靠改变阀口通流面积（节流口局部阻力）的大小或通流通道的长短来控制流量的控制阀。常用的流量控制阀有普通节流阀、压力补偿和温度补偿调速阀、溢流节流阀和分流集流阀等。

1. 节流阀

图6-29 所示为典型的节流阀的结构、原理与图形符号。油液从进油口 P_1 进入，经阀芯上的三角槽节流口，从出油口 P_2 流出。若转动手柄使阀芯做轴向移动，则节流口的通流面积减小，流量减小；反之增大。节流阀结构简单，制造容易，体积小，但流量的稳定性较差，受负载和温度的变化影响较大，因此只适用于负载和温度变化不大，或速度稳定性要求较低的液压系统。

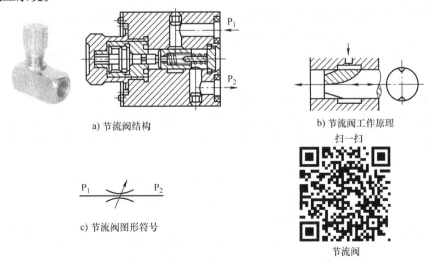

图6-29 典型的节流阀的结构、工作原理与图形符号

2. 调速阀

调速阀是由定差减压阀与节流阀串联而成的。

图 6-30 所示为一种典型的调速阀示意图。当负载压力 p_3 增大时，作用在定差加压阀阀芯左端的压力增大，阀芯右移，减压口增大，使 p_2 增大，从而使 ($p_2 - p_3$) 保持不变；反之亦然。这样就使调速阀的流量不受负载的影响，输出的流量稳定不变。

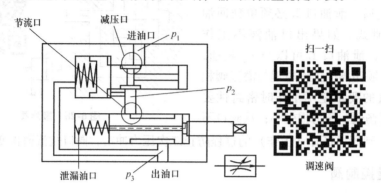

图 6-30 典型的调速阀示意图

6.3.4 其他控制阀

1. 高速电磁阀

（1）按照阀芯的运动形式分类　可分为滑阀、球阀、锥阀和平板阀等。

1）球阀式结构简单、密封可靠、工艺性好、行程短、动作灵敏，具有较大的面积梯度和较小的运动摩擦力，因而动态特性也较好，是一种普遍使用的阀芯结构。但是，球阀式结构作用在钢球上的液压力不平衡。

2）锥阀式结构通过高低压平衡设计，可以消除液动力的影响，克服球阀式结构液压力不平衡问题，是高速开关阀一种较理想的阀芯结构形式。但是，由于受工艺性能的限制，一般只做成二位二通式高速开关阀，很少做成二位三通式高速开关阀，为了使二位三通式锥阀两个锥面处能可靠密封，要求前后两个阀座具有严格的同轴度，这对于一些工作在高压、高频特殊环境中的高速开关阀来说，加工难度大，制造成本高，而且开关阀工作间隙调整困难。

3）平板阀不易实现静态力平衡，一般只用于小通径或低压的场合。

（2）按照工作时制分类　可分为直接驱动方式、冲击电压驱动方式和脉冲驱动方式。

1）直接驱动方式，电磁阀的驱动电流与阀口开启波形相同，阀芯靠弹簧回位，一般用于普通的电磁元件。

2）冲击电压驱动方式，为了提高阀动作的快速性，在阀动作的瞬间加一冲击电流使其快速换向，当阀动作后，电流稳定在一较小的值，使阀芯定位。

3）脉冲驱动方式，在阀动作的瞬间通强电流，一旦阀动作完毕，阀芯自动处于定位状态，这种结构的阀具有双稳的工作特性即具有记忆功能。这种阀对于阀芯的位置为脉宽调制，而对电流信号为脉频调制，从减少发热及快速性的角度而言，脉冲驱动方式最为有利。

2. 常开二位三通高速开关阀

常开二位三通高速开关阀的控制方式是脉宽调制式，如图 6-31 所示。当脉冲信号为低电压时，电磁阀断电，回油球阀 5 在回油口和供油口压差的作用下向左运动，最终紧靠在回油阀座密封座面上，使回油口断开，供油口与工作油口连通，实现控制动作。当脉冲信号为高电压时，电磁阀通电，衔铁 1 产生电磁推力通过顶杆和分离销 6 使回油球阀一起向右移动，直到供油球阀靠到其密封座面中，此时供油中断，回油打开，实现回油。

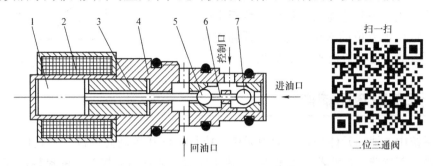

图 6-31　常开二位三通高速开关阀的结构
1—衔铁　2—线圈　3—极靴　4—阀体　5—回油球阀　6—分离销　7—供油球阀

3. 插装阀

二通插装阀是插装阀的基本组件（阀芯、阀套、弹簧和密封圈）插到特别设计加工的阀体内，配以盖板、先导阀组成的一种多功能的复合阀。因每个插装阀基本组件只有两个油口，故被称为二通插装阀，早期又称为逻辑阀。插装阀与普通液压控制阀有所不同，它的通流量可达到 1000L/min，通径可达 200～250mm。阀芯结构简单、动作灵敏、密封性好。它的功能比较单一，主要实现液路的通或断，与普通液压控制阀组合使用时，才能实现对系统油液方向、压力和流量的控制。

（1）二通插装阀的特点　二通插装阀具有下列特点：流通能力大，压力损失小，适用于大流量液压系统；主阀芯行程短，动作灵敏，响应快，冲击小；抗油污能力强，对油液过滤精度无严格要求；结构简单，维修方便，故障少，寿命长；插件具有一阀多能的特性，便于组成各种液压回路，工作稳定可靠；插件具有通用化、标准化、系列化程度很高的零件，可以组成集成化系统。

（2）二通插装阀的组成　二通插装阀由插装元件、控制盖板、先导控制元件和插装块体四部分组成。图 6-32 所示为二通插装阀的典型结构。

控制盖板用于固定插装件，安装先导控制阀，内装棱阀、溢流阀

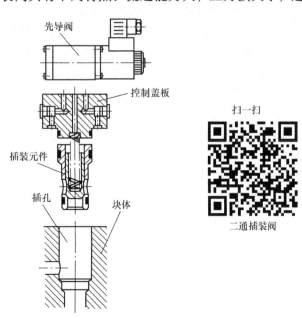

图 6-32　二通插装阀的典型结构

等。控制盖板内有控制油通道，配有一个或多个阻尼螺塞。通常盖板有五个控制油孔：X、Y、Z_1、Z_2 和中心孔 a（图6-33）。由于盖板是按通用性来设计的，具体运用到某个控制油路上有的孔可能堵住不用。为防止将盖板装错，盖板上的定位孔起标定盖板方位的作用。另外，拆卸盖板之前就必须看清、记牢盖板的安装方法。

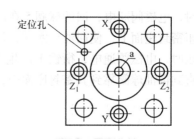

图6-33 盖板控制油孔

6.4 汽车用液压辅件

液压系统中的辅助元件是指除动力元件、执行元件和控制元件以外的其他各类组成元件，如油箱、蓄能器、过滤器（滤油器）、热交换器、油管与管接头、密封装置等，它是液压系统中不可缺少的组成部分。辅助元件对液压系统的工作稳定性、可靠性、寿命、噪声、温升甚至动态性能都有直接影响，因此应予以足够的重视。

6.4.1 蓄能器

在液压与气压传动系统中，蓄能器用来储存和释放流体的压力能。它的基本作用是当系统的压力高于蓄能器内流体的压力时，系统中的流体充进蓄能器中，直到蓄能器内外压力相等；反之，当蓄能器内流体的压力高于系统的压力时，蓄能器内的流体流到系统中去，直到蓄能器内外压力平衡。因此，蓄能器可以在短时间内向系统提供压力流体，也可以吸收系统的压力脉动和减小压力冲击。

1. 蓄能器的功用

（1）作辅助动力源，短期内大量供油 当液压系统工作循环中所需要的流量变化较大时，可采用一个蓄能器与一个较小流量（整个工作循环的平均流量）的泵，在短期大流量时，由蓄能器与泵同时供油，所需流量较小时，泵将多余的油液充向蓄能器，这样，可节省能源，降低温升。另一方面，在有些特殊的场所，为防止停电或驱动液压泵的原动力发生故障，蓄能器可作应急能源短期使用。

（2）补充泄漏，维持系统压力 在液压泵卸荷或停止向执行元件供油时，由蓄能器释放储存的液压油，补充系统泄漏，使系统压力保持在一定的范围内。此外，蓄能器还可用作应急能源，使系统在一段时间内维持压力，避免因停电或驱动液压泵的原动机发生故障使液压源突然中断而造成机件损坏等事故。

（3）缓和冲击、吸收压力脉动 当阀门突然关闭或换向时，系统中产生的冲击压力可由安装在产生冲击处的蓄能器来吸收，使液压冲击的峰值降低。如果将蓄能器安装在液压泵的出口处，可降低液压泵压力脉动的峰值。

2. 蓄能器的种类及特点

（1）活塞式蓄能器 图6-34所示为活塞式蓄能器，它利用在缸筒中浮动的活塞把缸中的液压油和气体隔开。这种蓄能器的活塞上装有密封圈，活塞的凹部面向气体，以增加气体室的容积。这种蓄能器结构简单，易安装，维修方便；但活塞的密封问题不能完全解决，有压气体容易漏入液压系统中，而且由于活塞的惯性和密封件的摩擦力，使活塞动作不够灵敏。这种蓄能器的最高工作压力为 17MPa，总容量为 1~39L，温度适用范围为 -4~80℃。

（2）气囊式蓄能器　图 6-35 所示为气囊式蓄能器，它由充气阀、壳体、气囊等组成，工作压力为 3.5~35MPa，容量为 0.6~200L，温度适用范围为 -10~65℃。工作前，从充气阀向气囊内充进一定压力的气体，然后将充气阀关闭，使气体封闭在气囊内。要储存的油液，从壳体底部菌形阀处引到气囊外腔，使气囊受压缩而储存液压能。其优点是惯性小，反应灵敏，且结构小、重量轻，一次充气后能长时间保存气体，充气也较方便，故在液压系统中得到了广泛的应用。

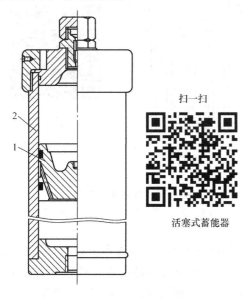

图 6-34　活塞式蓄能器
1—活塞　2—缸筒

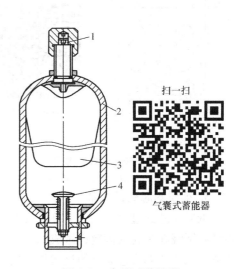

图 6-35　气囊式蓄能器
1—充气阀　2—壳体　3—气囊　4—限位阀

6.4.2　过滤器

液压与气压系统的大多数故障是由于介质中混有杂质而造成的，因此，保持工作介质清洁是系统正常工作的必要条件。油液中的污染物会使液压动力元件、液压执行元件和液压控制元件等内部相对运动部分的表面划伤，加速磨损或卡死运动件，堵塞阀口，腐蚀元件，使系统工作可靠性降低，寿命降低。因而，可在适当的部位上安装过滤器，截留油液中不可溶的污染物，使油液保持清洁，保证液压系统正常工作。

按滤芯的材料和结构形式，过滤器可分为网式过滤器、线隙式过滤器、纸质滤芯式过滤器、烧结式过滤器及磁性过滤器等。按过滤器安放的位置不同，还可以分为吸滤器、压滤器和回油过滤器，考虑到泵的自吸性能，吸油过滤器多为粗滤器。过滤器的选择应根据液压系统的技术要求，按过滤精度、通流能力、工作压力、油液黏度、工作温度等条件来选定其型号。

1. 网式过滤器

网式过滤器（图 6-36）的滤芯以铜网为过滤材料，在周围开有很多孔的塑料或金属筒形骨架上，包着一层或两层铜丝网，其过滤精度取决于铜网层数和网孔的大小。这种过滤器结构简单，通流能力大，清洗方便，但过滤精度低，一般用于液压泵的吸油口。

2. 线隙式过滤器

线隙式过滤器（图6-37）用铜线或铝线密绕在筒形骨架的外部来组成滤芯，依靠铜丝间的微小间隙滤除混入液体中的杂质。线隙式过滤器结构简单，通流能力大，过滤精度比网式过滤器高，但不易清洗，多为回油过滤器。

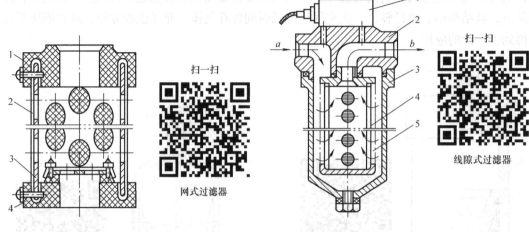

图6-36 网式过滤器
1—上盖 2—钢丝网 3—骨架 4—下盖

图6-37 线隙式过滤器
1—发信装置 2—端盖 3—壳体 4—骨架 5—铜丝

3. 纸质滤芯式过滤器

纸质滤芯式过滤器（图6-38）的滤芯为平纹或波纹的酚醛树脂或木浆微孔滤纸制成，将纸芯围绕在带孔的镀锡铁做成的骨架上，以增大强度。为增加过滤面积，纸芯一般做成折叠形。纸质滤芯式过滤器的过滤精度较高，一般用于油液的精过滤，但堵塞后无法清洗，须经常更换滤芯。

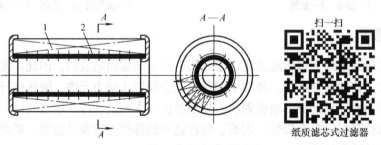

图6-38 纸质滤芯式过滤器
1—滤纸 2—骨架

6.4.3 压力计和压力计开关

1. 压力计

压力计（图6-39）主要用于观测系统的工作压力。最常用的是弹簧式压力计，其工作原理是当液压油进入弹簧弯管时，管子端口产生变形，从而推动杠杆使扇形齿轮与小齿轮啮合，小齿轮又带动指针旋转，在刻度盘上标出油液的压力值。

图6-39 压力计

2. 压力计开关

压力计开关主要用于被测油路与压力计之间的接通与断开，或调节开口度大小，起着阻止作用，能减轻压力计急剧跳动，防止损坏，也可作一般的小流量截止阀或节流阀使用。液压油接口有内、外螺纹连接式。

压力计开关按照其所能测量的点数不同分为一点式、三点式、六点式等几种。

6.4.4 阀类连接板

液压系统中液压阀的连接方式有五种：螺纹连接、法兰连接、板式连接、叠加式连接、插装式连接。

1. 螺纹连接

阀体油口上带螺纹的阀称为管式阀。将管式阀的油口用螺纹管接头和管道连接，并由此固定在管路上。这种连接方式适用于小流量的简单液压系统。螺纹连接的优点是连接方式简单、布局方便、系统中各阀间油路一目了然；其缺点是元件分散布置、所占空间较大、管路交错、接头繁多、不便于装卸维修。

2. 法兰连接

法兰连接是通过阀体上的螺钉孔（每个油口多有 4 个螺钉孔）与管件端部的法兰，用螺钉连接在一起的。这种阀称为法兰连接式阀，适用于通径在 32mm 以上的大流量液压系统，其优缺点与螺纹连接相同。

3. 板式连接

阀的各油口均布置在同一安装平面上，并留有连接螺钉孔，这种阀称为板式阀，如电磁换向阀。将板式阀用螺钉固定在与阀有对应油口的平板式或阀块式连接体上。这种连接方式的优点是：更换元件方便，不影响管路，并且有可能将阀集中布置。与板式阀相连的连接体有连接板和集成块两种形式。

（1）连接板　将板式阀固定在连接板上面，阀间油路在板后用管接头和管子连接。这种连接板简单，检查油路较方便，但板上油管多，装配极为麻烦，占空间也大。

（2）集成块　集成块是一个正六面连接体。将板式阀用螺钉固定在集成块的三个侧面上，通常三个侧面各装一个阀，有时在阀与集成块间还可以用垫板安装一个简单的阀，如单向阀、节流阀等，剩余的一个侧面则安装油管，连接执行元件。集成块的上、下面是块与块的接合面，在各集成块的结合面上同一坐标位置的垂直方向钻有公共通油孔：压力油孔 P、回油孔 T、泄漏油孔 L 以及安装螺栓孔，有时还有测压油路孔。块与块之间及块与阀之间接合面上的各油口用 O 形密封圈密封。在集成块内打孔，沟通各阀组成回路。每个集成块与装在其周围的阀类元件构成一个集成块组。每个集成块组就是一个典型回路。根据各种液压系统的不同要求，选择若干不同的集成块组叠加在一起，即可构成整个集成块式液压装置，如图 6-40 所示。

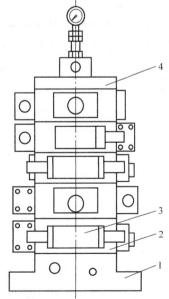

图 6-40　集成块式液压装置

1—底板　2—集成块　3—阀　4—盖板

这种集成方式的优点是：结构紧凑，占地面积小，便于装卸和维修，可把液压系统的设计简化为集成块组的选择，因而得到了广泛的应用。但它也有设计工作量大、加工复杂、不能随意修改系统等缺点。

6.4.5 油箱

油箱的功用主要是储存油液，此外还起着散发油液中的热量（在周围环境温度较低的情况下，则是保持油液中热量）、释出混在油液中的气体、沉淀油液中的污物等作用。

液压系统中的油箱有整体式和分离式两种。整体式油箱利用主机的内腔作为油箱，这种油箱结构紧凑，各处漏油易于回收，但增加了设计和制造的复杂性，维修不便，散热条件不好，且会使主机产生热变形；分离式油箱单独设置，与主机分开，减少了油箱发热和液压源振动对主机工作精度的影响，因此得到了广泛的应用，特别是在精密机械上。

油箱的典型结构如图 6-41 所示。由图 6-41 可见，油箱内部用隔板将吸油管与回油管隔开，顶部、侧部和底部分别装有滤油网、油位计和排放污油的放油阀。安装液压泵及其驱动电动机的安装板则固定在油箱顶面上。

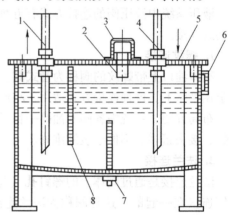

图 6-41 油箱的典型结构
1—吸油管 2—滤油网 3—盖 4—回油管
5—安装板 6—油位计 7—放油阀 8—隔板

6.4.6 油管和管接头

1. 油管

液压系统中使用的油管种类很多，有钢管、纯铜管、尼龙管、塑料管、橡胶管等，须按照安装位置、工作环境和工作压力来正确选用。油管的种类、特点和适用范围见表 6-3。

表 6-3 油管的种类、特点和适用范围

种类	特点和适用范围
钢管	价廉、耐油、耐蚀、刚性好，但装配不易弯曲成形，常在拆装方便处用作压力管道，中压以上用无缝钢管，低压用焊接钢管
纯铜管	价格高，抗振能力差，易使油液氧化，但易弯曲成形，用于仪表和装配不便处
尼龙管	半透明材料，可观察油液流动情况，加热后可任意弯曲成形和扩口，冷却后即定形，承压能力较低，一般在 2.8～8MPa
塑料管	耐油、价廉、装配方便，长期使用会老化，只用于压力低于 0.5MPa 的回油或泄油管路
橡胶管	用耐油橡胶和钢丝编织层制成，价格高，多用于高压管路；还有一种用耐油橡胶和帆布制成，用于回油管路

管道应尽量短，最好横平竖直，拐弯少，为避免管道皱折，减少压力损失，管道装配的弯曲半径要足够大，管道悬伸较长时要适当设置管夹。管道尽量避免交叉，平行管距要大于 110mm，以防接触振动，并便于安装管接头。软管直线安装时要有 30% 左右的余量，以适

应油温变化、受拉和振动的需要。弯曲半径要大于 9 倍的软管外径，弯曲处到管接头的距离至少等于 6 倍外径。

根据用途及管路的优缺点来选取管路的类型。管路内径的选择是以降低流动造成的压力损失为前提的，液压管路中液体的流动多为层流，压力损失正比于液体在管道中的平均流速，因此根据流速确定管径是常用的简便方法。高压钢管的壁厚根据工作压力选定。

2. 管接头

管接头是油管与油管、油管与液压件之间的可拆式连接件，它必须符合装拆方便、连接牢固、密封可靠、外形尺寸小、通流能力强、压降小、工艺性好等各项条件。管接头的种类很多，其规格品种可查阅有关手册。液压系统中油液的泄漏多发生在管路的连接处，所以管接头的重要性不容忽视，强度足够时管接头必须能在振动、压力冲击下保持管路的密封性。在高压处不能向外泄漏，在有负压的吸油管路上不允许空气向内渗入。

（1）硬管接头　按管接头和管道的连接方式分为焊接式管接头、卡套式管接头和扩口式管接头三种。

1）焊接式管接头。它是把相连管子的一端与管接头的接管焊接在一起，通过螺母将接管与接头体压紧。接管与接头体间的密封方式有球面与锥面接触密封和平面加 O 形圈密封两种形式，前者有自位性，安装时不是很严格，但密封可靠性稍差，适用于工作压力不高的液压系统（约 8 MPa 以下的系统）；后者可用于高压系统。接头体与液压件的连接有圆锥螺纹和圆柱螺纹两种形式，后者要用组合垫圈加以密封。焊接管接头制造工艺简单，工作可靠，扩装方便，对被连接的油管尺寸及表面精度要求不高，工作压力可达 32MPa 以上，是目前应用最广泛的一种形式。

2）卡套式管接头。卡套式管接头由接头体、卡套和螺母三个基本零件组成。卡套是一个在内圆端部带有锋利刃口的金属环，刃口的作用是在装配时切入被连接的油管而起连接和密封作用。这种管接头轴向尺寸要求不严，拆装方便，无须焊接或扩口，但对油管的径向尺寸精度要求较高。采用冷拔无缝钢管，使用压力可达 32MPa。油管外径一般不超过 42mm。

3）扩口式管接头。扩口式管接头适用于铜管、铝管或薄壁钢管，也可用来连接塑料管和尼龙管等低压管道。它只适用于薄壁铜管，工作压力不大于 8MPa 的场合。接管穿入导套后扩成喇叭口（74°～90°），再用螺母把导套连同接管一起压紧在接头体的锥面上形成密封。

（2）胶管接头　胶管接头有可拆式和扣压式两种，各有 A、B、C 三种类型。随管径不同可用于工作压力为 6～40MPa 的系统。扣压式管接头是高压胶管接头常用的一种形式。装配时须剥离外胶层，然后在专门设备上扣压而成，它由接头外套和接头心组成。软管装好再用模具扣压，使其具有较好的抗拔脱和密封性能。

6.5　液压基本回路

液压传动的机器设备，无论它的液压系统多么复杂，总是由一些基本回路组成的。这些基本回路具有各种功能，如调整系统的工作压力、调节执行机构的运动速度、使油泵卸荷以及改变运动方向等。掌握这些回路的组成及功能对于分析各种机器的液压系统包括汽车液压系统将大有帮助。

6.5.1 方向控制回路

一般的方向控制回路在动力元件与执行元件之间采用换向阀即可实现。

复杂方向控制回路是指执行机构需要频繁连续地做往复运动或在换向过程上有许多附加要求时采用的换向回路。例如在机动换向过程中因速度过慢而出现的换向死点问题,因换向速度太快而出现的换向冲击问题等。复杂方向控制回路有时间控制式和行程控制式两种。

1. 时间控制式换向回路

图 6-42 所示为时间控制式换向回路。该换向回路由主换向阀 6 和先导换向阀 3 组成。主换向阀 6 起主油路换向作用,而先导换向阀 3 主要提供主换向阀 6 的换向动力(由液压油提供)。主换向阀 6 两端的节流阀 5 和 8 是控制主换向阀 6 的换向时间的。

在图 6-42 所示位置,先导换向阀 3 的阀芯处于右端,泵输出的油液通过主换向阀 6 后,与液压缸的右端接通,活塞向左移动,而回油经主换向阀 6 及可调节流阀 10 回油箱。当活塞带动工作台运动到终点时,工作台上的挡铁通过杠杆机构使先导换向阀 3 换向,使先导换向阀 3 的左位接通,液压泵输出的控制油经先导换向阀 3、单向阀 4 后进入主换向阀 6 的左端,而右端的控制液压油经可调节流阀 8 回油箱。此时,主换向阀 6 的阀芯右移,阀芯上的制动锥面逐渐关小回油通道口 b,活塞速度减小。当换向阀移动至将阀口 b 全部关闭后,油路关闭,活塞停止运动。可见,换向阀换向时间取决于可调节流阀 8 的开口大小,调节可调节流阀 8 的开口即可调节换向时间,因此该回路称为时间控制式换向回路。

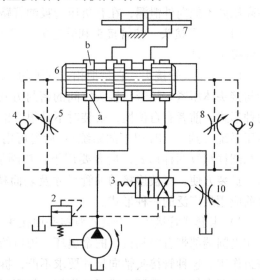

图 6-42 时间控制式换向回路
1—液压泵 2—溢流阀 3—先导换向阀 4、9—单向阀 5—节流阀 6—主换向阀 7—液压缸 8、10—可调节流阀

这种回路主要用于工作部件运动速度较高,要求换向平稳、无冲击,但换向精度要求不高的场合,如平面磨床、插床、拉床等。

2. 行程控制式换向回路

图 6-43 所示为行程控制式换向回路。该回路也由两个阀组成,即主换向阀 6 和先导阀 3。但在这种回路中,主油路除了受主换向阀 6 的控制外,其回油还要通过先导阀 3,同时受先导阀 3 的控制。

在图 6-43 所示位置,液压泵输出的油液经主换向阀 6 进入液压缸的右腔,活塞左移;液压缸左腔的油经主换向阀 6、先导阀 3 及可调节流阀 10 回油箱。当换向阀换向时,活塞杆上的拨块拨动先导阀 3 的阀芯移向右端,在移动过程中,先导阀阀芯上 a 口中的制动锥面将主油路的回油通道逐渐关小,实现对活塞的预制动,使活塞的速度减慢。当活塞的速度变得很慢时,换向阀的控制油路才开始切换,控制油通过先导阀 3、单向阀 5 进入主换向阀 6 的左端,而使主换向阀 6 的阀芯向右运动,切断主油路,使活塞完全停止运动,随即在相反的方向起动。可见，此种回路不论运动部件原来的速度如何，先导阀 3 总是要先移动一段固定行程使工作部件先进行预制动后，再由换向阀来换向。因此，该回路称为行程控制式换向回路。

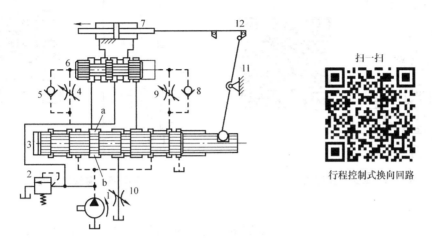

图 6-43　行程控制式换向回路
1—单向足量液压泵　2—溢流阀　3—先导阀　4、9—节流阀　5、8—单向阀　6—主换向阀
7—液压缸　10—可调节流阀　11—连杆　12—执行元件

6.5.2　压力控制回路

压力控制回路是利用压力控制阀来控制系统中油液的压力，以满足系统中执行元件对力和转矩的要求。压力控制回路主要包括调压、增压、减压、保压、卸荷、平衡、锁紧等多种回路。

1. 调压回路

调压回路的功用是使液压系统整体或某一部分压力保持恒定或限定为不许超过某个数值。调压回路又分为单级调压和多级调压回路。

（1）单级调压回路　图 6-44 所示为单级调压回路。这是液压系统中最为常见的回路，在液压泵的出口处并联一个溢流阀来调定系统的压力。

（2）多级调压回路　图 6-45 所示为多级调压回路。在液压泵的出口处并联一个先导式溢流阀，其远程控制口上串联一个二位二通电磁换向阀及一个远程调压阀。当先导式溢流阀的调压低于远程调压阀的调压时，则系统压力由先导式溢流阀决定。当先导式溢流阀的调压高于远程调压阀的调压时，则系统的压力通过二位二通换向阀的换向可得到两种调定压力：左位接通，系统压力由先导式溢流阀决定；右位接通，系统压力由远程调压阀决定。若将溢流阀的远程控制口接一个多位换向阀，并联多个调压阀，则可获得多级调压。

2. 减压回路

减压回路的功用是使系统中某一部分油路具有较低的稳定压力。

图 6-46 所示为减压回路，图中两个执行元件需要的压力不一样，在压力较低的回路上安装一个减压阀以获得较低的稳定压力，单向阀的作用是当主油路的压力较低时，防止油液倒流，起短时保压作用。为使减压阀的回路工作可靠，减压阀的最低调压不应小于 0.5MPa，

最高压力至少比系统压力低 0.5MPa。当回路执行元件需要调速时，调速元件应安装在减压阀的后面，以免减压阀的泄漏对执行元件的速度产生影响。

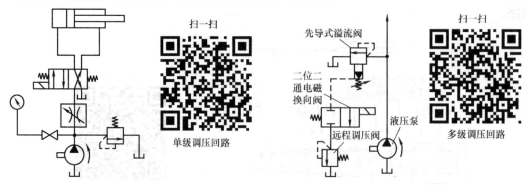

图 6-44　单级调压回路　　　　　　　　图 6-45　多级调压回路

3. 增压回路

增压回路的功用是提高系统中局部油路的压力，使系统中的局部压力远远大于液压泵的输出压力。

（1）采用增压器的增压回路　如图 6-47 所示，增压器的两端活塞面积不一样，因此，当活塞面积较大的腔中通入液压油时，在另一端活塞面积较小的腔中就可获得较高的油液压力。增压的倍数取决于大小活塞面积的比值。

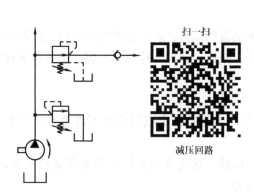

图 6-46　减压回路　　　　　　　　图 6-47　采用增压器的增压回路

（2）采用气液增压缸的增压回路　如图 6-48 所示，该回路利用气液增压缸将较低的气压变为液压缸中较高的液压力。

4. 保压回路

保压回路的功用是在执行元件工作中循环的某一阶段，保持系统中规定的压力。

（1）利用蓄能器的保压回路　图 6-49 所示为一种用于夹紧油路的保压回路，当三位四通换向阀左位接通时，液压缸进给，进行夹紧工作；当压力升至调定压力时，压力继电器发出信号，使二位二通电磁换向阀换向，油泵卸荷。此时，夹紧油路利用蓄能器进行保压。

（2）利用液压泵的保压回路　图 6-50 所示为双泵供油系统，它既是一种快速运动回路，也是一种保压回路。在系统压力较低时，大流量泵和小流量泵同时供油；当系统压力升高时，低压泵卸荷，高压泵起保压作用。

图 6-48 采用气液增压缸的增压回路

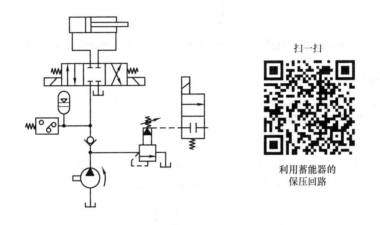

图 6-49 利用蓄能器的保压回路

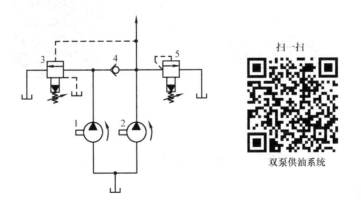

图 6-50 双泵供油系统

（3）利用液控单向阀的保压回路　图 6-51 所示为一种采用液控单向阀和电接触式压力表的自动补油式保压回路。它主要是保证液压缸上腔通油时系统的压力在一个调定的稳定值，当 2YA 通电时，换向阀右位接通，液压油进入液压缸上腔，处于工作状态。当压力升至电接触式压力表上触点调定的上限压力值时，上触点接通，电磁铁 2YA 断电，换向阀处于中位，系统卸荷；当压力降至电接触式压力表上触点调定的下限压力值时，压力表又发出信号,电磁铁2YA通电,换向阀右位又接通,泵向系统补油,压力回升。

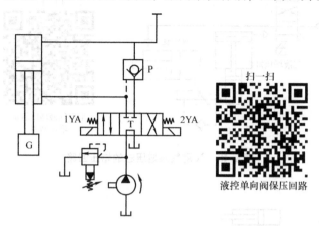

图6-51 利用液控单向阀和电接触式压力表的自动补油式保压回路

5. 平衡回路

平衡回路的功用是防止立式液压缸及其工作部件因自重而自行下落,或在下行运动中因自重造成的运动失控。平衡回路一般采用平衡阀(单向顺序阀)。

图6-52所示为采用单向顺序阀实现的平衡回路。在这个回路中,当活塞向下运动时,立式液压缸有杆腔中油液压力必须大于顺序阀的调定压力后才能将顺序阀打开,使回油进入油箱中,顺序阀可以根据需要调定压力,以保证系统达到平衡。

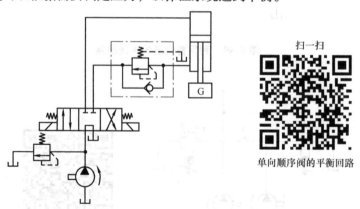

图6-52 采用单向顺序阀实现的平衡回路

6. 锁紧回路

锁紧回路的功用是使执行机构在需要的任意运动位置上锁紧。图6-53所示为一种采用双向液控单向阀(液压锁)的液压锁紧回路。

6.5.3 调速回路

调速回路是液压系统用来传递动力的回路,它在基本回路中占有重要的地位,有节流调速回路和容积调速回路两种方式。

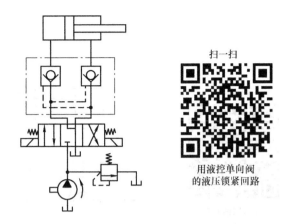

图 6-53 采用双向液控单向阀的液压锁紧回路

1. 节流调速回路

节流调速回路采用定量泵供油，通过改变流量控制阀阀口的通流面积来控制流进或流出执行元件的流量，以调节其运动速度。按流量控制阀安装位置的不同可分为进油节流调速回路、回油节流调速回路和旁路节流调速回路三种。

（1）进油节流调速回路 如图 6-54 所示，将节流阀串联在进入液压缸的油路上，即串联在泵和缸之间，调节节流阀即可改变流量，从而改变速度，且必须和溢流阀联合使用。

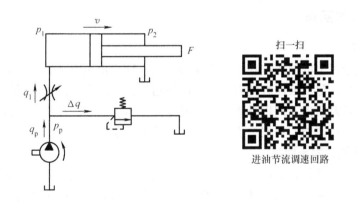

图 6-54 进油节流调速回路

（2）回油节流调速回路 如图 6-55 所示，将节流阀串联在液压缸的回油路上，即串联在缸和油箱之间，调节液压缸的回油量，即可改变流入液油缸的流量，从而改变活塞的移动速度。此回路应和溢流阀联合使用，液压缸进口压力取决于溢流阀的调定压力。回油节流阀使缸有一定背压，运动较平稳，能承受负值负载，但能量损失较大，且会使系统油温升高，故高压和大流量系统较少采用。

（3）旁路节流调速回路 如图 6-56 所示，此回路是将节流阀装在与液压缸并联的支路上，利用节流阀把液压泵供油的一部分排回油箱，实现速度调节。溢流阀作安全阀用，液压泵的供油压力取决于负载。此回路一般用于高速、重载和对速度平稳性要求很低的较大功率的场合。

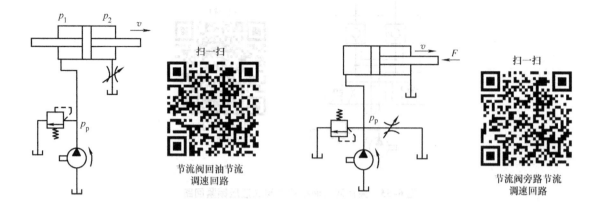

图 6-55 回油节流调速回路　　　　图 6-56 旁路节流调速回路

2. 容积调速回路

节流调速回路效率低，发热量大，只适用于小功率场合。容积调速回路因无节流损失或溢流损失，效率高，发热量小，一般用于大功率场合。容积调速回路就是通过改变泵的流量调节执行元件速度的。

6.5.4 多缸动作回路

1. 同步回路

使两个或两个以上的液压缸在运动中保持相同位移或相同速度的回路称为同步回路。在一泵多缸的系统中，尽管液压缸的有效工作面积相等，但是由于运动中所受负载不均衡、摩擦阻力不相等、泄漏量的不同以及制造上的误差等，不能使液压缸同步动作。同步回路的作用就是为了克服这些影响，补偿它们在流量上所造成的变化。

2. 串联液压缸的同步回路

图 6-57 所示为串联液压缸的同步回路，图中第一个液压缸回油腔排出的油液，被送入第二个液压缸的进油腔。如果串联油腔活塞的有效面积相等，便可实现同步运动。这种回路两缸能承受不同的负载，但泵的供油压力要大于两缸工作压力之和。

由于泄漏和制造误差，影响了串联液压缸的同步精度，当活塞往复多次后，会产生严重的失调现象，为此要采取补偿措施。图 6-58 所示为两个单作用缸串联，并带有补偿装置的同步回路。为了达到同步运动，液压缸 1 有杆腔 A 的有效面积应与液压缸 2 无杆腔 B 的有效面积相等。在活塞下行的过程中，如液压缸 1 的活塞先运动到底，触动行程开关 1XK 发出信号，使电磁铁 1DT 通电，此时液压油便经过二位三通电磁阀 3、液控单向阀 5，向液压缸 2 的 B 腔补油，使液压缸 2 的活塞继续运动到底。如果液压缸 2 的活塞先运动到底，触动行程开关 2XK，使电磁铁 2DT 通电，此时液压油便经二位三通电磁阀 4 进入液控单向阀的控制油口，液控单向阀 5 反向导通，使液压缸 1 能通过液控单向阀 5 和二位三通电磁阀 3 回油，使液压缸 1 的活塞继续运动到底，对失调现象进行补偿。

扫一扫

串联液压缸的同步回路

扫一扫

采用补偿措施的串联液压缸同步回路

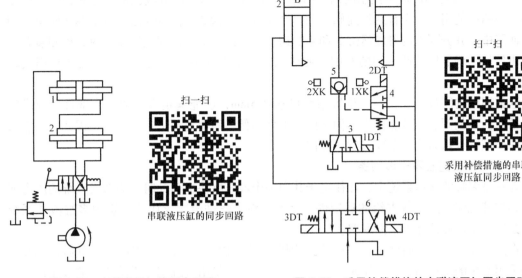

图 6-57　串联液压缸的同步回路

1、2—液压缸

图 6-58　采用补偿措施的串联液压缸同步回路

1、2—液压缸　3、4—二位三通电磁阀

5—液控单向阀　6—电磁阀

3. 流量控制式同步回路

（1）用调速阀控制的同步回路　图 6-59 所示为两个并联的液压缸，分别用调速阀控制的同步回路。两个调速阀分别调节两液压缸活塞的运动速度，当两缸有效面积相等时，流量也调整得相同；若两缸面积不等，则改变调速阀的流量也能达到同步运动的目的。用调速阀控制的同步回路结构简单，并且可以调速，但是由于受到油温变化以及调速阀性能差异等影响，同步精度较低，一般在 5% ~7% 。

扫一扫

用调速阀控制的同步回路

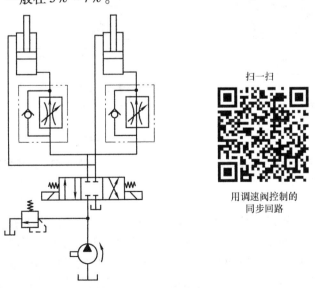

图 6-59　用调速阀控制的同步回路

（2）用电液比例调速阀控制的同步回路　图 6-60 所示为用电液比例调速阀控制的同步回路。回路中使用了一个普通调速阀 1 和一个比例调速阀 2，它们装在由多个单向阀组成的桥式回路中，并分别控制着液压缸 3 和 4 的运动。当两个活塞出现位置误差时，检测装置就会发出信号，调节比例调速阀的开度，使液压缸 4 的活塞跟上液压缸 3 活塞的运动而实现同步。

这种回路的同步精度较高，位置精度可达 0.5mm，已能满足大多数工作部件所要求的同步精度。比例阀性能虽然比不上伺服阀，但费用低，系统对环境适应性强，因此，用它来实现同步控制被认为是一个新的发展方向。

4. 多缸快慢速互不干涉回路

在一泵多缸的液压系统中，往往由于其中一个液压缸快速运动时，会造成系统的压力下降，影响其他液压缸工作进给的稳定性。因此，在工作进给要求比较稳定的多缸液压系统中，必须采用快慢速互不干涉回路。

在图 6-61 所示的回路中，各液压缸分别要完成快进、工作进给和快速退回的自动循环。回路采用双泵的供油系统，液压泵 1 为高压小流量泵，供给各缸工作进给所需的液压油；液压泵 2 为低压大流量泵，为各缸快进或快退时输送低压油，它们的压力分别由溢流阀 3 和 4 调定。

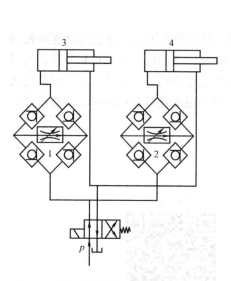

图 6-60　用电液比例调速阀控制的同步回路
1—普通调速阀　2—比例调速阀
3、4—液压缸

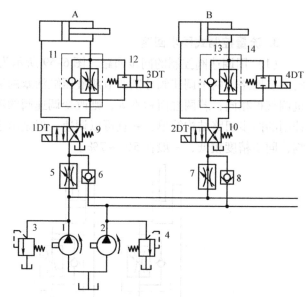

图 6-61　防干扰回路
1、2—液压泵　3、4—溢流阀　5、7—调速阀
6、8—单向阀　9、10、12、14—换向阀　11、13—单向调速阀

当开始工作时，电磁铁 1DT、2DT 和 3DT、4DT 同时通电，液压泵 2 输出的液压油经单向阀 6 和 8 进入液压缸的左腔，此时两泵供油使各活塞快速前进。当电磁铁 3DT、4DT 断电后，由快进转换成工作进给，单向阀 6 和 8 关闭，工进所需液压油由液压泵 1 供给。如果其中某一液压缸（例如缸 A）先转换成快速退回，即换向阀 9 失电换向，液压泵 2 输出的油液经单向阀 6、换向阀 9 和单向调速阀 11 的单向元件进入液压缸 A 的右腔，左腔经换向阀回油，使活塞快速退回。而其他液压缸仍由液压泵 1 供油，继续进行工作进给。这时，调速阀

5（或7）使液压泵1仍然保持溢流阀3的调整压力，不受快退的影响，防止了相互干扰。在回路中，调速阀5和7的调整流量应适当大于单向调速阀11和13的调整流量，这样，工作进给的速度由阀11和13来决定。这种回路可以用在具有多个工作部件各自分别运动的机床液压系统中。换向阀10用来控制B缸换向，换向阀12、14分别控制A、B缸快速进给。

6.6 汽车中典型的液压传动系统

在现代汽车中，汽车转向系统、制动系统、传动系统中用到很多液压传动技术，本节主要介绍汽车液压制动系统、液压转向助力系统、防抱死制动系统（ABS）等。

6.6.1 液压制动系统

液压制动是以人力为能源，以液体作为传动介质的一种制动形式，主要由制动踏板、制动主缸、制动轮缸和油管等组成，如图6-62所示。

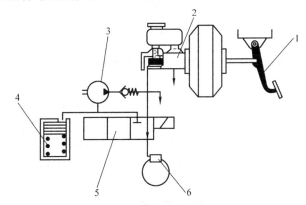

图6-62 循环式制动压力调节器的基本工作原理
1—制动踏板机构 2—制动主缸 3—回油泵 4—蓄能器 5—电磁阀 6—制动轮缸

液压制动系统利用液压油，将驾驶人肌体的力通过制动踏板转换为液压力，再通过管路传至车轮制动器，车轮制动器再将液压力转变为制动蹄张开的机械推力，使制动蹄摩擦片与制动鼓产生摩擦（将机械能转换成热能而消耗），从而产生阻止车轮转动的力矩。

当驾驶人踏下制动踏板时，推杆推动制动主缸活塞使制动液升压，通过管道将液压力传至制动轮缸，轮缸活塞在制动液挤压的作用下将制动蹄摩擦片压紧制动鼓形成制动，根据驾驶人施加的踏板力大小，使车轮减速或停车。

当驾驶人放开踏板，制动蹄和分泵活塞在回位弹簧作用下回位，制动液压回到总泵，制动解除。

(1) 常规制动（升压）状态　如图6-63所示，在常规制动过程中，ABS系统不工作，电磁线圈中无电流通过，电磁阀处于升压位置。制动主缸与轮缸相通，由制动主缸流入的制动液直接进入轮缸，轮缸压力随主缸压力而增减，此时液压泵也不需要工作。

(2) 保压状态　当车速传感器发出抱死危险信号时，电控单元向电磁线圈输入一个较小的保持电流（约为最大电流的1/2），电磁阀处于保压位置。如图6-64所示，此时制动主缸、制动轮缸和回油孔相互隔离密封，制动轮缸中的制动压力保持一定。

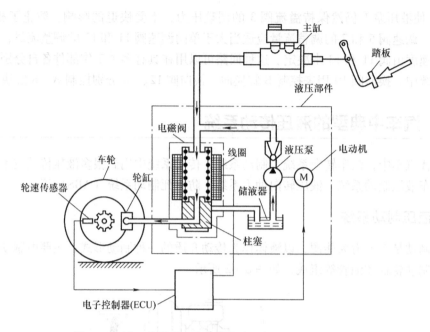

图 6-63 循环式制动压力调节器常规制动（升压）状态

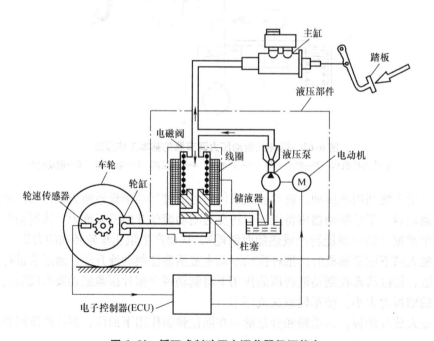

图 6-64 循环式制动压力调节器保压状态

（3）减压状态　如果在电控单元保压命令发出后，车轮仍然有抱死的倾向，电控单元即向电磁线圈输入一个最大电流，柱塞移动至上端，使电磁阀处于减压位置，此时电磁阀将制动轮缸与回油通道或储液室接通，制动轮缸中的制动液经过电磁阀流入储液室，制动轮缸压力下降。与此同时，驱动电动机起动，带动液压泵工作，把流回液压油箱的制动液加压后输送到主缸，为下一个制动周期做准备（图 6-65）。

第6章 汽车上的液压传动

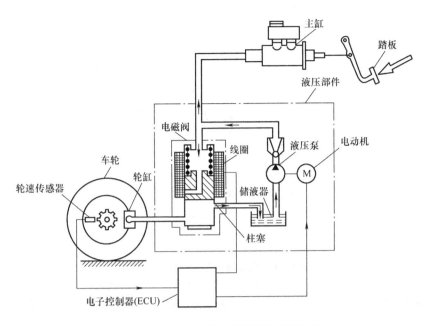

图6-65 循环式制动压力调节器减压状态

（4）增压状态 当压力下降后车轮转速太快时，电控单元便切断通往电磁阀的电流，制动主缸和制动轮缸再次相通，制动主缸中的高压制动液再次进入轮缸，使制动力增加。

制动时，上述过程反复进行，直到解除制动为止。

6.6.2 液压转向助力系统

转向系统的功用是保证汽车按照驾驶人的需要改变行驶方向，而且还能克服路面侧向干扰力使车轮自行产生转向，从而恢复汽车原来的行驶方向。转向系统按转向能源的不同分为机械转向系统和动力转向系统两大类。根据助力能源形式不同，可以将动力转向分为液压助力、气压助力和电动机助力三种类型。由于液压系统工作压力高，其部件尺寸小，并且工作时无噪声，工作滞后时间短，还能吸收来自不平路面的冲击，所以液压助力转向装置被广泛使用。图6-66所示为汽车液压助力转向系统结构，它是以液压油作为动力传递介质，通过液压泵加压，高压的油液通过转向系统控制的液压阀进入液压缸，推动与转向传动机构相连的活塞，给转向传动机构一个附加的助力，从而更容易地实现转向。

如图6-67所示的汽车液压助力转向系统，通过换向控制阀5组成的换向回路可以实现车轮的转向。

1. 汽车直线行驶

转向盘7不动，换向控制阀5处于中位，液压缸6的两腔油路闭锁，液压缸活塞处于平衡位置，对转向节臂不施加作用力，不起助力作用。

工作油路：油箱→液压泵2→节流阀3→换向控制阀5的中位→油箱。

2. 车轮左转

转向盘7（螺杆）左转，转向螺母经过转向节臂、直拉杆等与车轮相连，由于螺杆不能做轴向移动，而转向螺母可以做轴向移动，所以螺杆左转时，螺母受到螺杆施加的向右的作

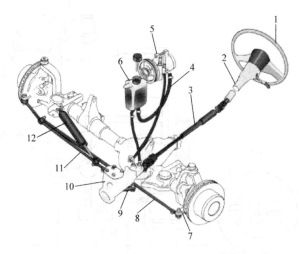

图 6-66　汽车液压助力转向系统结构
1—转向盘　2—转向轴　3—转向中间轴　4—转向油管　5—转向液压泵　6—转向油罐
7—转向节臂　8—转向横拉杆　9—转向摇臂　10—整体式转向器　11—转向直拉杆　12—转向减振器

用力,迫使阀芯相对阀体向右移动,换向控制阀5处于左位,改变油路通道。这时从液压泵来的液压油经换向控制阀进入液压缸6的左腔,液压缸活塞向右移动,通过转向摇臂、直拉杆、转向节臂、梯形臂、横拉杆,使车轮左转,实现助力转向。

工作油路:油箱→液压泵2→节流阀3→换向控制阀5的左位→液压缸6的左腔→液压缸6的右腔→换向控制阀5的右位→油箱。液压缸活塞向右移动。

3. 车轮右转

转向盘7(螺杆)右转,螺母受到螺杆施加的向左的作用力,迫使阀芯相对阀体向左移动,换向控制阀5处于右位,改变油路通道。这时从泵输出的液压油经换向控制阀进入液压缸6的右腔,活塞向左移,通过转向摇臂、直拉杆、转向节臂、梯形臂、横拉杆,使车轮右转,实现助力转向。

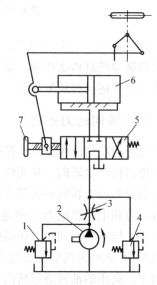

图 6-67　汽车液压助力转向系统
1—溢流阀　2—液压泵　3—节流阀　4—安全阀
5—换向控制阀　6—液压缸　7—转向盘

工作油路:油箱→液压泵2→节流阀3→换向控制阀5的右位→液压缸6的右腔→液压缸6的左腔→换向控制阀5的左位→油箱。液压缸活塞向右移动。

4. 放松转向盘

换向控制阀5的阀芯在中位弹簧的作用下恢复到中间位置,助力作用消失。液压泵由发动机带动,若液压泵转速增高时,流过节流阀3的阻力增加,节流阀进口压力增加,可使溢流阀1打开,液压泵出口的油经溢流阀1流回油箱。若因负载加大,节流阀3出口压力增加时,安全阀4打开,限制了系统压力的进一步升高。

6.6.3 防抱死制动系统（ABS）

现代汽车转速越来越高，为了防止因制动带来的车轮抱死造成车轮跑偏或侧滑，现代汽车中均安装有防止车轮抱死系统，即 ABS。ABS 由车速传感器、电控单元、压力调节器、轮速传感器、制动液压缸等组成，其液压系统如图 6-68 所示。

ABS 包括了机械零件、液压元件、电子控制元件等多类结构，本节就其执行器（方向控制阀）进行重点分析介绍。

ABS 执行器的工作过程如图 6-69 所示。

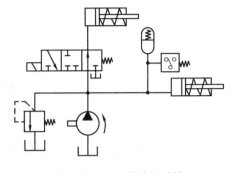

图 6-68　ABS 的液压系统

正常制动时，ABS 不起作用。ABS 系统中 ECU 不发出指令到电磁线圈。因此，三位置电磁阀被回位弹簧推向下方，端口 A 打开，而端口 B 关闭。当踩下制动踏板时，制动总泵液压升高，制动液在三位置电磁阀中，从端口 A 流向端口 C，进入制动分泵，如图 6-70 所示。

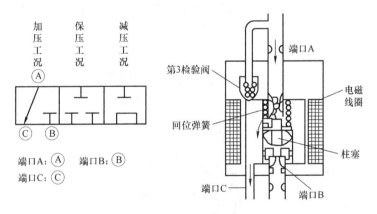

图 6-69　ABS 执行器

1. 减压模式

当车轮要抱死时，ECU 发出 5A 电流到电磁线圈，三位置电磁阀向上方移动，端口 A 关闭，端口 B 打开。电动泵的制动液在三位置电磁阀中，从端口 C 流向端口 B，进入储液室。同时，ECU 驱动电动泵，把制动液从储液室中抽回到制动总泵，而制动总泵的制动液由于 A 端口已关闭，不能流进三位置电磁阀。这样，制动分泵的液压就下降，使车轮不抱死，如图 6-71 所示。

2. 保压模式

当制动分泵的液压增加或减少，而车轮转速传感器送出信号，表示轮速是在目标范围内时，ECU 发出 2A 的电流到电磁线圈，使制动分泵内的压力保持在现有水平。这时三位置电磁阀移到中间位置，关闭了端口 B，不至于抱死，如图 6-72 所示。

3. 增压模式

当制动分泵内的液压力需要增加以增强分泵的制动力时，ECU 不再发出电流到电磁线

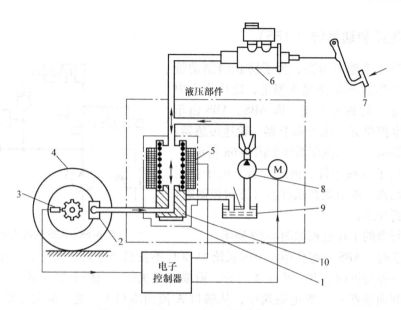

图 6-70 汽车 ABS 液压系统常规工作图
1—电磁阀　2—轮缸　3—传感器　4—车轮　5—线圈　6—主缸　7—制动踏板
8—电动泵　9—储液器　10—柱塞

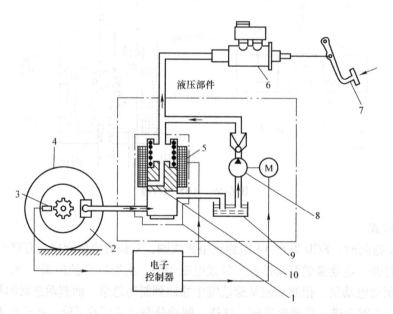

图 6-71 汽车 ABS 液压系统减压工作图
1—电磁阀　2—轮缸　3—传感器　4—车轮　5—线圈　6—主缸　7—制动踏板
8—电动泵　9—储液器　10—柱塞

圈，使三位置电磁阀的 A 端口打开，B 端口关闭，制动总泵的制动液在三位置电磁阀中，从端口 C 流到制动分泵，液压增加，实现制动，如图 6-73 所示。

当释放制动踏板时，制动分泵的制动液在三位置电磁阀中，经端口 C 到端口 A 流回到制动总泵。紧急制动时，ABS 起作用。当在紧急制动时，四个车轮中任意一个发生抱死，

第 6 章　汽车上的液压传动

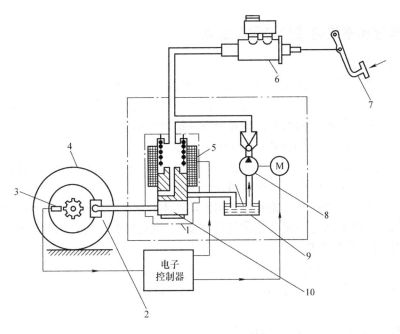

图 6-72　汽车 ABS 液压系统保压工作图
1—电磁阀　2—轮缸　3—传感器　4—车轮　5—线圈　6—主缸　7—制动踏板　8—电动泵　9—储液器　10—柱塞

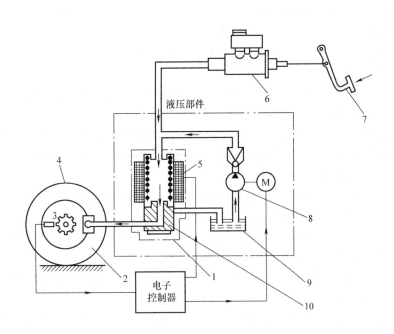

图 6-73　汽车 ABS 液压系统增压工作图
1—电磁阀　2—轮缸　3—传感器　4—车轮　5—线圈　6—主缸　7—制动踏板　8—电动泵　9—储液器　10—柱塞

ABS 执行器根据 ECU 的指令，控制作用在该车轮上的制动分泵。这样，该车轮就不至于抱死。

227

6.6.4 汽车液压系统的维护和常见故障

1. 液压油的特性

（1）可压缩性　液体受压力作用而发生体积减小的特性称为液体的可压缩性。在常温下，一般认为液压油是不可压缩的，可以不计，但当液压油中混入空气时，其可压缩性将显著增加，造成液压系统噪声的增大，将对液压系统产生不良的影响。

（2）黏性　液体在外力的作用下流动时，液体分子间的内聚力要阻碍液体分子之间的相对运动而产生一种内摩擦力，液体的这种产生内摩擦力的性质称为液体的黏性。黏性是流体的固有属性，是运动流体产生机械能损失的根源。

液体黏性的大小称为黏度。黏度是影响流动液体的重要物理性质，是衡量流体黏性的主要指标，常用的黏度有动力黏度（也称绝对黏度）、运动黏度和相对黏度三种。

2. 对液压油的基本要求

1）合适的黏度和良好的黏温特性。
2）良好的润滑性能，较强的防锈性，较小的耐蚀性。
3）纯净度高，杂质少。
4）对金属和密封件有良好的相容性。
5）氧化稳定性良好，不易变质，使用寿命长。
6）抗泡沫性和抗乳化性良好。
7）体积膨胀系数小，比热容大。
8）闪点和燃点高，流动点和凝固点低。
9）对人体无害，对环境污染小，成本低，价格便宜。

3. 液压油的品种和选择

（1）液压油的品种　液压油的品种很多，主要分为矿油型、乳化型和合成型。

矿油型液压油润滑性和防锈性好，黏度等级范围较宽，因而在液压传动系统中应用很广。据统计，目前有90%以上的液压传动系统采用矿油型液压油作为工作介质。但矿油型液压油主要缺点是可燃。在一些高温、易燃、易爆的工作场合，为了安全起见，应该在液压系统中使用难燃性的液体。

（2）液压油的选择　正确合理地选择液压油，是保证液压传动系统正常工作的前提。一般情况下，油液的黏度随着温度的升高而降低，造成液压系统的泄漏，执行元件的工作性能变差，因此，选择液压油时，一般先确定使用的黏度范围，再选择合适的液压油品种。选择汽车用液压油时应考虑以下几个方面：

1）工作压力。工作压力较高的系统宜选用黏度较大的液压油，以减少泄漏；反之，应选择黏度较小的液压油。
2）运动速度。当液压系统的工作部件运动速度较高时，宜选用黏度较小的液压油，以减轻液流的摩擦损失；反之，应选择黏度较大的液压油。
3）环境温度。环境温度较高时，宜选用黏度较大的液压油；反之，应选择黏度较小的液压油。

在液压系统的所有元件中，以液压泵对液压油的性能最为敏感。因为泵内零件的运动速度最高，工作压力也最高，且承压时间长，温升高。因此，常根据液压泵的类型及其要求来选择液压油的黏度。

4. 液压冲击、气穴现象及压力损失

（1）液压冲击　液压系统在突然起动、停机、变速或换向时，阀口突然关闭或动作突然停止，由于流动液体和运动部件的惯性，系统内瞬时形成很高的峰值压力，这种现象就称为液压冲击。液压冲击往往会引起振动，产生噪声，使管接头松动，有时还会引起某些液压元件如压力继电器、顺序阀等产生错误动作而影响系统的正常工作，甚至可能使某些液压元件、密封装置和管路损坏。

（2）气穴现象　在液压系统中，如果某处的压力低于空气分离压时，溶解在液压油中的空气就会分离出来，导致油液中出现大量气泡，使得原来充满导管和元件容腔中的油液成为不连续状体，称为气穴现象。

（3）压力损失　实际液体具有黏性，在液体流动时就有阻力，为了克服阻力，就必然要消耗能量，这样就有能量损失。能量损失主要表现为压力损失。压力损失过大，将使功率消耗增加，油液发热，泄漏增加，效率降低，液压系统性能变坏。

压力损失可分为两种：一种是液体在等径直管中流动时因摩擦而产生的压力损失，称为沿程压力损失；另一种是由于管路的截面突然变化、液流方向改变或其他形式的液流阻力（如控制阀阀口）而引起的压力损失，称为局部压力损失。

5. 液压系统故障的排除

液压系统的所有故障归结起来就是"堵、漏、坏"三个方面。当液压系统出现故障时，应根据故障现象认真分析，抓住关键，由简到繁，由外及内，先小工程后大工程，逐步检查，逐项排除故障原因，切忌盲目大拆大卸。

（1）液压油路堵塞故障的排除　滤清器过脏、液压管路中堵有脏物都会使液压系统的通流性受到影响，降低液压系统的油压和流量，从而影响液压系统的工作性能。此类故障一般不会造成液压系统功能的完全丧失，只会造成工作迟滞。清洗或更换滤清器滤芯，检查并去除管路中的杂质，即可有效排除此类故障。

（2）液压系统漏油或进气故障的排除　液压系统漏油造成系统内工作油量减少，从而不能保证液压系统的正常工作。液压系统中进入空气，严重时会造成液压元件的穴蚀和液压系统工作性能的不稳定。液压系统的渗漏可以从外部观察发现。系统是否进气的判断主要是看工作油液中是否有气泡。系统漏油和进气都是因为管路密封不严引起的，检查时应特别注意各管路接头处的密封状况。另外，液压胶管老化时应及时予以更换。

（3）液压件损坏故障的排除　液压件都是经精密加工和装配的部件，在未确定某液压件确实有问题时，不得盲目拆卸；在确实需要拆检时，要注意工作场地的清洁，保证不使杂质混入液压件中，保证精加工表面不被碰伤。液压件的故障判断最为复杂，判断时应根据液压件的作用、故障现象、使用期等综合因素进行分析。确定损坏的液压件后，根据情况做出检修或更换的决定。

6. 汽车液压系统的维护

1）严格按技术资料规定的规格型号加注工作油液，只有这样才能保证液压系统对工作油液的黏温性、耐磨性、润滑性等性能指标的要求。

2）定期更换工作油液滤清器滤芯，防止系统工作时产生的杂质堵塞油路，降低油路的通流性，从而影响液压系统的正常工作。

3）定期更换工作油液。工作油液是液压系统的工作介质，它在液压系统中起着非常重要的作用。因工作油液经常在高温、高压下工作，很容易变质和析出杂质，从而影响其品质，所以必须定期更换工作油液。

【本章小结】

1. 液压传动的工作原理是以油液作为工作介质，依靠油液内部的压力来传递动力。液压系统由动力部分、执行部分、控制部分、辅助部分和工作介质组成。

2. 液压泵是液压系统的动力元件，它能将原动机输入的机械能转换为液压能。液压泵是靠密封容积的变化来实现吸油和压油的，故可称为容积泵。常用的液压泵有齿轮泵、叶片泵和柱塞泵。

3. 液压缸是液压系统中的执行元件，它将液压能转换为机械能。液压缸一般用于实现往复直线运动。常见的结构形式为活塞缸和柱塞缸。

4. 液压控制阀可分为方向控制阀、压力控制阀和流量控制阀三大类，分别用于控制或调节液压系统中液流的方向、压力和流量，以满足执行机构运动和动力要求。

5. 方向控制阀有单向阀和换向阀。单向阀仅允许液流向一个方向流动而反向不能流动。换向阀是用来控制油液的流动方向、接通或关闭油路，从而改变液压系统的工作状态。

6. 压力控制阀是控制液压系统压力或利用压力作为信号来控制其他元件动作的阀，常用的有溢流阀、减压阀、顺序阀等。

7. 流量控制阀是通过改变液流的通流截面来控制系统的工作流量，以改变执行机构运动速度的阀。常用的流量阀有节流阀和调速阀等。

8. 液压基本回路是用液压元件组成以液体为工作介质并能完成特定功能的基本回路。常用的基本回路按功能可分为方向控制回路、压力控制回路、速度控制回路和多缸动作控制回路。

9. 压力控制回路用压力阀来调节系统或系统某部分的压力，以实现调压、减压、增压和卸荷等控制，以满足执行元件对压力的要求。

【课后练习题】

一、填空题

1. 液压传动是利用液体的_____能来传递能量的一种传动方式。其主要参数为_____和_____。
2. 以_____为基准所表示的压力称为相对压力。
3. 液体能量的表现有_____、_____和_____三种。
4. 容积式液压泵是依靠_____来进行工作的。
5. 液压泵和液压马达的排量只随_____的变化而变化。
6. 减压阀常态时阀口常_____。
7. 油箱的功用有_____、_____、逸出气体和沉淀污物。

二、判断题

1. 理想液体就是指不可压缩又做定常流动的液体。（　　）

2. 高压软管比硬管安装方便，还可以吸收振动。（   ）
3. 液体只有在流动时才呈现黏性。（   ）
4. 静止液体内任一点的静压力在各个方向上都相等。（   ）
5. 液压传动适于远距离传输。（   ）
6. 液压传动适于传动比要求严格的场合。（   ）

三、选择题

1. 以下（   ）不能用于描述工作介质的性质。
   A. 黏性   B. 可压缩性   C. 惯性   D. 稳定性
2. 以下（   ）不是液压泵吸油口真空度的组成部分。
   A. 把油液提升到一定高度所需的压力   B. 大气压力
   C. 产生一定流速所需的压力   D. 吸油管内压力损失
3. 液压泵单位时间内排出油液的体积称为泵的流量。泵在额定压力下的输出流量称为（   ），在没有泄漏的情况下根据泵的几何尺寸及其转速计算而得到的流量称为（   ）。
   A. 实际流量   B. 理论流量   C. 额定流量   D. 排量
4. 在液压传动系统中一般认为根据（   ）传递动力。
   A. 牛顿液体内摩擦定律   B. 阿基米德定律
   C. 查理定律   D. 帕斯卡原理
5. 当节流阀的开口一定，进、出油口的压力相等时，通过节流阀的流量为（   ）。
   A. 0   B. 某调定值   C. 泵额定流量   D. 无法判断
6. 下面哪一项不是溢流阀的功用（   ）。
   A. 用作安全阀   B. 用作背压阀   C. 用作顺序阀   D. 用作卸荷阀

四、简述题

1. 简述液压传动的特点。
2. 为什么称单作用叶片泵为非卸荷式叶片泵？
3. 简述液压马达的工作原理。
4. 压力控制阀有哪几种？各有何特点？
5. 简述液压制动系统不同工作阶段的工作原理。

参 考 文 献

[1] 郑劲. 汽车机械基础（下册）[M]. 北京：北京交通大学出版社，2009.
[2] 王党生，等. 汽车机械基础 [M]. 北京：清华大学出版社，2011.
[3] 刘跃南. 机械基础 [M]. 4版. 北京：高等教育出版社，2015.
[4] 张杰，等. 汽车机械基础 [M]. 西安：西安电子科技大学出版社，2013.
[5] 贾群，等. 汽车机械基础 [M]. 北京：北京理工大学出版社，2010.
[6] 陈红. 汽车机械基础 [M]. 北京：机械工业出版社，2008.
[7] 姜铁均. 汽车机械基础 [M]. 上海：同济大学出版社，2008.
[8] 胡勇. 汽车机械基础 [M]. 北京：机械工业出版社，2008.
[9] 苏小萍. 汽车机械基础一体化单元教程 [M]. 上海：上海大学出版社，2012.
[10] 朱秀琳. 汽车机械基础 [M]. 2版. 北京：电子工业出版社，2009.
[11] 卢晓春. 汽车机械基础 [M]. 北京：机械工业出版社，2009.
[12] 张春和. 汽车常耗零部件的识别与检测 [M]. 北京：化学工业出版社，2006.
[13] 陈焕江. 汽车检测与诊断 [M]. 北京：机械工业出版社，2001.
[14] 凌永成. 汽车维修技术与设备 [M]. 北京：北京大学出版社，2015.
[15] 李世维. 机械基础 [M]. 北京：高等教育出版社，2001.